**MBA에 안 가도
글로벌 기업에 취직하고
회사에서 빠르게 승진하며
주식투자로 부자까지 되게 해 주는**

회계와 재무의 정석

Accounting & Corporate Finance

I. 재무회계
II. 관리회계
III. 기업재무

주식가치는 얼마인가?
어떻게 주식가치를 올릴 수 있을까?
좋은 회사인가?

조병현 지음

감수 송준달(PwC컨설팅)

지식과감정#

MBA에 안 가도
글로벌 기업에 취직하고
회사에서 빠르게 승진하며
주식투자로 부자까지 되게 해 주는

회계와 재무의 정석

초판 1쇄 발행 2024년 5월 4일
2쇄 발행 2024년 10월 11일

지은이 조병현
감수자 송준달
펴낸이 장길수
펴낸곳 지식과감성#
출판등록 제2012-000081호

디자인 이현
편집 이현
검수 정은솔
마케팅 김윤길, 정은혜

주소 서울시 금천구 벚꽃로298 대륭포스트타워6차 1212호
전화 070-4651-3730~4
팩스 070-4325-7006
이메일 ksbookup@naver.com
홈페이지 www.knsbookup.com

ISBN 979-11-392-1847-3(92320)
값 23,000원

ⓒ 조병현 2024 Printed in Korea

잘못된 책은 구입하신 곳에서 바꾸어 드립니다.
이 책의 전부 또는 일부 내용을 재사용하려면 사전에 저작권자와 펴낸곳의 동의를 받아야 합니다.

홈페이지 바로가기

머리말

1. 배경

전문 분야에서 '지혜(智慧, Wisdom)'란, '지식(知識, Knowledge)'을 잘 정리해서 대중에게 알기 쉽게 전달하는 것이라고 생각한다. 서점에 가 보면 '회계(Accounting)와 기업재무(Corporate Finance)'에 관한 지식을 다루고 있는 책은 넘쳐 나는데, 정작 지혜를 담고 있는 책은 찾아보기 힘들다. 또한, '회계와 기업재무'가 서로 어떠한 연관성을 가지고 있는지에 대해 누구나 알 수 있을 만큼 명확히 설명하고 있는 책도 찾아 볼 수 없는 것이 현실이다. 이러한 현실에 대한 고민을 시작으로 회계사, 컨설턴트 및 경영진의 일원으로서 23년간 쌓아 온 경험을 바탕으로 이 책을 쓰게 되었다.

이 책은 지식이 아닌 그 지혜를 담아, 회계와 기업재무에 대한 '큰 그림'을 파악할 수 있도록 다음과 같이 구성하였다. 첫째, 재무회계(Financial Accounting), 관리회계(Managerial Accounting) 그리고 기업재무(Corporate Finance)의 3개 영역을 한 권의 책에 모두 담았고, 둘째, 독자들이 직관적으로 이해할 수 있도록 그림을 먼저 보여 준 다음에 내용을 설명하였으며, 셋째, 대부분의 MBA 과정에서 공통으로 다루고 있는 핵심적인 내용을 모두 포함하였다.

2. 내용

투자자는 투자할 가치가 있는 좋은 회사를 찾고, 그 회사에 대한 가치평가(Valuation)를 거쳐 투자의사결정을 내린다. 이에 대응하여 경영자는 좋은 회사를 만들어 그 회사의 가치를 높이기 위한 경영의사결정을 내린다. 이 책은 투자의사결정 과정에서의 '투자자의 질문'과 이에 대응하는 '경영자의 질문'에 답변하는 형식으로 구성하였다.

	좋은 회사	주식가치	
투자자의 질문	좋은 회사인가?	주식가치는 얼마인가?	상태
경영자의 대응	어떻게 좋은 회사를 만들 수 있을까?	어떻게 주식가치를 올릴 수 있을까?	방법
	회계 (Accounting)	기업재무(Corporate Finance)	

구체적으로 Ⅰ. 재무회계(Financial Accounting)에서는 '좋은 회사인가'라는 투자자의 질문에 대한 답을, Ⅱ. 관리회계(Managerial Accounting)에서는 '어떻게 좋은 회사를 만들 수 있을까'라는 경영자의 대응에 대한 답을 다루었다. 그리고 Ⅲ. 기업재무(Corporate Finance)에서는 '주식가치는 얼마인가'라는 투자자의 질문과 '어떻게 주식가치를 올릴 수 있을까'라는 경영자의 대응에 대한 답을 다루었다.

이처럼 회계와 기업재무는 각각 '좋은 회사'와 '주식가치'라는 상이한 영역을 다루고 있다. 그럼에도 불구하고 두 영역을 한 권의 책에 모두 담고자 하는 이유는 회계와 기업재무가 모두 동일한 손익계산서, 재무상태표 및 현금흐름표를 활용하여 투자자와 경영자의 의사결정을 동시에 지원하기 때문이다.

3. 추가된 내용

이 책은 2021년에 출간된 《한 권으로 묶어서 그림으로 쉽게 설명하는, MBA 회계와 기업재무》에 110여 페이지를 추가하여, 책 전체에 걸쳐 개념을 보다 상세히 설명하였고, 기존 독자들의 수차례 요구에 의해 다음의 4가지 주제를 추가적으로 다루었다. 이로서, 회계와 기업재무에 대한 모든 내용을 담은 이 한 권의 책으로 광범위한 독자층을 모두 만족시킬 수 있을 거라 확신한다.
- 재무제표의 종류와 해석
- 활동별 주요 계정과목의 이해
- 기업가치와 스타트업의 투자유치
- 기업가치 배수법(Enterprise Value-Multiple Method)

4. 독자

이 책은 회계와 기업재무에 대해 이미 기초적인 지식 또는 경험을 가지고 계신 분으로서, 회계와 기업재무에 대한 '큰 그림'을 파악하기 원하는 다음 분들에게 많은 도움이 될 것으로 믿는다.
- 회계, 재무 및 경영기획 부서에서 근무하는 직장인
- 재무제표를 기초로 가치투자를 지향하는 주식투자자
- 성공적인 투자유치를 통해 유니콘 기업을 꿈꾸는 스타트업 경영자
- 컨설팅회사에서 회계 및 재무전략 자문 서비스를 제공하는 컨설턴트
- 회계 및 재무와 관련된 글로벌 기업에 취직을 준비하는 대학생과 대학원생
- 이론적 이해가 부족한 상태에서 Case Study를 위주로 힘들게 공부하는 MBA 학생

5. 도와주신 분들

지난 23년간 공인회계사로서 한국, 네덜란드 및 일본에서 근무하면서 다양한 경험을 했다. 부족한 저에게 많은 가르침과 기회를 주신 이기학 대표님(PwC 컨설팅), Eelco van Solkema 파트너(PwC Netherlands), Masahiro Motoki 파트너(PwC Japan), Yoshitaka Kitao 회장님(SBI Holdings)과 현재의 하영빈 대표님(에버스핀)께 감사드린다. 또한, 동고동락의 20년 인생친구로서, 흔쾌히 감수를 맡아 준 송준달과 늘 현실적인 조언을 아끼지 않는 서효석에게 감사의 말을 전한다. 마지막으로, 항상 힘이 되어 주신 부모님과 물심양면으로 응원해 준 아내 김보라와 딸 조세은에게 고마움을 전한다.

2024년 5월 4일
23년간의 경험과 지혜(智慧)를 담아 이 책을 출간한다.

추천의 글

이기학 대표(PwC 컨설팅)

컨설팅 업계에서 30년 동안 일하면서 많은 고객들을 만났습니다. 그 분들이 고민하는 문제를 해결하기 위해 다양한 방안을 제시하고, 그 결과를 보고서에 담아 전달하는 데에 있어서 논리성과 가독성이 매우 중요합니다. 이를 위해 컨설턴트들은 사실을 잘 정리하고, 생각을 논리적으로 구조화한 후에, 이를 그림이나 표로 도식화하여 고객에게 전달하게 됩니다.

이 책은 이러한 논리성과 가독성 관점에서 마치 한 권의 컨설팅 보고서와 같습니다. 회계와 기업재무의 연관성을 설명하기 위해 '투자자의 질문과 이에 대한 경영자의 대응'이라는 독창적인 Framework을 만들어 논리성을 확보하였고, 어려운 회계와 기업재무의 개념을 직관적으로 이해할 수 있도록 모든 내용을 그림과 표로 도식화하여 가독성을 높였습니다.

저자가 17년 동안 PwC에서 회계사 및 컨설턴트로 근무하면서 쌓은 실력과 내공을 이 한 권의 책에 모두 담았다는 생각이 듭니다. 또한, 이 책의 구성은 PwC에서 Chairman's Award, 우수사원상 및 공로상을 받고, 네덜란드와 일본에 파견근무까지 갔던 저자의 성실함과 꼼꼼함이 여실히 묻어 나옵니다. 최근에는 IPO를 위해 스타트업 기업으로 이직하여, 컨설턴트가 아닌 현업 입장에서 그 현장에서 경험한 '스타트업의 투자유치'와 관련한 내용도 이 책에 포함되어 있습니다.

후배가 이렇게 회계와 기업재무에 대한 지식을 잘 정리하여 대중에게 쉽게 전달하고자 책을 출간하였다는 것에 컨설팅 업계의 선배로서 뿌듯함을 느낍니다. 이 책은 회계와 기업재무의 큰 그림을 파악하기 원하는 분들에게 무척 반가운 선물이 될 것입니다.

독자의 리뷰

네이버클라우드 나**

이 책은 3년이 지난 지금까지도 내게 길라잡이가 되어 준다. 책장 한편에서 필요할 때마다 펼쳐 보고, 되새김질하게 되는 그런 책 말이다. 사실, 책 한 권으로 실무에 필요한 모든 회계와 재무 지식을 터득할 수는 없다. (오히려 그렇게 자신하는 책이 있다면 의심해 봐야 한다) 대신, 이 책은 회계와 재무 공부를 위한 '기초 공사'에 올인한다. 회계와 재무를 연관 지어 큰 틀을 설명하고, 모든 회계와 재무지식을 도식화해서 그 원리를 설명한다. 특히, 개념을 마치 논증하듯이 한줄 한줄 자세히 풀어나가는 것을 따라가다 보면, 어느새 무릎을 탁 치는 순간이 온다. 실무의 현장에서 어렴풋하게 마주했던, 혹은 다른 곳에서 읽어봤던 파편화된 지식들이 뭉쳐지는 그런 순간 말이다. 이런 '기초 공사'가 마무리되면, 그 위에 어떤 고급 지식과 경험이든 안전하게 올릴 수 있게 된다. 그래서, 동료나 후배들에게 회계, 재무 책을 추천할 때면, 나는 이 책을 망설임 없이 추천한다.

LG전자 CFO 부문 팀장

재무제표를 읽고 분석하는 방법에 대해 쓴 책들은 이미 부지기수이지만, 기업재무와 업무 Flow를 이 책만큼 간단하고 명확하게(Simple & Clear) 정리한 책을 찾아 보기는 힘들다. 이 책의 저자는 독자들에게 아예 대놓고 실무에 갖다 쓰라고 작정하고 쓴 것 같다. 그만큼 경영관리의 실무에 아주 유용한 책이다. 업무 보고서를 작성할 때 자주 활용하는데, 경영관리의 핵심개념인 Plan-Do-Check-Action이 명확하게 정리되어 있어 큰 도움을 받았고, Chat GPT를 활용한 자료보다 더 효과적으로 이해할 수 있었다. 경영관리의 입문서로서 손색이 없기 때문에 우리 팀의 신입사원들도 많이 참조하고 있다.

네이버 블로그, FM시트콤(poet50)

지식 전달자의 내공을 알아보는 방법이 있다. 그림이다. 이 십여 년간의 수강 경험에 의하면, 지식을 전달할 때 그림을 그리는 사람은 백중백 고수다. 지식을 문장이 아니라 그림과 표로 전달하기 위해서는 1) 각 항목을 정확하게 알고, 2) 항목들 간의 관계를 분명하게 이해하며, 3) 이를 기초로 전체에 대한 지식을 머릿속에 구조적으로 쌓아 올린 다음, 4) 화가가 되어 그림을 그려야 하고, 5) 이 과정에서 중복이나 누락이 없어야만 한다. 저자는 지혜를 추구하는 지식 전달자로서 성의 있게 책을 썼다.

네이버 블로그, 체로키(teincept)

책 한 권이 '하나의 훌륭한 강의'라고 인식될 정도다. 해설도 약간의 구어체를 구사함으로써 강의 분위기를 의도한 것으로 느껴진다. 일반적인 책과는 다르게 서론 부분에 상당한 분량을 할애해서, 기업경영에 있어서 회계와 재무지식이 왜 필요한지에 대한 설명과 이 책이 추구하는 방향성에 대해 설명하고 있다.

네이버 블로그, NULL(sum0617sum)

회사생활을 하면서 그리고 살면서 알게 된 정도의 지식만 갖고 있는 나도 어느 정도까지는 이해할 수 있는 수준의 글이었다. 내용이 단계별로 계속 반복되어서 자연스럽게 복습이 되도록 구성되어 있는 점도 초보의 입장에서 마음에 들었다.

네이버 블로그, 투자 탐식가(swcha1977)

많은 회계책들이 계정과목 설명과 같은 지엽적인 내용에 치중하기 마련인데, 이 책은 그런 디테일한 내용은 깔끔하게 날리고, 핵심적인 내용을 도식화하여 보기 쉽게 정리해 놓은 느낌입니다. 제가 잠깐 고시공부를 한 적이 있는데, 과목마다 여러 교재를 요약하여 하나의 노트로 '단권화'하는 작업을 해야 했습니다. 그렇게 방대한 자료를 요약 노트로 만들어 둬야 난이도가 높은 시험에 대비할 수 있거든요. 이 책이 딱 그 때의 '요약노트' 느낌이 납니다.

Yes24 리뷰, t******3

모든 내용을 도식화하여 설명하는 방식이라, 마치 강의를 듣는 듯한 느낌이어서 매우 알기 쉬웠으며, 읽기에도 매우 편했습니다! 기발합니다. 그리고, 학교에서나, 직장에서나, 이제까지 회계와 기업재무가 각각 별도의 영역인 줄 알고 있었습니다. 일반적인 책은 '회계는 숫자'이고, '재무는 돈'이라고 설명들을 하는데, 정말로 피부에 와 닿지 않았었습니다. 하지만, 이 책을 통해 회계와 재무의 연관성에 대해 명확히 파악했습니다. 그리고, 투자자 입장에서 어떻게 적용하는지와 경영자 입장에서는 어떻게 적용하는지에 대해 창의적인 프레임으로 설명하는 데에 감동받았습니다.

Yes24 리뷰, u****a

주린이으로서 이 책을 여러 번 읽고, 기업분석 및 주식가치 평가에 대한 큰 틀을 잡을 수 있게 도와준 고마운 책입니다. 그림으로 잘 정리가 되어 있어서 여러 번 볼 때 지루하지 않았고, 반복해서 읽어 보기 좋았어요. 궁금한 내용이 생길 때마다 찾아 보기도 편했구요. 회계와 재무를 처음 접하는 사람들이 자세한 내용에 들어가기 앞서서 기본 개념을 배우기에 적합해 보여요. 용어 설명과 예시 문제 등이 그림과 더불어 자세히 나와 있어서 생소한 개념도 이해하기 편했어요. 한 번 읽고 덮어 두는 책이 아니라 여러 번 읽으면서 나중에는 그림만 봐도 내용이 한눈에 이해가 되도록 머리속에 그려질 수 있는 책이라서 처음 회계 재무 공부하는 사람들에게 많은 도움이 될 것 같아서 추천해요.

Yes24 리뷰, j*********g

서점에 가보면 주식/회계/재무/기업가치 등에 대한 책은 무지 많은데, 완독을 한 적이 한 번도 없습니다. 그러나, 이 책은 2회독을 했습니다. 읽으면 읽을수록 이해가 명확해집니다. 숨어 있는 의미를 찾을 필요도 없이, 모든 내용이 도식화 및 시각화되어 그냥 직관적으로 이해가 됩니다. 매우 독특한 양식인데, 최근의 트랜드를 잘 반영했다는 생각이 듭니다. 또한, 저자만의 독창적인 프레임워크(투자자의 질문과 이에 대한 경영자의 대응)는 정말 놀라울 정도로 이해가 잘되며, 이를 통해 재무회계/관리회계/기업재무를 연결하여 쉽게 이해할 수 있었습니다.

알라딘 블로그, 손민님의 서재(accountinglover)

10여 년의 주식투자 동안 나름 이론공부는 했다고 생각했는데 이 책을 보니 아직 한참 멀었다는 생각이 든다. 이론을 안다고 해서 주식투자를 잘 할 수 있다고 확신할 수는 없지만, 이 기본도 모르면서 주식투자를 한다는 것은 손해를 볼 확률을 키울 것임은 자명한 일이다. 찬찬히 읽어 보며 그동안 실패한 나의 투자에서 재무와 회계 관점에서 무엇을 놓치고 있었는지 복기해 볼 생각이다.

이 책의 특징

1. 재무제표를 읽고 해석하는 그 활용법에 목적을 두었다.

이 책은 재무제표를 만드는 '작성법'을 다루기보다는, 이미 만들어진 재무제표를 읽고 해석하는 '활용법'의 습득에 그 목적을 두었다. 더 나아가서는 회계/재무적으로 생각하는 그 '사고법'의 습득을 궁극적으로 지향하고 있다. 따라서, 이 책은 경제적 사건을 회계장부에 기록하기 위해 사용되는 회계처리 및 기업회계기준은 다루지 않았다.

2. 정량적 분석에 중점을 두었다.

이 책은 경영환경에 대한 정성적(비계량적) 분석보다는 숫자로 표현되는 정량적(계량적) 분석에 중점을 두었다. 따라서, 마케팅 등에서 깊이 있게 다루고 있는 SWOT, PEST, 5F 및 3C 등과 같은 분석방법은 다루지 않았으며, 오히려 숫자를 다루는 사례를 통해 정량적 분석의 개념을 보다 명확히 하였다. 실제로 숫자로써 뒷받침되지 않는 정성적 분석은 추상적 개념에 지나지 않기 때문에 정량적 분석이 더욱 중요하다고 생각한다.

3. 비제조업 및 비상장기업을 가정하였다.

이 책의 내용은 제조업 및 상장기업의 경우에도 문제없이 적용될 수 있는데, 보다 간단하고 명료한 이해를 위해서 모든 사례는 비제조업이면서 비상장기업을 가정하였다. 따라서, Ⅰ. 재무회계의 재무비율분석에서 생산성 지표를 포함하지 않았고, Ⅱ. 관리회계에서는 제품의 제조원가계산과 같은 원가회계를 다루지 않았으며, Ⅲ. 기업재무의 가치평가(Valuation)에서는 동종업종의 상장된 유사기업의 정보를 참조하여 주식가치를 추정하였다.

4. 재무제표와 계정과목을 단순화하였다.

이 책에 나오는 재무제표는 손익계산서, 재무상태표 및 현금흐름표로 한정하였으며, 그 계정과목들도 내용을 이해하기 위해 반드시 필요로 하는 항목만을 대상으로 하였다. 그 재무제표의 양식과 계정과목들은 [1. 이 책에서 다루는 재무제표와 계정과목]에서 정리하였다.

5. 영역별로 전문용어를 명확히 구분하였다.

이 책에서는 재무회계와 기업재무에서 사용하고 있는 전문용어 중에서 비슷해 보이지만 의미가 다른 용어를 명확히 구분하였다. 재무회계와 기업재무에서 혼용하여 잘못 사용하기 쉬운 용어는 [2. 이 책에서 구분해서 사용하는 용어]에서 비교하였다.

6. 전문용어는 영문용어와 함께 기재하였다.

이 책에서는 회계와 기업재무에서 자주 사용하고 있는 전문용어를 영문용어와 함께 기재하였으며, 그 영문약어에 대해서는 [3. 이 책에서 줄여 쓰는 영문약어]에서 자세하게 설명하였다.

7. 영역별로 시점에 대한 표기 및 그 정의를 명확히 하였다.

이 책에서는 재무회계와 기업재무에서 각각 다르게 표기하고 있는 시점에 대해 그 정의를 명확히 하였다. 예를 들어, 재무회계에서는 비교연도(Y0, 작년)와 대상연도(Y1, 올해)로 표기하고, 기업재무에서는 현재(Y0)와 1년 후의 미래(Y1)로 표기하였다. 이러한 시점에 대한 표기 및 그 정의는 [4. 이 책에서 표기하는 시점]에서 설명하였다.

8. 아이콘을 사용하여 그림을 직관적으로 표현하였다.

이 책에서는 그림이 직관적으로 이해되도록 하기 위해서 그림 일부를 아이콘으로 표현하였으며, 그 아이콘을 책 전체에 걸쳐서 일관되게 사용하였다. 이러한 아이콘의 정의는 [5. 이 책에서 사용하는 아이콘]에서 설명하였다.

1. 이 책에서 다루는 재무제표와 계정과목

I/S (손익계산서)

매출액
매출원가
매출총이익
판매비와 관리비
• 감가상각비
• 기타 판매관리비
영업이익
기타 영업외손익
이자비용
법인세
당기순이익

B/S (재무상태표)

1. 유동자산	1. 유동부채
• 현금	• 매입채무
• 매출채권	• 단기차입금
• 재고자산	2. 비유동부채
	• 장기차입금
2. 비유동자산	부채총계
• 유형자산	1. 자본금
• 감가상각누계액	2. 이익잉여금
	자본총계
자산총계	부채 및 자본총계

CFS (현금흐름표)

1. 영업활동 현금흐름
• 당기순이익
• 감가상각비
• (−) ⊿운전자본
2. 투자활동 현금흐름
• 현금유입
• 현금유출
3. 재무활동 현금흐름
• 현금유입
• 현금유출
4. 현금의 증감

2. 이 책에서 구분해서 사용하는 용어

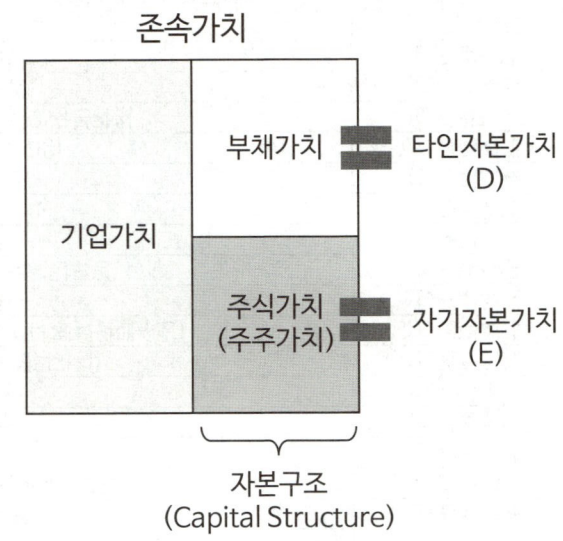

3. 이 책에서 줄여 쓰는 영문약어

약어	영어	한국어	영역
ABC	Activity Based Costing	활동기준원가계산	Ⅱ. 관리회계
AP	Actual Price	실제가격	Ⅱ. 관리회계
AQ	Actual Quantity	실제판매수량	Ⅱ. 관리회계
B/S	Balance Sheet	재무상태표(대차대조표)	Ⅰ. 재무회계
BEP	Break-even Point	손익분기점	Ⅱ. 관리회계
β_L	Levered Beta	부채사용 베타	Ⅲ. 기업재무
β_U	Unlevered Beta	무부채 베타	Ⅲ. 기업재무
BP	Budgeted Price	예산가격(= 계획가격)	Ⅱ. 관리회계
BQ	Budgeted Quantity	예산판매수량(= 계획판매수량)	Ⅱ. 관리회계
BSC	Balanced Scorecard	균형성과표	Ⅱ. 관리회계
CAPM	Capital Asset Pricing Model	자본자산가격결정모형	Ⅲ. 기업재무
CCC	Cash Conversion Cycle	현금전환주기	Ⅰ. 재무회계
CFS	Cash Flow Statement	현금흐름표	Ⅰ. 재무회계
CSF	Critical Success Factor	핵심성공요인	Ⅱ. 관리회계
CVP	Cost-Volume-Profit	원가-조업도-이익	Ⅱ. 관리회계
D	Debt Value	부채가치 = 타인자본가치	Ⅲ. 기업재무
DDM	Dividend Discount Model	배당할인모형	Ⅲ. 기업재무
DCF	Discounted Cash Flow	현금흐름할인	Ⅲ. 기업재무
DOL	Degree of Operating Leverage	영업레버리지도	Ⅱ. 관리회계
E	Equity Value	주식가치 = 주주가치 = 자기자본가치	Ⅲ. 기업재무
EBIT	Earnings Before Interest and Taxes	이자 및 법인세차감전이익	Ⅲ. 기업재무
EPS	Earnings per Share	주당순이익	Ⅲ. 기업재무
EV	Enterprise Value	기업가치	Ⅲ. 기업재무
F	Favorable Difference	유리한 차이	Ⅱ. 관리회계
FC	Fixed Cost	고정비	Ⅱ. 관리회계
FCF	Free Cash Flow	잉여현금흐름	Ⅲ. 기업재무

약어	영어	한국어	영역
FCFn	Free Cash Flow of year n	FCF0(현재), FCF1(1년 후)	Ⅲ.기업재무
g	Growth Rate	성장률	Ⅲ.기업재무
I/S	Income Statement	손익계산서	Ⅰ.재무회계
IRR	Internal Rate of Return	내부수익률	Ⅲ.기업재무
KPI	Key Performance Indicator	핵심성과지표	Ⅱ.관리회계
MM	Modigliani-Miller	모딜리아니-밀러	Ⅲ.기업재무
NPV	Net Present Value	순현재가치	Ⅲ.기업재무
NOA	Non-Operating Asset	비영업용자산	Ⅲ.기업재무
P	Price per Unit	판매단가	Ⅱ.관리회계
PBR	Price to Book-value Ratio	주가순자산비율	Ⅲ.기업재무
PDCA	Plan, Do, Check and Action	계획-실행-평가-개선	Ⅱ.관리회계
PER	Price to Earnings Ratio	주가수익비율	Ⅲ.기업재무
PSR	Price to Sales Ratio	주가매출액비율	Ⅲ.기업재무
PV	Present Value	현재가치	Ⅲ.기업재무
Q	Quantity	판매수량	Ⅱ.관리회계
r	Rate of Discount	할인율	Ⅲ.기업재무
Rd	Required Rate of Return on Debt = Kd(Cost of Debt)	채권자의 요구수익률 = 타인자본비용	Ⅲ.기업재무
Re	Required Rate of Return on Equity = Ke(Cost of Equity)	주주의 요구수익률 = 자기자본비용	Ⅲ.기업재무
Rf	Risk-free Rate of Return	무위험이자율	Ⅲ.기업재무
Rm	Expected Rate of Return on Market Portfolio	시장수익률	Ⅲ.기업재무
ROA	Return on Asset	총자산이익률	Ⅰ.재무회계
ROE	Return on Equity	자기자본이익률	Ⅰ.재무회계
t	Corporate Tax Rate(Effective Tax Rate)	법인세율(실효세율)	Ⅲ.기업재무
U	Unfavorable Difference	불리한 차이	Ⅱ.관리회계
VC	Variable Cost per Unit	변동비단가	Ⅱ.관리회계
V_L	Levered Enterprise Value	부채사용 기업가치	Ⅲ.기업재무
V_U	Unlevered Enterprise Value	무부채 기업가치	Ⅲ.기업재무
WACC	Weighted Average Cost of Capital	가중평균자본비용	Ⅲ.기업재무
WC	Working Capital	운전자본	공통
Δ	Delta	증분	공통
Σ	Sum	합계	공통
n	Number of Periods	연 단위 기간	공통

4. 이 책에서 표기하는 시점

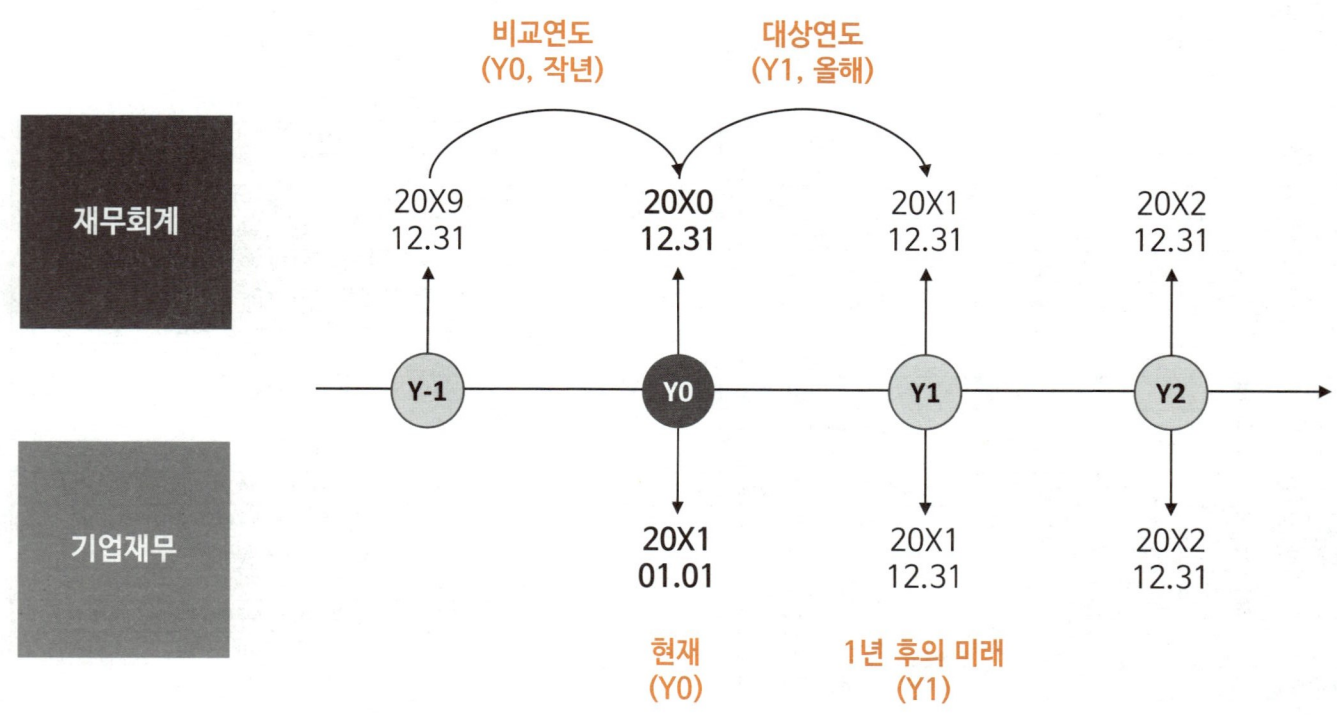

5. 이 책에서 사용하는 아이콘

	투자자		재무제표		과거/현재/미래		성장성
	경영자		기업회계기준		PDCA		수익성
	직원		장부가치		실현주의		안정성
	은행		청산가치		수익비용대응		효율성
	공급자		존속가치		발생주의		증분
	주주		사업		현금주의		목표
	과세관청		기업		자본구조		균형
	기타		투자		외상거래		

목차

머리말	3
추천의 글	6
독자의 리뷰	7
이 책의 특징	10

1. 이 책에서 다루는 재무제표와 계정과목
2. 이 책에서 구분해서 사용하는 용어
3. 이 책에서 줄여 쓰는 영문약어
4. 이 책에서 표기하는 시점
5. 이 책에서 사용하는 아이콘

들어가며

1. 회계와 기업재무의 관계

1) 회계와 기업재무의 영역 25
　(1) 투자자의 질문
　(2) 경영자의 대응
　(3) 좋은 회사와 주식가치

2) 회계: 좋은 회사 37
　(1) 좋은 회사의 정의
　(2) 4개 지표의 의미
　(3) 4개 지표 간의 관계

3) 기업재무: 주식가치 55
　(1) 주식가치의 정의
　(2) 주식가치의 평가방법

2. 이 책에서 다루는 내용

1) 이 책의 구성 68
2) 이 책의 내용 70
　1 좋은 회사인가?
　2 어떻게 좋은 회사를 만들 수 있을까?
　3 주식가치는 얼마인가?
　4 어떻게 주식가치를 올릴 수 있을까?

3. 재무제표와 계정과목의 이해

1) 재무제표의 종류와 해석 81
　(1) 재무제표의 종류
　(2) 재무제표의 구성과 해석
　(3) 한눈에 재무제표를 보는 법

2) 활동별 주요 계정과목의 이해 93
　(1) 기업활동의 분류
　(2) 기업활동별 계정과목의 구분
　(3) 기업활동별 주요 계정과목

들어와서

I. 재무회계(Financial Accounting)

1. 재무비율분석(Financial Ratio Analysis)

- 1) 분석대상과 해석방법 ... 111
  - (1) 4개 지표 분석대상과 분석방법
  - (2) 4개 지표 해석방법
- 2) 4개 지표 상세분석 ... 117
  - (1) 성장성 지표(Growth)
  - (2) 수익성 지표(Profitability)
  - (3) 안정성 지표(Soundness)
  - (4) 효율성 지표(Efficiency)
- 3) ROA와 ROE ... 149
  - (1) 복합지표로서의 ROA와 ROE
  - (2) 복합지표의 분해
- 4) 효율성 관리 ... 159
  - (1) 효율성 관리
  - (2) 효율성의 분석과 관리
- 5) 분석사례 ... 171
  - (1) 예시 재무제표와 답안 양식
  - (2) 해답과 계산식

2. 추정 재무제표의 작성 (Pro Forma Financial Statements)

- 1) 회계원칙 ... 177
  - (1) 회계원칙의 체계
  - (2) 발생주의(Accrual Basis)
  - (3) 수익비용대응의 원칙(Matching Principle)
- 2) 추정 손익계산서와 재무상태표 ... 191
  - (1) 추정 재무제표 작성의 목적
  - (2) 손익계산서와 재무상태표의 관계
  - (3) 추정 손익계산서와 재무상태표의 작성 순서
  - (4) 추정 손익계산서와 재무상태표의 금액 추정
  - (5) 추정 손익계산서와 재무상태표의 작성 사례
- 3) 현금흐름표 ... 207
  - (1) 현금흐름표의 필요성
  - (2) 현금흐름표의 구성과 의미
  - (3) 현금흐름표의 해석
  - (4) 현금흐름표의 작성방법
  - (5) 현금흐름표의 작성 사례
  - (6) 영업활동 현금흐름과 이익의 질

II. 관리회계(Managerial Accounting)

1. 목표달성관리(PDCA)

1) 수익성 극대화   229
   - (1) 수익성 극대화의 의미
   - (2) 관리회계에서의 PDCA
   - (3) PDCA의 단계별 과제

2) PDCA별 관리방법
   - (1) CVP 분석 – Plan   237
     - ① CVP 분석의 목적
     - ② CVP 분석의 오류
     - ③ CVP 분석의 수단 – 공헌이익계산서
     - ④ CVP 분석의 기준 – 손익분기점(BEP)
     - ⑤ CVP 분석의 활용
     - ⑥ 민감도 분석 – 영업레버리지
   - (2) 원가배부 – Do   251
     - ① 원가배부의 목적
     - ② 원가요소의 분류
     - ③ 원가배부의 오류
     - ④ 원가배부의 수단 – 활동기준원가계산(ABC)
   - (3) 성과평가 – Check   261
     - ① 성과평가의 목적
     - ② 성과평가의 수단 – 변동예산(매출액)
     - ③ 성과평가의 수단 – 변동예산(변동비)
     - ④ 성과평가의 오류
   - (4) 책임회계 – Action   271
     - ① 책임회계의 목적
     - ② 책임회계의 설계 – 책임중심점
     - ③ 책임회계의 설계 – 대체가격/이전가격
     - ④ 전통적 책임회계의 문제점
     - ⑤ 책임회계의 개선 – 균형성과표(BSC)

III. 기업재무(Corporate Finance)

1. 주식가치의 평가(Valuation)

1) 현금흐름할인법(DCF Method)
   - (1) 순현재가치(NPV)   287
     - ① 현금흐름과 시간가치
     - ② 순현재가치(NPV)
     - ③ 기업가치의 정의
     - ④ 기업가치의 계산
     - ⑤ 비영업용자산(NOA)
   - (2) 잉여현금흐름(FCF)   299
     - ① 잉여현금흐름(FCF)의 계산식
     - ② EBIT의 정의
     - ③ 잔여가치(Terminal Value)의 계산
     - ④ 재무활동 현금흐름과 자본비용
     - ⑤ 연습문제

(3) 가중평균자본비용(WACC) ... 311
　　　① 자본비용의 정의
　　　② 가중평균자본비용(WACC)의 계산식
　　　③ 타인자본비용(Rd) - 절세효과
　　　④ 타인자본비용(Rd) - 절세효과의 활용
　　　⑤ 자기자본비용(Re) - CAPM
　　　⑥ 자기자본비용(Re) - 영업위험과 재무위험
　　　⑦ 자기자본비용(Re) - Hamada
　　　⑧ 연습문제
　　(4) 기업가치와 스타트업의 투자유치 ... 329
　　　① 기업가치의 활용
　　　② 투자유치의 단계
　　　③ 투자유치의 삼각관계
　　　④ 투자유치 제안의 숨겨진 의미
　　　⑤ 기업가치에 따른 희석화 정도
　　　⑥ 경영자의 투자유치 시뮬레이션

2) 배수법(Multiple Method)
　　(1) 주식가치 배수법(Price-Multiple Method) ... 345
　　　① 주식가치 배수법의 개념
　　　② 손익계산서와 가치평가의 관계
　　　③ 주가수익비율(PER)
　　　④ 주가매출액비율(PSR)과 주가순자산비율(PBR)
　　　⑤ 주식가치의 추정
　　　⑥ 주식가치 배수법의 활용(비상장주식)
　　　⑦ 주식가치 배수법의 활용(상장주식)
　　(2) 기업가치 배수법(Enterprise Value-Multiple Method) ... 361
　　　① 비교가능성이 낮은 당기순이익
　　　② 비교가능성이 향상된 이익지표
　　　③ 비교대상 기업별 이익지표
　　　④ 기업가치 배수법의 개념
　　　⑤ EV/EBITDA
　　　⑥ 기업가치 배수법의 활용(비상장주식)

2. 주식가치의 극대화
(Shareholder Wealth Maximization)

1) 자본구조의 변경 ... 375
　　(1) 자본구조 변경의 영향
　　(2) 최적자본구조이론
　　　① MM이론(1958)
　　　② MM수정이론(1963)
　　　③ 상충이론(Trade-off)
　　(3) 연습문제

2) 신규투자 의사결정 ... 391
　　(1) 신규투자 의사결정의 영향
　　(2) 내부수익률(IRR)의 정의
　　(3) IRR과 NPV의 관계
　　(4) IRR과 NPV의 비교

▶ 나가면서

맺음말 ... 402
Mind Map ... 403
저자 및 감수인 ... 408

1 회계와 기업재무의 관계
1) 회계와 기업재무의 영역
2) 회계: 좋은 회사
3) 기업재무: 주식가치

2 이 책에서 다루는 내용
1) 이 책의 구성
2) 이 책의 내용

3 재무제표와 계정과목의 이해
1) 재무제표의 종류와 해석
2) 활동별 주요 계정과목의 이해

(1) 투자자의 질문

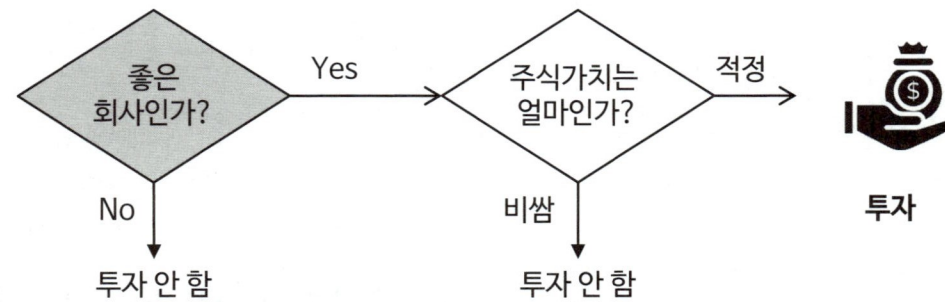

영역 구분 회계(Accounting)와 기업재무(Corporate Finance)에서 각각 다루고 있는 영역은, 투자의사결정 과정에서의 '투자자의 질문'과 이에 대한 '경영자의 대응'으로 생각하면 이해하기 쉽다. 한 투자자가 어느 회사에 투자하는 것을 고민하고 있다고 가정해 보자. 이 책에서는 어느 회사에 투자한다는 것[*1)]을 합병 또는 자산·영업인수(M&A)가 아닌 그 회사의 주식을 취득하는 것으로 보는데, 이러한 투자의사결정 과정에서 투자자는 다음과 같은 2가지 질문을 순차적으로 하게 된다.

1차 질문 '좋은 회사인가?'

특정 기준에 의해 투자할 만한 가치가 없는 회사라고 판단하면 투자하지 않을 것이고, 반대로 투자할 만한 가치가 있는 좋은 회사라고 판단하면 그다음으로 가격에 대한 질문을 하게 된다. 예를 들어, 수익성이 좋은 회사가 아니라고 판단하면 투자하지 않을 것이고, 반대로 수익성이 좋은 회사라고 판단하면 그 주식의 가격을 검토하게 된다.

2차 질문 '주식가치는 얼마인가?'

특정 방법에 의해 평가된 주식가치보다 제안받은 가격이 비싸다고 판단하면 기대되는 투자수익률이 낮으므로 투자하지 않을 것이고, 반대로 적정한 가격 범위 내라고 판단하면 투자하기로 결정한다. 예를 들어, 이전 단계에서 좋은 회사라고 판단한 회사의 주식가치 평가금액이 100인데, 제안받은 가격이 250이라면 투자하지 않을 것이고, 적정한 범위 내의 90이라면 투자하기로 결정한다.

따라서, 투자자는 일련의 투자의사결정 과정에서 '좋은 회사인가?'와 '주식가치가 얼마인가?'라는 질문에 대한 답을 찾아야 하고, 이러한 답을 찾기 위해 '좋은 회사의 판단기준'과 '주식가치의 평가방법'에 대해 알고 있어야 한다.

그러면 회사의 경영자는 이러한 투자자의 질문에 어떻게 대응해야 하는가?

[*1)] 33페이지의 '회사에 투자하는 것'을 참조.

(2) 경영자의 대응

1차 질문에 대응   2차 질문에 대응

투자자 — 좋은 회사인가? → 주식가치는 얼마인가? → 투자

경영자 ↑ 어떻게 좋은 회사를 만들 수 있을까?   ↑ 어떻게 주식가치를 올릴 수 있을까?   } **주주부의 극대화**

주주부의 극대화	소유와 경영이 분리된 기업의 경우에는, 주주들이 직접 의사결정을 하는 대신에 전문경영인을 대리인으로 고용하여 의사결정을 하도록 하고 있다. 이러한 상황에서 경영자는 주주부의 극대화가 아닌 자기 자신의 부를 극대화하는 방향으로 경영의사결정을 하여 주주들과의 이해가 상충되는 대리인 문제(Agency Problem)가 발생하기도 한다. 하지만, 스톡옵션 등과 같은 여러 제도적 장치를 통해 기본적으로 경영자는 주주부를 극대화하는 방향으로 경영의사결정을 한다고 본다. 따라서, 경영자는 투자자의 2가지 질문에 대해 다음과 같이 주주부(주식가치)를 극대화하는 방향으로 대응한다.
1차 대응	'어떻게 좋은 회사를 만들 수 있을까?'
	투자자의 1차 질문에 대한 대응으로, 투자할 만한 가치가 있는 좋은 회사를 만들기 위해서 그 방법을 찾고 그에 근거하여 경영의사결정을 내린다. 예를 들어, 수익성이 좋은 회사를 만들기 위해서 PDCA(계획-실행-평가-개선)에 따라 손익을 관리한다. 이는 결국 기업가치와 주식가치를 높이는 데에도 기여하게 된다.
2차 대응	'어떻게 주식가치를 올릴 수 있을까?'
	투자자의 2차 질문에 대한 대응으로, 높은 가치로 신주를 발행하거나 구주를 비싸게 매각할 수 있도록 하기 위해서 그 방법을 찾고 그에 근거하여 경영의사결정을 내린다. 예를 들어, 기업가치를 높이기 위해서 자본구조를 변경하여 가중평균자본비용(WACC)을 감소시키거나, 경제적 타당성이 있는 신규사업에 투자하여 잉여현금흐름(FCF)을 증가시킨다.
	따라서, 경영자는 투자자의 질문에 '선제적으로' 대응하기 위하여 '좋은 회사를 만드는 방법'과 '주식가치를 올리는 방법'을 알고 있어야 한다.
그러면	'투자자의 질문'과 이에 대한 '경영자의 대응'에 대한 답은 각각 어디서 찾을 수 있을까?

(3) 좋은 회사와 주식가치

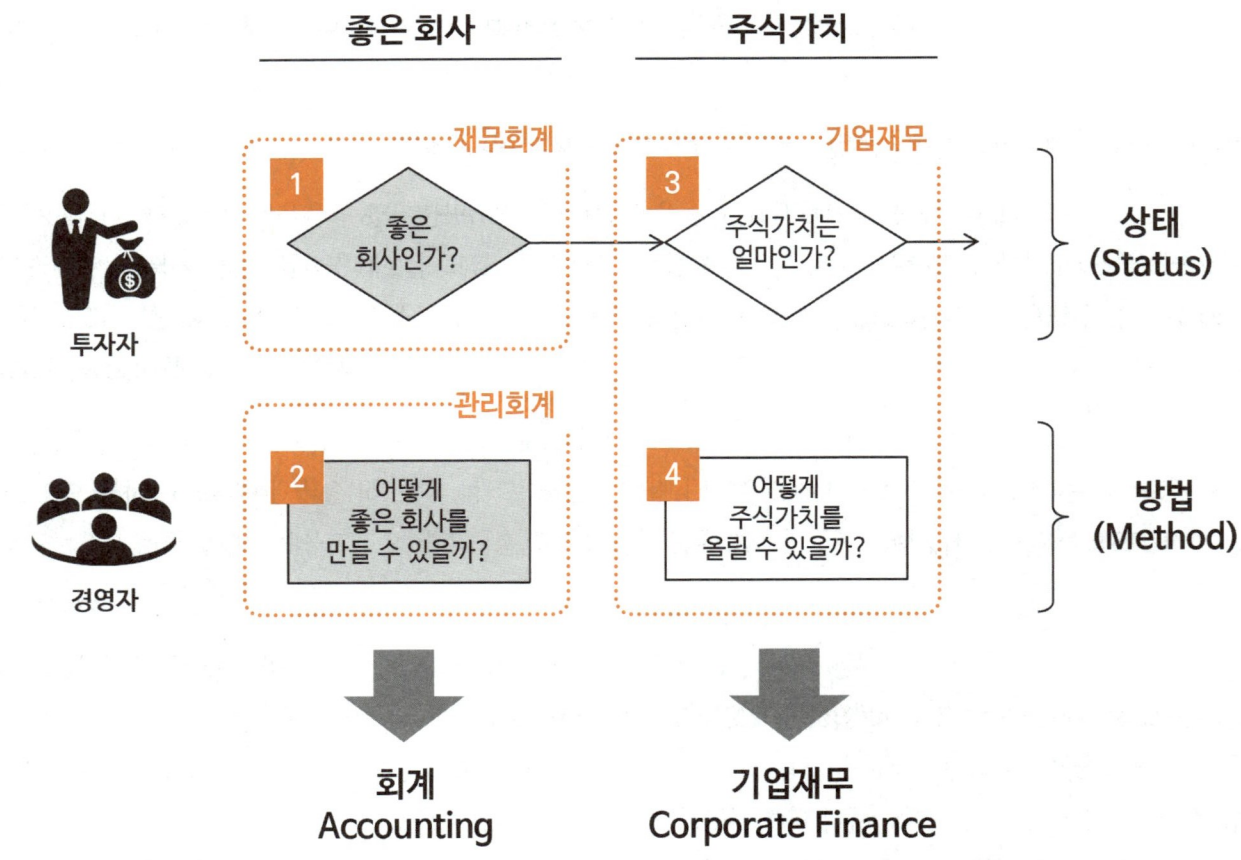

투자의사결정을 하는 일련의 과정에서 '투자자의 질문'과 이에 대한 '경영자의 대응'을 보면, 다음과 같이 2개의 축으로 나눌 수 있다.

가로 투자자는 좋은 회사인가와 주식가치가 얼마인가와 같은 '상태(Status)'를 파악하려 하고, 경영자는 이에 대응하여 좋은 회사를 만드는 '방법(Method)'과 주식가치를 올리는 '방법(Method)'을 파악하려 한다.

세로 왼쪽의 '좋은 회사'에 관한 2가지 질문에 그 답을 다루는 영역이 바로 회계(Accounting)이고, 오른쪽의 '주식가치'에 관한 2가지 질문에 그 답을 다루는 영역이 기업재무(Corporate Finance)라고 일반화할 수 있다.

구체적으로, 회계(Accounting)란 투자자에게 '좋은 회사인가?'라는 상태를, 경영자에게는 '어떻게 좋은 회사를 만들 수 있을까?'라는 방법을 알려 주는 영역이다. 특히 '좋은 회사인가?'라는 상태를 다루는 영역을 재무회계(Financial Accounting)라고 하며, '어떻게 좋은 회사를 만들 수 있을까?'라는 방법을 다루는 영역을 관리회계(Managerial Accounting)라고 한다. 그리고, 기업재무(Corporate Finance)란 투자자에게 '주식가치는 얼마인가?'라는 상태와 경영자에게는 '어떻게 주식가치를 올릴 수 있을까?'라는 방법을 알려 주는 영역이다.

관계 이와 같이 회계와 기업재무[2]는 각각 '좋은 회사'와 '주식가치'라는 상이한 영역을 다루고 있지만, 다음과 같이 서로 밀접한 연관관계도 가지고 있다.
- 투자자와 경영자의 의사결정 과정에서 각각 두 영역을 동시에 고려한다.
- 두 영역은 동일한 손익계산서, 재무상태표 및 현금흐름표를 활용한다.

그러면 회계에서 다루는 '좋은 회사'와 기업재무에서 다루는 '주식가치'에 대해 각각 살펴보자.

[2] 35페이지의 '회계와 재무의 구성'을 참조.

*1) 회사에 투자하는 것(27페이지 참조의 설명)

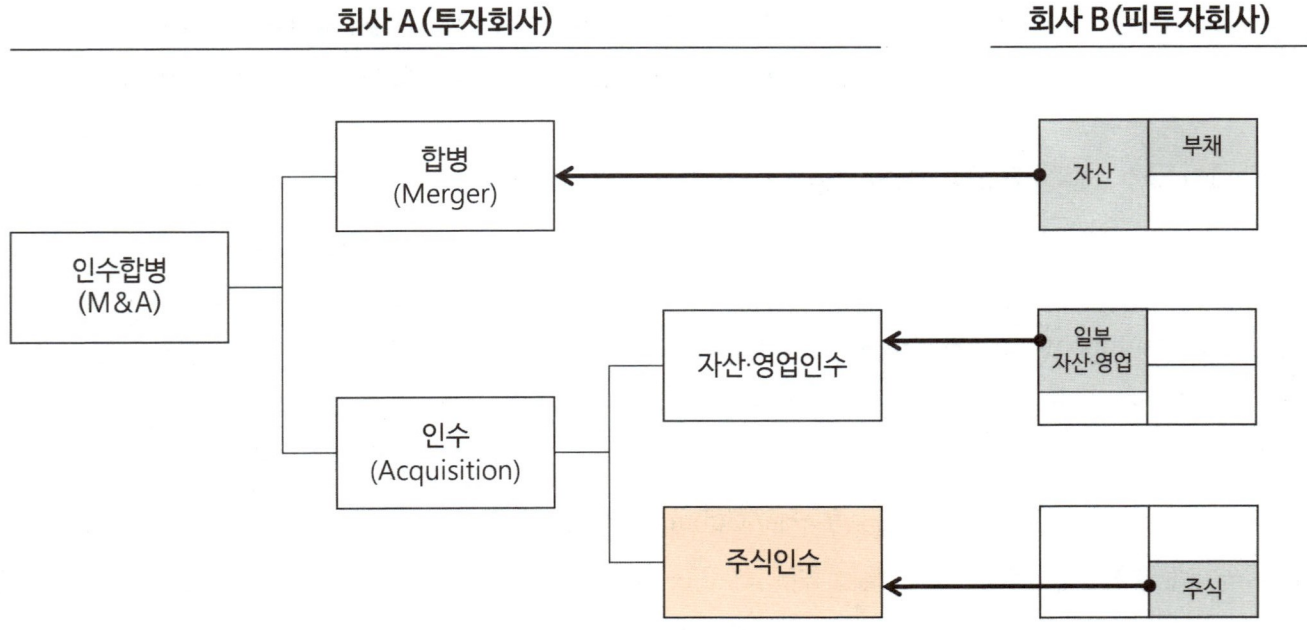

M&A   우리가 '어느 회사에 투자한다'고 할 때에 M&A(Merger & Acquisition) 또는 인수합병이라고 한다. 그러나 이러한 인수합병(M&A)은 너무 거창하게 느껴지는 용어이므로, 이를 좀 더 세분화해 볼 필요가 있다.

우리가 흔히 말하는 인수합병(M&A)에는 크게 합병(Merger)과 인수(Acquisition)가 있으며, 인수(Acquisition)는 다시 자산·영업인수와 주식인수로 나뉘어 총 3가지로 세분화할 수 있다. 회사 A(투자회사)가 회사 B(피투자회사)에 투자한다고 가정하고, 3가지 경우를 일반화하여 설명해 보려 한다.

합병   우선, 합병에는 합병회사의 소멸여부에 따라 흡수합병과 신설합병이 있는데, 실무적으로는 회사 A(합병회사)가 존속하고 회사 B(피합병회사)가 소멸하는 흡수합병이 일반적이다. 이러한 흡수합병의 경우에, 회사 A가 회사 B의 모든 자산과 부채를 가져오게 된다. 이에 대한 대가로, 회사 A는 회사 B의 모든 주주들에게 현금을 주거나 회사 A의 주식을 발행한 후에, 회사 B의 주식을 소멸시킨다. 그러면, 회사 B에는 아무것도 남지 않게 되어 결국 회사 B는 소멸하게 된다.

자산·영업인수   다음으로 자산·영업인수의 경우인데, 회사 A가 회사 B의 자산·영업 일부를 가져오게 된다. 이에 대해, 회사 A는 회사 B에 인수한 자산·영업의 대가를 지불하게 된다. 따라서, 회사 B는 회사 A로부터 받은 대가와 나머지의 자산 및 부채로 존속하게 되며, 회사 B의 주주구성에는 변동이 없다.

주식인수   마지막으로 주식인수의 경우인데, 회사 A가 회사 B의 주식 일부 또는 전부를 기존 주주로부터 취득한다. 이에 대해, 회사 A는 회사 B의 주주에게 취득한 주식의 대가를 지불하게 된다. 따라서, 회사 B의 자산과 부채에는 아무런 변화가 없으나, 회사 A가 회사 B의 주주가 되어 회사 B의 주주구성이 바뀌게 된다.

이 책에서 "어느 회사에 투자한다"고 하면, 어떠한 회사의 주식을 취득하는 "주식인수"를 전제로 한다.

*2) 회계와 재무의 구성(31페이지 참조의 설명)

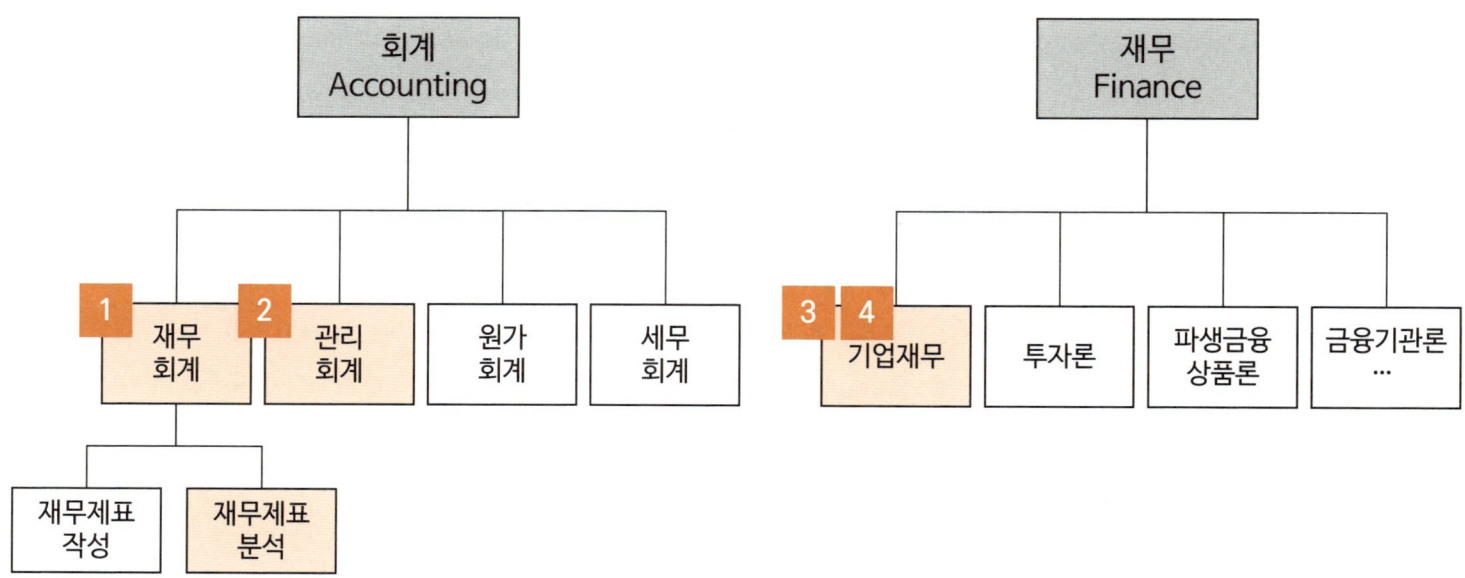

회계(Accounting)와 재무(Finance)가 다루고 있는 영역을 좀 더 세분화해 볼 필요가 있다.

회계 회계(Accounting)는 크게 재무회계, 관리회계, 원가회계 및 세무회계라고 하는 4개 영역으로 구성되어 있다.

우선, 재무회계(Financial Accounting) 영역은 회계팀이 손익계산서, 재무상태표 및 현금흐름표를 만드는 '재무제표의 작성'과 이렇게 작성된 재무제표를 투자자와 경영자가 분석하는 '재무제표의 분석'으로 구성된다. 둘째, 관리회계(Managerial Accounting) 영역에서는 회사의 수익성과 효율성을 높이기 위해서 목표를 설정하고, 그것이 달성되었는지 여부를 파악하여 이를 어떻게 개선해야 할지와 같은 관리정보를 제공한다. 셋째, 원가회계(Cost Accounting) 영역에서는 회사가 생산한 제품의 원가가 얼마인지를 계산하여, 재무제표상에서 매출원가가 얼마인지 그리고 재고자산은 얼마인지와 같은 원가정보를 제공한다. 마지막으로, 세무회계(Tax Accounting) 영역에서는 법인세와 부가세 등과 같이 회사가 납부해야 할 세금을 계산하여, 재무제표상에서 법인세비용이 얼마인지 그리고 미지급세금이 얼마인지와 같은 세금정보를 제공한다.

재무 재무(Finance)는 기업재무, 투자론, 파생금융상품론 및 금융기관론 등과 같이 매우 여러 영역으로 구성되어 있다.

우선, 기업재무(Corporate Finance) 영역에서는 기업 또는 주식에 대한 가치평가와 이와 관련한 투자 및 자본조달방법에 대해 다룬다. 그리고, 투자론(Investment)과 파생금융상품론(Financial Derivatives) 영역에서는 주로 주식, 채권 및 파생금융상품을 대상으로 투자의사결정과정에 필요한 이론을 다룬다. 이외에도 여러 영역이 존재한다.

이 책에서의 회계(Accounting) 영역은 재무회계(Financial Accounting)와 관리회계(Managerial Accounting)만을 다루며, 특히 재무회계에서는 재무제표의 작성보다는 재무제표의 분석을 위주로 다룬다. 그리고, 재무(Finance) 영역에서는 기업재무(Corporate Finance)만을 다룬다.

1 회계와 기업재무의 관계

1) 회계와 기업재무의 영역
2) **회계: 좋은 회사**
3) 기업재무: 주식가치

2 이 책에서 다루는 내용

1) 이 책의 구성
2) 이 책의 내용

3 재무제표과 계정과목의 이해

1) 재무제표의 종류와 해석
2) 활동별 주요 계정과목의 이해

(1) 좋은 회사의 정의

이해관계자

내부
- 경영자
- 직원

외부
- 은행
- 공급자
- 투자자
- 주주

재무적 관심사항

- 보너스를 많이 받을 수 있을까?
- 연봉이 많이 오를 수 있을까?
- 정년까지 근무가 가능할까?
- 적은 자원으로 많은 수익을 내는가?
- 원리금을 문제없이 받을 수 있을까?
- 납품대금을 문제없이 받을 수 있을까?
- 투자할 만한 가치가 있는 회사인가?
- 주가가 오를 수 있을까?
- 배당을 많이 받을 수 있을까?

좋은 회사의 4개 지표

- 성장성
- 수익성
- 안정성
- 효율성 (활동성)

우선, 회계에서 다루는 '좋은 회사'에 대해 살펴보고자 한다.

이해관계자 회사와 관련하여 대내외적으로 다양한 이해관계자가 존재하는데, 여기에서의 '이해'란 이익과 손해를 말한다. 이는 회사의 경영성과와 재무상태에 따라 이익 또는 손해의 형태로 영향을 받는 많은 구성원들이 존재한다는 것을 의미하며, 그 분류는 다음과 같다.
- 내부 이해관계자: 경영자 및 직원 등
- 외부 이해관계자: 은행, 공급자, 투자자 및 주주 등

따라서, 이해관계자는 회사의 경영성과와 재무상태와 같은 재무적인 사항에 다양한 관심을 가지고 있다.
- 경영자와 직원은 보너스, 연봉, 정년근무 및 자원의 활용에 관심을 가지고 있고,
- 은행과 공급자는 원리금 또는 납품대금의 회수에 관심을 가지고 있으며,
- 투자자는 기대수익률이 높은 투자기회에 관심을 가지고 있다.
- 그리고, 주주는 시세차익 및 배당에 관심을 가지고 있다.

좋은 회사 따라서, 회계에서 다루는 '좋은 회사'란, 회사의 경영이념, 업무환경 및 직무만족도 등과 같은 관점에서 말하는 것이 아니라 다양한 이해관계자에게 재무적인 관점에서 손해가 아닌 이익을 줄 수 있는 회사를 의미한다. 이러한 좋은 회사는 성장성, 수익성, 안정성 및 효율성(활동성)이라는 4개 지표로 상당 부분 설명될 수 있으며, 이해관계자는 이러한 4개 지표에 대한 종합적인 분석을 통해 회계에서 말하는 좋은 회사인지 여부를 판단할 수 있다는 것이다.

그러면 좋은 회사를 정의하는 4개 지표는 각각 무엇을 의미하는가?

(2) 4개 지표의 의미

지표	개인	회사
성장성	키와 몸무게가 늘었다.	규모가 커졌다.
수익성	저축을 했다.	돈을 많이 벌었다.
안정성	건강하다.	망하지 않는다.
효율성 (활동성)	부지런히 지냈다.	자원을 잘 활용했다.

좋은 회사를 정의하는 4개 지표가 각각 무엇을 의미하는지에 대해 알아보자.

성장성   성장성(Growth)은 "회사의 규모가 커졌다"는 것을 의미한다. 개인에게는 "키와 몸무게가 얼마나 늘었니?"라고 물을 수 있는데, 회사의 경우에는 "경영성과와 재무상태가 전년도에 비해 얼마나 증가하였는가?"라고 질문을 하게 된다. 이러한 질문에 대한 답변이 바로 성장성이다. 즉, 성장성은 '회사 규모의 증감 정도'라고 정의할 수 있으며, 이는 증가율의 개념이다.

수익성   수익성(Profitability)은 "회사가 돈을 많이 벌었다"는 것을 의미한다. 개인에게는 "번 것 중에서 얼마나 저축할 수 있었니?"라고 물을 수 있는데, 회사의 경우에는 "일정 기간에 얼마나 많은 이익을 창출하였는가?"라고 질문을 하게 된다. 이러한 질문에 대한 답변이 바로 수익성이다. 즉, 수익성은 '매출액에 대비해서 창출한 이익의 정도'라고 정의할 수 있으며, 이는 이익률의 개념이다.

안정성   안정성(Soundness)은 "회사가 망하지 않는다"는 것을 의미한다. 개인에게는 "심장에서 혈액이 충분히 그리고 원활하게 공급되어서 건강하니?"라고 물을 수 있는데, 회사의 경우에는 "단기적 채무상환여력 및 중장기적 자금조달능력은 충분한가?"라고 질문을 하게 된다. 이러한 질문에 대한 답변이 바로 안정성이다. 즉, 안정성은 '지급불능상태로 인한 채무불이행의 위험정도' 즉 '부도위험'이라고 정의할 수 있다.

효율성   효율성(Efficiency)은 "회사가 자원을 잘 활용했다"는 것을 의미한다. 개인에게는 "얼마나 부지런히 지냈니?"라고 물을 수 있는데, 회사의 경우에는 "일정 기간에 투입된 자원을 얼마나 효율적으로 활용하였는가?"라고 질문을 하게 된다. 이러한 질문에 대한 답변이 바로 효율성(활동성)이다. 즉, 효율성은 '제한된 자원을 얼마나 여러 번 사용하였는지에 대한 그 활용정도'라고 정의할 수 있으며, 이는 활용도의 개념이다.

이렇듯이 4개 지표만으로도 경영자는 어떠한 회사를 이해관계자에게 설명하기에, 그리고 투자자는 투자할 만한 가치가 있는 좋은 회사를 파악하기에 충분하다.

그러면   좋은 회사에 관한 4개 지표 중에서 성장성 지표란 무엇인가?

(2) 4개 지표의 의미

① 성장성(Growth)

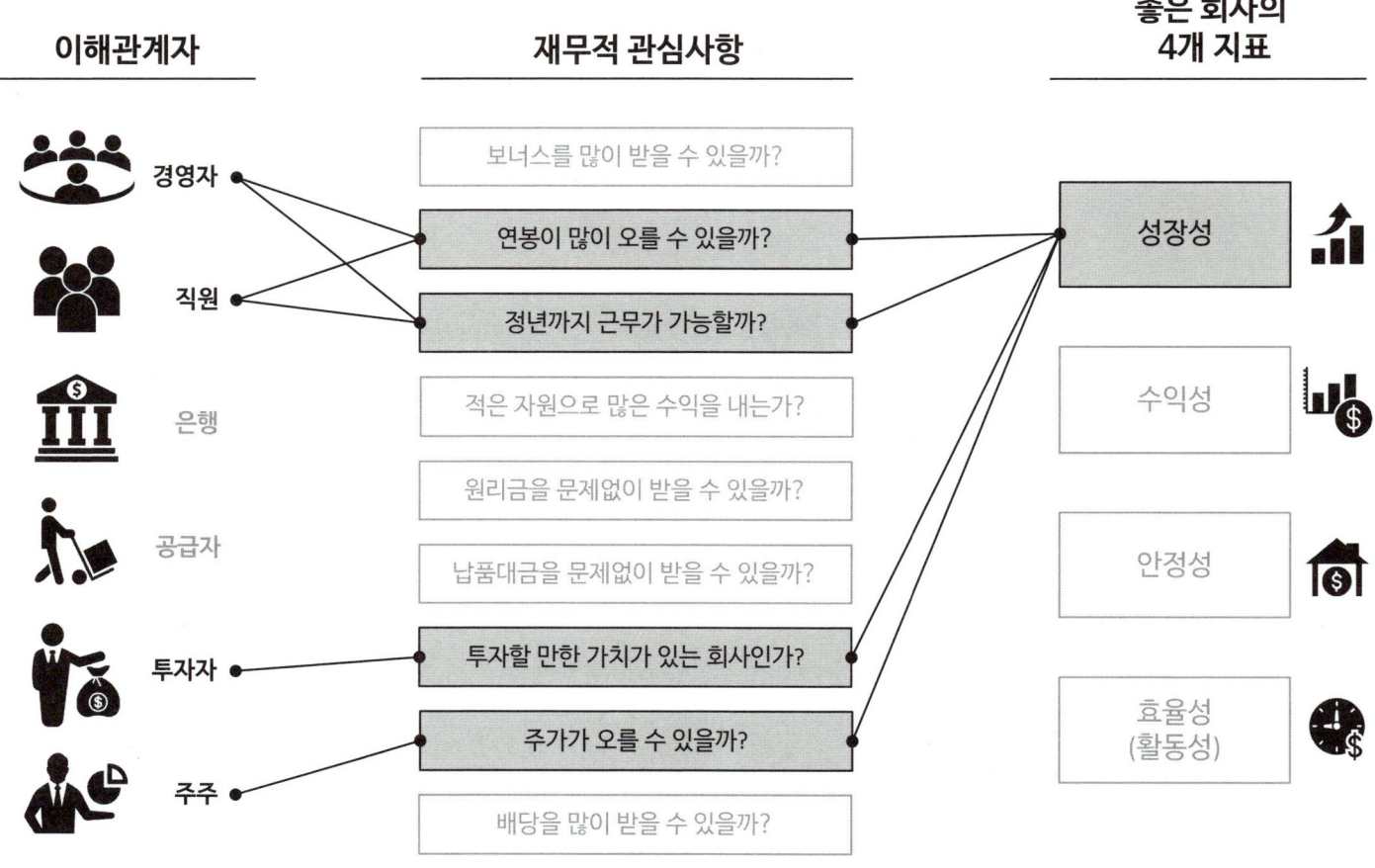

우선, 좋은 회사에 관한 4개 지표 중에서 성장성 지표에 대해 살펴보고자 한다.

정의   성장성(Growth)이란, 회사의 경영성과와 재무상태가 전년도에 비해 얼마나 증가하였는가를 나타내는 지표로서, 회사 규모의 증감 정도를 말한다.
- 여기에서, 경영성과란 손익계산서의 매출액, 영업이익 및 당기순이익 등을 말하며,
- 재무상태란 재무상태표의 자산총계 등을 말한다.

영향   예를 들어, 회사의 규모가 전년도에 비해 증가한다면, 재무적인 관점에서 다음과 같은 긍정적인 영향이 이해관계자에게 미치게 된다.
- 경영자와 직원은 회사의 성장률에 맞추어 연봉이 오를 수 있고, 지속적인 성장으로 정년까지 안정적으로 근무할 수도 있으며,
- 투자자는 성장성이 높은 매력적인 투자기회에 투자하여 높은 투자수익률을 올릴 수 있다.
- 그리고, 주주는 회사의 규모 및 시장점유율의 증가에 따라 주가가 상승하여 시세차익을 얻을 수 있다.

따라서, 위와 같이 성장성이 높은 회사는 이해관계자에게 이익을 주며, 반대로 성장성이 낮은 회사는 이해관계자에게 손해를 주므로, 성장성은 재무적인 관점에서 좋은 회사를 정의하는 하나의 지표가 된다.

그러면   두 번째로 수익성 지표란 무엇인가?

(2) 4개 지표의 의미

② 수익성(Profitability)

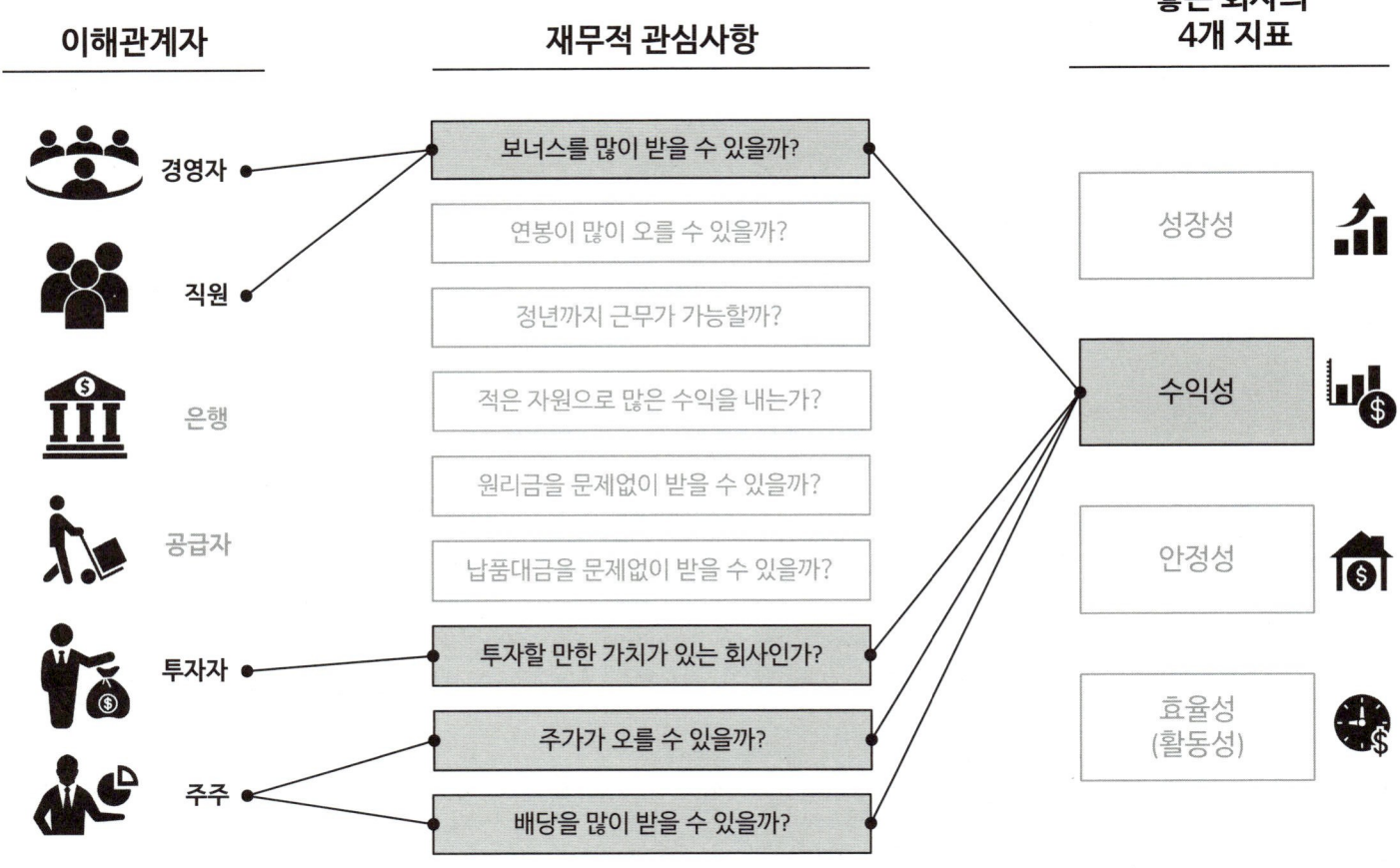

두 번째로, 좋은 회사에 관한 4개 지표 중에서 수익성 지표에 대해 살펴보고자 한다.

정의 수익성(Profitability)이란, 일정 기간에 얼마나 많은 이익을 창출하였는가를 나타내는 지표로서, 매출액에 대비해서 창출한 이익의 정도를 말한다. 여기에서, 이익이란 손익계산서의 매출총이익, 영업이익 및 당기순이익 등을 말한다.

영향 예를 들어, 회사에 이익이 많이 난다면, 재무적인 관점에서 다음과 같은 긍정적인 영향이 이해관계자에게 미치게 된다.
- 경영자와 직원은 해당 연도의 이익에 근거하여 많은 보너스를 받을 수 있고,
- 투자자는 수익성이 높은 매력적인 투자기회에 투자하여 높은 투자수익률을 올릴 수 있다.
- 그리고, 주주는 배당재원이 증가하여 많은 배당금을 받을 수 있으며, 또한 이러한 기대에 의해 주가가 상승하여 시세차익도 얻을 수 있다.

따라서, 위와 같이 수익성이 높은 회사는 이해관계자에게 이익을 주며, 반대로 수익성이 낮은 회사는 이해관계자에게 손해를 주므로, 수익성도 재무적인 관점에서 좋은 회사를 정의하는 하나의 지표가 된다.

그러면 세 번째로 안정성 지표란 무엇인가?

(2) 4개 지표의 의미

③ 안정성(Soundness)

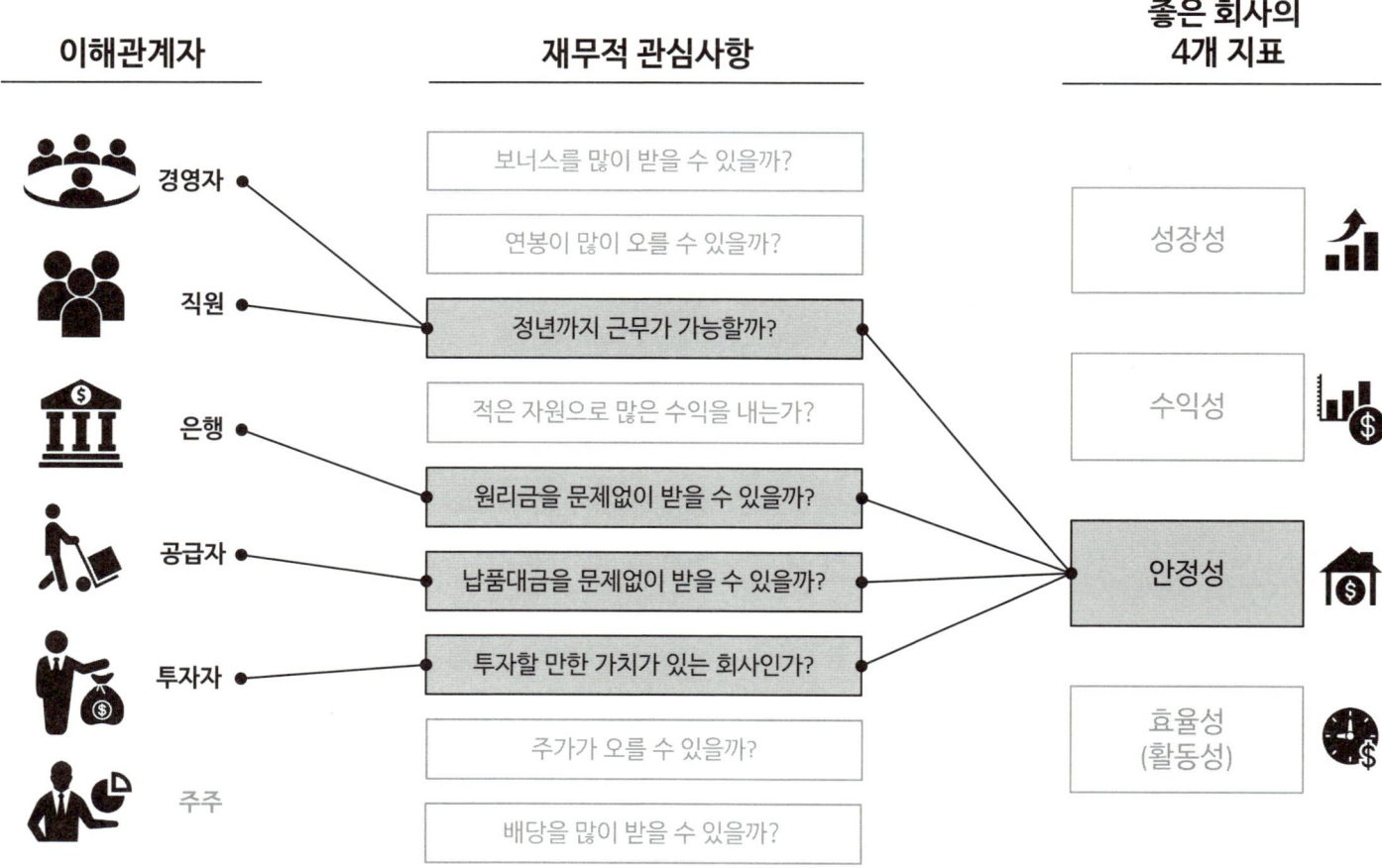

세 번째로, 좋은 회사에 관한 4개 지표 중에서 안정성 지표에 대해 살펴보고자 한다.

정의 안정성(Soundness)이란, 부채를 상환할 수 있는 단기적 채무상환여력 및 중장기적 자금조달능력이 충분한가를 나타내는 지표로서, 지급불능상태(Insolvency)로 인한 채무불이행(Default)의 위험 정도를 말한다. 여기서, 단기적 채무상환여력을 일반적으로 유동성(Liquidity)이라고도 한다.

- 여기에서, '일정 기간'의 상환채무 및 상환여력이란 각각 손익계산서의 이자비용과 영업이익을 말하고,
- '일정 시점'의 상환채무 및 상환여력이란 각각 재무상태표의 유동부채와 유동자산을 말한다.
- 그리고, '중장기적' 자금조달능력이란 현금흐름표의 영업활동, 투자활동 및 재무활동 현금흐름의 부호를 말한다.

영향 예를 들어, 회사에 부도가 발생한다면, 재무적인 관점에서 다음과 같은 부정적인 영향이 이해관계자에게 미치게 된다.

- 경영자와 직원은 다른 직장을 찾아야 하고,
- 은행은 대여금에 대한 이자뿐만 아니라 원금을 회수하지 못할 수 있으며,
- 공급자는 납품대금을 받지 못할 수 있다.
- 그리고, 투자자는 안정성이 낮은 투자기회에 투자하여 투자금액을 모두 날릴 수 있다.

따라서, 위와 같이 안정성이 낮은 회사는 이해관계자에게 손해를 주며, 안정성이 높은 회사는 이해관계자에게 이익을 주므로, 안정성도 재무적인 관점에서 좋은 회사를 정의하는 하나의 지표가 된다.

마지막으로 네 번째로 효율성 지표란 무엇인가?

(2) 4개 지표의 의미

④ 효율성(Efficiency)

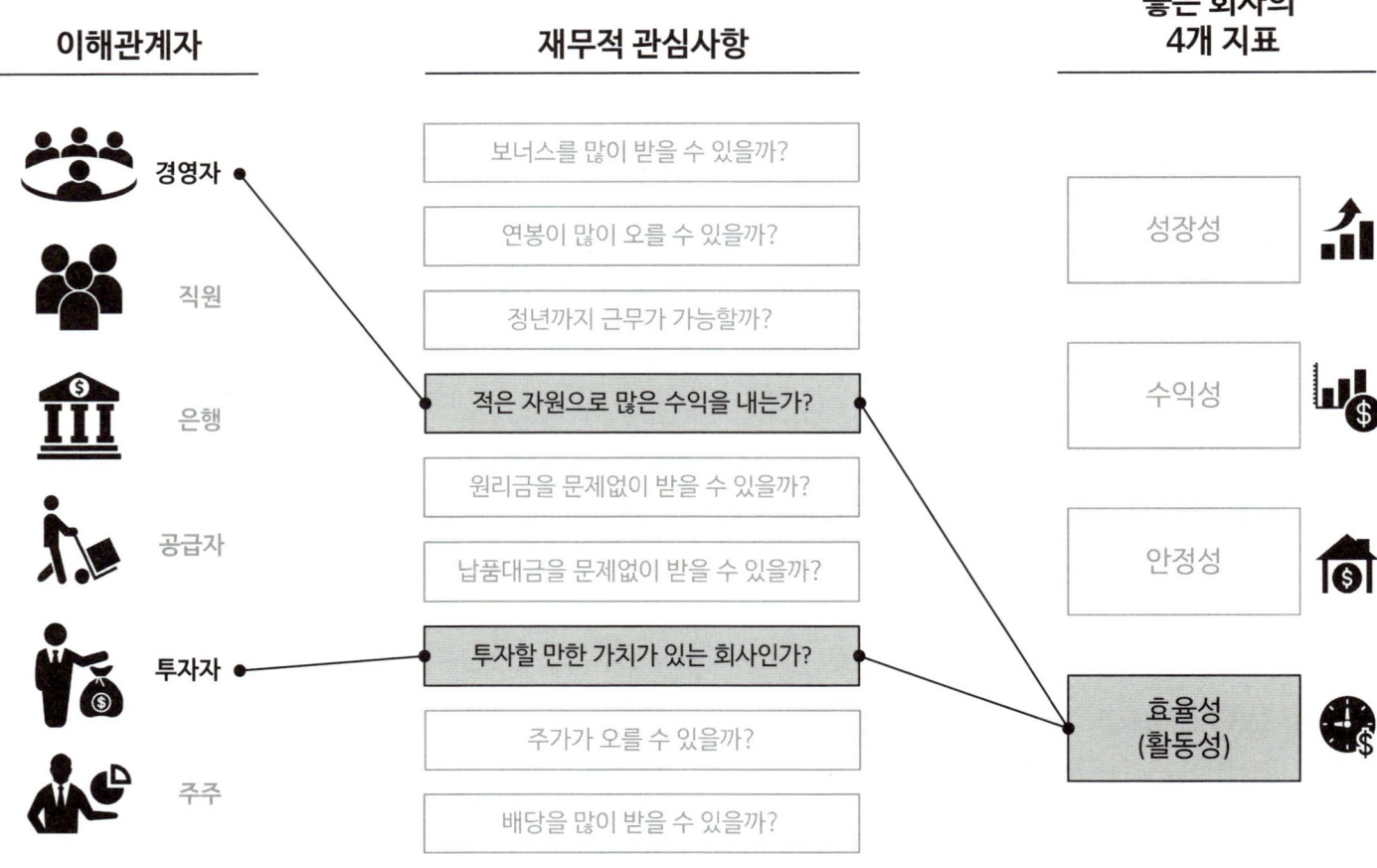

마지막으로, 좋은 회사에 관한 4개 지표 중에서 효율성 지표에 대해 살펴보고자 한다.

정의 효율성(Efficiency)이란, 일정 기간에 투입된 자원을 얼마나 효율적으로 활용하였는가를 나타내는 지표로서, 제한된 자원을 얼마나 여러 번 사용하였는지에 대한 활용 정도를 말하며, 이를 활동성(Activity) 지표라고도 한다.
- 여기에서, 투입된 자원이란 매출채권, 재고자산 및 매입채무을 말하며,
- 효율적 활용이란 매출액 및 매출원가를 말한다.

회사는 자원을 투입하고 이를 여러 번 사용하여 그만큼 수익을 창출한다. 따라서, 회계에서의 효율성이란 다음과 같은 2가지 질문으로 정의할 수도 있다.
- 일정한 자원을 투입하여, 얼마나 많은 수익을 창출했는가?
- 일정한 수익을 창출하기 위해서, 얼마나 적은 자원을 투입했는가?

영향 예를 들어, 회사의 자원이 비효율적으로 활용된다면, 재무적인 관점에서 다음과 같은 부정적인 영향이 이해관계자에게 미치게 된다.
- 경영자는 자원낭비로 인한 손실에 대해 경영상의 책임을 져야 하고,
- 투자자는 투자한 회사의 낮은 효율성으로 비용이 증가하여 기대했던 투자수익률을 올리지 못할 수 있다.

따라서, 위와 같이 효율성이 낮은 회사는 이해관계자에게 손해를 주며, 효율성이 높은 회사는 이해관계자에게 이익을 주므로, 효율성도 재무적인 관점에서 좋은 회사를 정의하는 하나의 지표가 된다.

그러면 이러한 4개 분석지표 간에는 어떠한 관계가 존재할까?

(3) 4개 지표 간의 관계

① 인과 관계

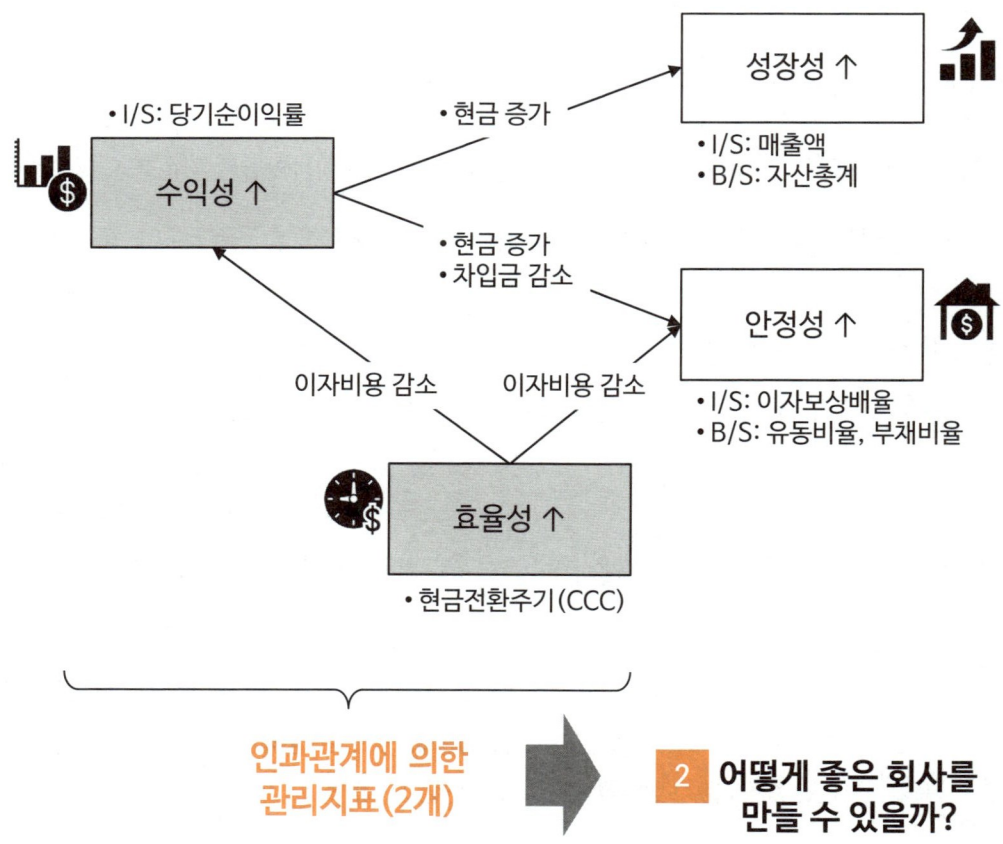

인과관계   일반적으로 좋은 회사를 정의하는 4개 지표 간에는 상당한 인과관계가 존재한다. 즉, 어떠한 하나의 지표가 향상되면, 그와 관련된 다른 지표도 향상된다는 것이다.

수익성 향상 → 성장성 향상: 당기순이익률의 증가 → 현금의 증가 → 자산총계의 증가

수익성 지표 중 하나인 당기순이익률이 증가하면(수익성 향상), 일반적으로 이익이 많아져서 현금이 증가한다. 이러한 현금의 증가는 자산총계를 증가시켜, 성장성 지표 중 하나인 총자산증가율을 증가(성장성 향상)시킨다.

수익성 향상 → 안정성 향상: 당기순이익률의 증가 → 현금의 증가 → 차입금의 감소 → 유동비율의 증가

수익성 지표 중 하나인 당기순이익률이 증가하면(수익성 향상), 일반적으로 이익이 많아져서 현금이 증가한다. 이러한 현금의 증가는 차입금을 감소시켜, 안정성 지표 중 하나인 유동비율을 증가(안정성 향상)시킨다.

효율성 향상 → 수익성 향상: 현금전환주기(CCC)*의 감소 → 차입기간의 감소 → 이자비용의 감소 → 당기순이익률의 증가

효율성 지표 중 하나인 현금전환주기(CCC)가 감소하면(효율성 향상), 부족한 운영자금을 위해 빌린 차입금의 차입기간이 감소한다. 이러한 차입기간의 감소는 이자비용을 감소시켜, 수익성 지표 중 하나인 당기순이익률을 증가(수익성 향상)시킨다.

효율성 향상 → 안정성 향상: 현금전환주기(CCC)의 감소 → 차입기간의 감소 → 이자비용의 감소 → 이자보상배율의 증가

효율성 지표 중 하나인 현금전환주기(CCC)가 감소하면(효율성 향상), 부족한 운영자금을 위해 빌린 차입금의 차입기간이 감소한다. 이러한 차입기간의 감소는 이자비용을 감소시켜, 안정성 지표 중 하나인 이자보상배율을 증가(안정성 향상)시킨다.

그러면   이러한 4개 지표 간에는 인과관계만 존재할까?

* 현금전환주기(CCC)는 'I.1.4) 효율성 관리'에서 자세히 다룬다.

(3) 4개 지표 간의 관계

② 반대의 인과관계

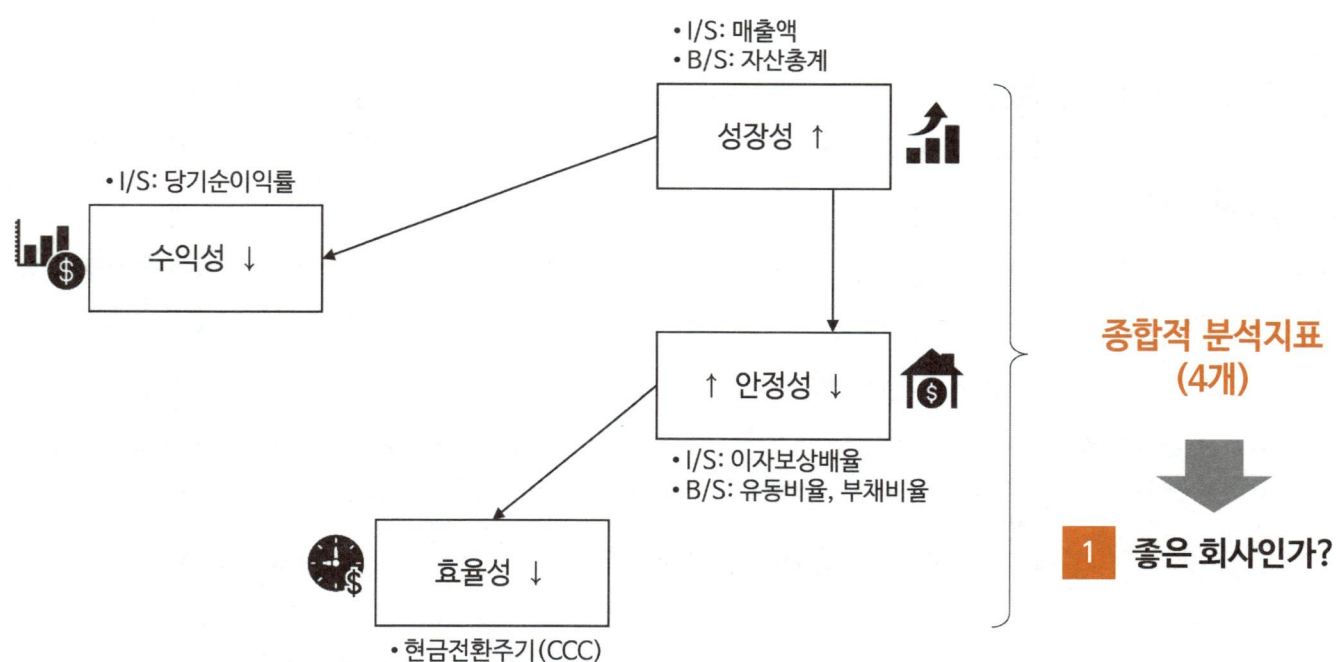

반대의 인과관계	하지만, 이러한 4개 지표 간에는 <mark>반대의 인과관계</mark>가 나타나는 예외적인 경우도 존재한다. 즉, 어떠한 하나의 지표가 향상되면, 그와 관련된 다른 지표가 오히려 악화된다는 것이다.

- 성장성 향상 → 수익성 악화: 판매단가의 인하에 의한 매출액의 증가 → 당기순이익률의 감소
- 성장성 향상 → 수익성 악화: 차입에 의한 자산총계의 증가 → 이자비용의 증가 → 당기순이익률의 감소
- 성장성 향상 → 안정성 악화: 차입에 의한 자산총계의 증가 → 차입금의 증가 → 부채비율의 증가
- 안정성 향상 → 효율성 악화: 유동비율의 증가 → 재고자산 및 매출채권의 증가 → 현금전환주기(CCC)의 증가

분석지표	위와 같이 4개 지표 간에는 인과관계뿐만 아니라 반대의 인과관계가 존재하므로 서로 영향을 주고받는다. 또한, 일부 지표만으로는 모든 이해관계자의 재무적인 관심사항에 대해 충분한 답변을 제공하지도 못한다. 따라서, 재무회계에서 '좋은 회사인가?'에 대한 답을 찾기 위해서는 <mark>4개 지표를 모두 분석하여 종합적으로 판단</mark>해야 한다. 이러한 분석지표는 Ⅰ. 재무회계의 영역으로 Ⅰ.1. 재무비율분석에서 다룬다.
관리지표	한편, '어떻게 좋은 회사를 만들 수 있을까?'에 대한 답을 찾기 위해서는 4개 지표 간의 <mark>인과관계를 충분히 활용하여</mark> 관리하는 것이 효과적이다. 따라서, 이 책에서는 인과관계의 대표적인 Key Driver로서, <mark>수익성과 효율성만을 관리지표로</mark> 다루기로 한다(50페이지의 그림 참조). 이 중에서 효율성 관리는 운전자본(WC) 및 현금전환주기(CCC)와 밀접한 관련이 있으므로 Ⅰ. 재무회계에서 다루며, 수익성 관리는 Ⅱ. 관리회계의 목표달성관리(PDCA)에서 다룬다.
그러면	기업재무에서 다루는 '주식가치'에 대해 살펴보자.

1 회계와 기업재무의 관계

1) 회계와 기업재무의 영역
2) 회계: 좋은 회사
3) 기업재무: 주식가치

2 이 책에서 다루는 내용

1) 이 책의 구성
2) 이 책의 내용

3 재무제표와 계정과목의 이해

1) 재무제표의 종류와 해석
2) 활동별 주요 계정과목의 이해

(1) 주식가치의 정의

① 3가지 주식가치

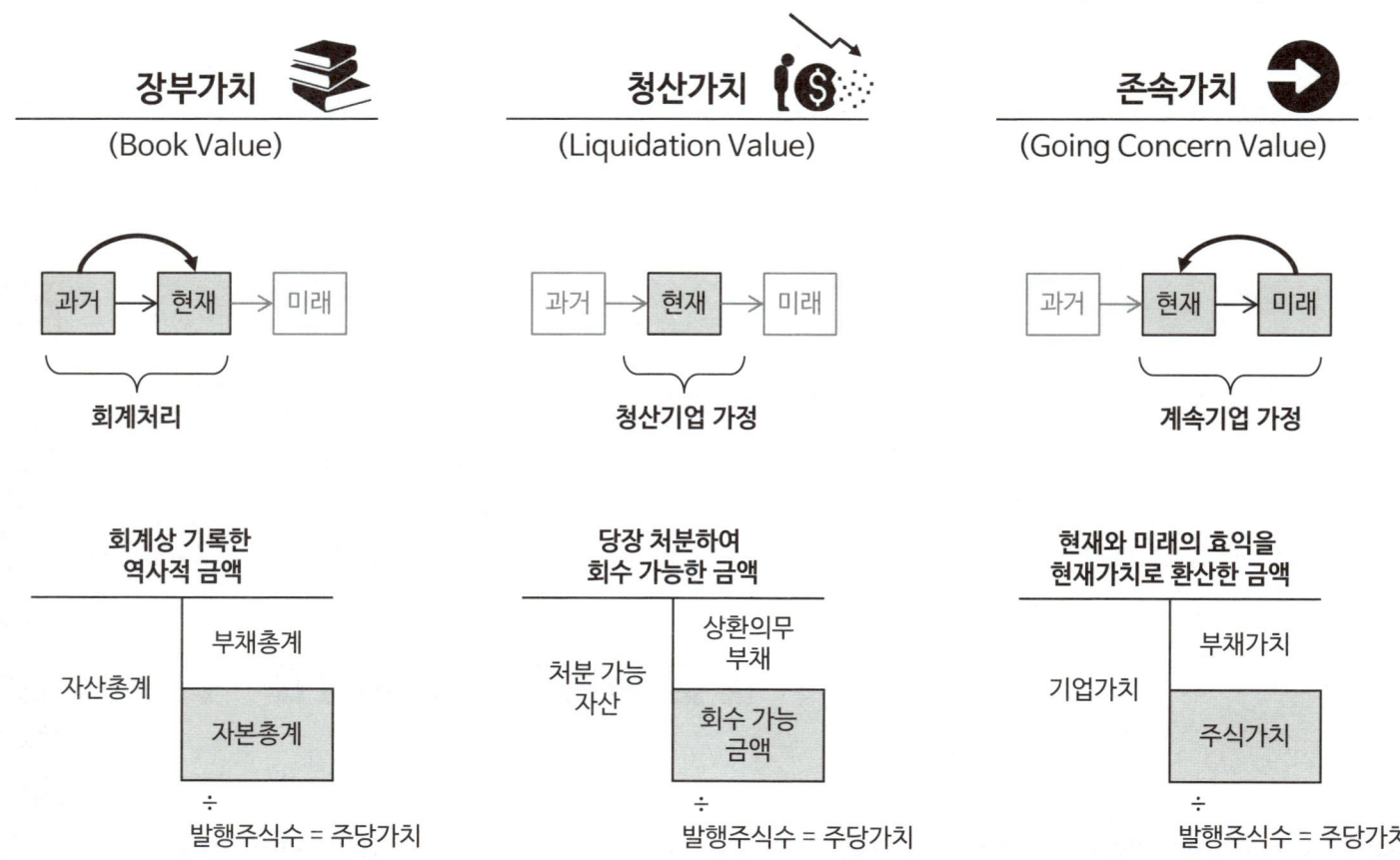

주식가치는 일반적으로 다음과 같이 3가지로 정의될 수 있다.

장부가치 장부가치(Book Value)란, 과거와 현재에 걸쳐서 발생한 경제적 사건을 기업회계기준에 따라 인식하여 회계장부에 기록한 금액으로서, 자산총계에서 부채총계를 차감하여 도출한 자본총계를 주식가치로 본다. 이는 역사적 금액으로서 현재 시점의 가치를 제대로 반영하지 못하므로 기업재무에서는 주식가치의 평가금액으로 거의 사용하지 않는다.

청산가치 청산가치(Liquidation Value)란, 지금 영업활동을 중단한다는 것을 가정하고 당장 처분하여 회수 가능한 금액으로서, 처분 가능한 자산에서 상환의무가 있는 부채를 차감하여 도출한 회수가능금액을 주식가치로 본다. 주식가치의 본질은 미래에 창출되는 효익인데, 청산가치는 이를 반영하지 못하므로 역시 기업재무에서는 주식가치의 평가금액으로 거의 사용하지 않는다.

존속가치 존속가치(Going Concern Value)는 계속기업가치라고도 하며, 영업활동을 계속한다는 가정에 의해 현재와 미래에 발생할 효익을 현재가치로 환산한 기업가치에서 그 부채가치를 차감하여 도출한 금액을 주식가치로 본다. 이를 내재가치(Intrinsic Value)라고 하는데, 상장기업의 경우 그 내재가치가 증권거래소에서 자유롭게 거래되는 시장가격(Market Price)과 반드시 일치하는 것은 아니다. 이 둘 간에는 '시장가격 = 내재가치 +/- 시장의 비대칭성(예: 정보 등)'이라는 관계가 성립하는데, 이 관계를 통해 주식가치가 시장에서 과대/과소평가되어 있는지 여부를 판단할 수 있다. 기업재무에서는 이러한 존속가치를 주식가치의 평가금액으로 사용하는데, 그 이유는 다음과 같다.

- 계속기업(Going Concern)을 가정하여, 미래에 발생할 효익을 반영한다.
- 시간가치(Time Value)를 고려하여, 현재의 가치로 환산한다.
- 개별항목의 가치를 평가하는 것이 아니라, 개별항목을 현금기준으로 묶은 기업/부채/주식의 단위로 가치를 평가한다.

그러면 이러한 3가지 주식가치의 크기를 비교해 보자.

(1) 주식가치의 정의

② 주식가치의 크기 비교

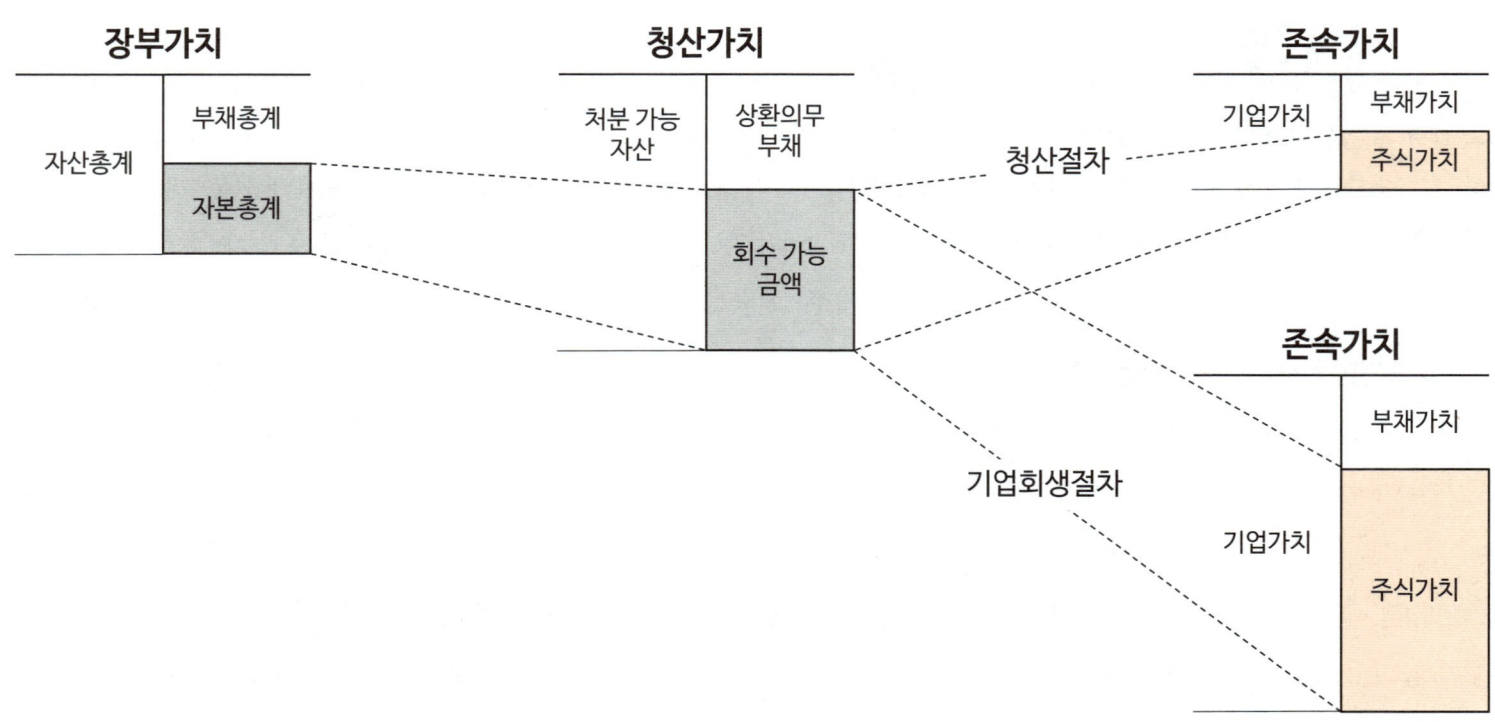

장부가치와 청산가치 그리고 존속가치의 크기를 비교해 보면, 그 의미를 더 명확하게 이해할 수 있다.

장부가치
청산가치
우선, 장부가치와 청산가치를 비교해 볼 수 있는데, 일반적으로 청산가치가 장부가치보다는 더 큰 경향이 있다. 어느 한 회사가 건물을 보유하고 있다고 가정해 보자. 장부가치는 과거에 취득한 역사적금액을 매년 감가상각하여 취득가액보다 더 작은 금액으로 평가된다. 그러나, 청산가치는 지금 당장 처분하여 회수 가능한 시가로 평가되며, 그 금액은 취득가액보다 더 큰 경우가 일반적이다. 따라서, 청산가치가 장부가치보다 일반적으로 더 크게 평가된다.

예를 들어, 4년전에 1,000을 주고 취득한 건물을 매년 100씩 감가상각하고 있는데, 현재시점에서 그 건물의 시가가 2,000이라고 가정해 보자. 장부가치는 600(= 1,000 - 100 × 4년)으로 취득가액보다 작게 평가되는데, 청산가치는 시가인 2,000으로 평가된다. 따라서, 청산가치가 장부가치보다 1,400만큼 크게 평가된다.

청산가치
존속가치
다음으로, 청산가치와 존속가치를 비교해 볼 수 있다. 청산가치는 주식가치의 평가금액으로 거의 사용하지 않는다고 했는데, 이는 주로 기업회생과정에서 중요한 의사결정을 하는 데에 사용한다. 어느 한 회사의 경영이 악화되어, 채권자들이 채권회수방안에 대해 논의를 하고 있다고 가정해 보자. 계속기업가정에 의한 존속가치와 청산기업가정에 의한 청산가치를 비교해서 청산가치가 존속가치보다 크면 기업회생절차에 들어가고, 청산가치가 존속가치보다 작으면 청산절차를 밟게 된다.

예를 들어, 청산가치가 1,000이고 존속가치가 1,500이면, 그 기업을 살려 두는 것이 채권자들 입장에서 나중에 회수할 수 있는 돈이 500만큼 더 많아지게 되므로 기업회생절차에 들어가게 된다. 그러나, 청산가치가 1,000이고 존속가치가 600이면, 그 기업을 살려 두는 것보다 지금 당장 청산하는 것이 채권자들 입장에서 회수할 돈이 400만큼 더 많게 되므로 청산절차를 밟게 된다.

그러면
이러한 주식가치를 어떻게 평가할까?

(2) 주식가치의 평가방법

① 가치평가의 모형

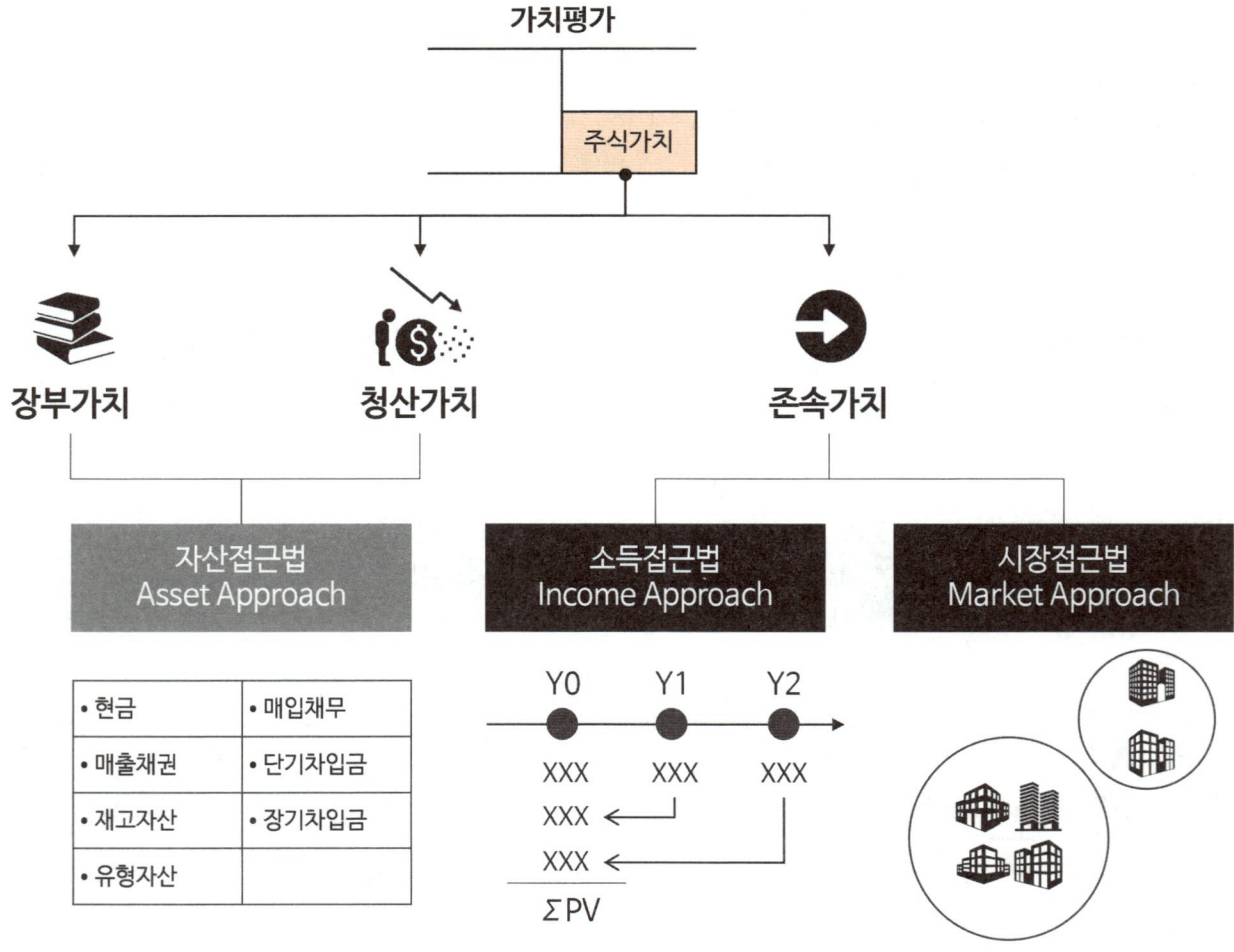

기업의 주식가치를 평가하는 방법에는 다음과 같이 3가지가 존재한다.

자산접근법 자산접근법(Asset Approach)은 장부가치 및 청산가치와 같이 재무상태표를 구성하고 있는 개별항목(예: 매출채권 및 재고자산 등)의 가치를 특정 기준에 의해 평가하는 방법이다. 이는 미래의 효익을 반영하지 않으므로, 기업재무의 실무에서는 주식가치의 평가방법으로 거의 사용하지 않는다.

이와는 달리, 영업활동을 계속한다는 가정에 따라 존속가치로 평가하는 방법에는 2가지가 있다.

소득접근법 소득접근법(Income Approach)은 현재와 미래에 걸쳐서 기대되는 소득을 자본비용으로 현재가치화하여 주식가치를 평가하는 방법이다. 대표적으로, 잉여현금흐름(FCF)을 가중평균자본비용(WACC)으로 할인하여 기업가치를 계산하는 현금흐름할인법(DCF Method)과 미래의 배당소득을 자기자본비용(R_e)으로 할인하여 주식가치를 직접 추정하는 배당할인모형(DDM)이 있다.

시장접근법 시장접근법(Market Approach)은 동종업종의 상장된 유사기업과 재무자료를 비교하여 주식가치를 평가하는 방법이다. 대표적으로, 당기순이익, 매출액 및 자본총계와 같은 재무자료를 유사기업과 비교하여 주식가치를 추정하는 배수법(Multiple Method)이 있다. 실제로 배수법(Multiple Method)에는, 주식가치를 직접 추정하는 '주식가치 배수법'(Price-Multiple Method)과 기업가치를 먼저 계산한 후에 부채가치를 차감하여 그 주식가치를 추정하는 '기업가치 배수법'(Enterprise Value-Multiple Method)이 존재한다.

예를 들면, 3년 전에 취득한 유형자산의 장부가액이 1,000이고, 이를 지금 당장 처분할 경우에는 600을 받을 수 있으며, 이 유형자산을 이용하여 향후에 기대되는 소득의 현재가치가 2,500이라고 가정하자. 자산접근법에 의할 경우에는 1,000(장부가치) 또는 600(청산가치)으로 평가하며, 소득접근법에 의하면 2,500으로, 시장접근법에 의하면 유사한 유형자산과 비교하여 그 가치를 평가한다.

그러면 이렇게 존속가치로 평가한 가치는 어떻게 구성되어 있나?

(2) 주식가치의 평가방법

② 가치평가의 구성

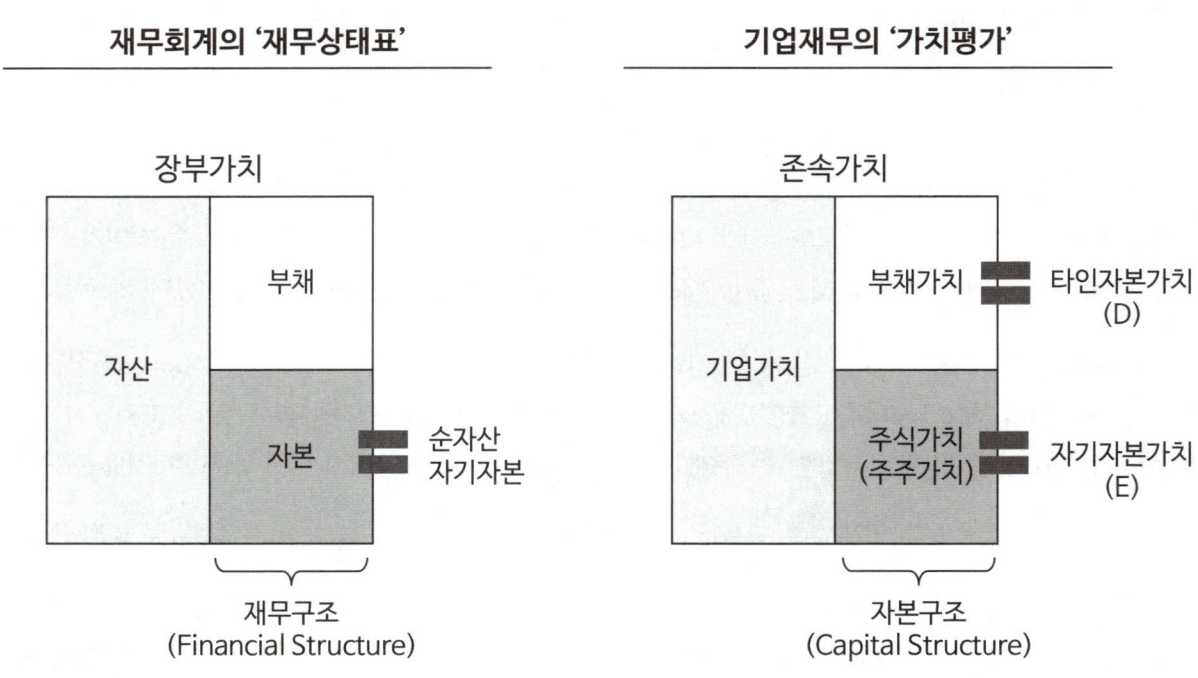

| 비교 | 재무상태표는 왼쪽에 자산 그리고 오른쪽에 부채와 자본으로 구성되는데, '자산 = 부채 + 자본'이라는 등식이 성립한다. 그리고, 자산에서 부채를 차감하여, 이를 순자산 또는 자기자본이라고도 부른다.

가치평가(Valuation)도 역시 3개 항목으로 구성되는데, 이 또한 '기업가치 = 부채가치 + 주식가치'와 같은 등식이 성립한다. 우리가 흔히 말하는 기업가치는 실제로 부채가치와 주식가치의 합계인데, 일반적으로 부채가치가 없는 것을 가정하고 주식가치를 기업가치라고 부르기도 한다.

이처럼 그 표현방식과 등식은 같지만 부르는 용어가 서로 다른 이유는, 재무회계의 재무상태표는 '장부가치'로 나타내는 반면에 기업재무의 가치평가(Valuation)는 '존속가치'로 나타내기 때문이다. 이러한 차이로 인해, 재무회계의 경우에는 부채와 자본의 구성비율을 재무구조(Financial Structure)라고 하고, 기업재무에서는 부채가치와 주식가치의 비율을 자본구조(Capital Structure)라고 한다.

| 가치구성 | 기업가치란 기업의 본질적인 활동과 관련한 영업가치와 그 영업과 관련 없는 비영업용자산(과다보유현금, 단기금융상품, 유가증권 및 초과보유부동산 등)으로 구성된다. 이 책에서의 기업가치는 기업의 본질적인 활동과 관련한 영업가치를 주로 다루고, 비영업용자산(NOA)에 대해서는 간략하게 다룬다.

부채가치란 타인자본가치로서, 차입금이나 회사채와 같이 이자를 지급하는 이자부 부채(Interest-bearing Debt)만을 대상으로 한다. 즉, 기업재무에서는 매입채무나 부채성충당금 등은 부채가치로 보지 않는다.

주식가치란 자기자본가치로서, 가치평가(Valuation) 업무에서 궁극적으로 구하고자 하는 목표값이다. 참고로, 주주부(Shareholder Wealth)는 현재 보유하고 있는 주식의 시세차익(Capital Gain)과 향후 수령할 배당 등을 모두 포함하는 주주가치(Shareholder Value)를 의미하므로 주주부 = 주주가치 = 주식가치로 본다.

| 그러면 | 이렇게 구성된 3개의 가치로 어떻게 주식가치를 추정할까?

(2) 주식가치의 평가방법

③ 주식가치의 추정방법

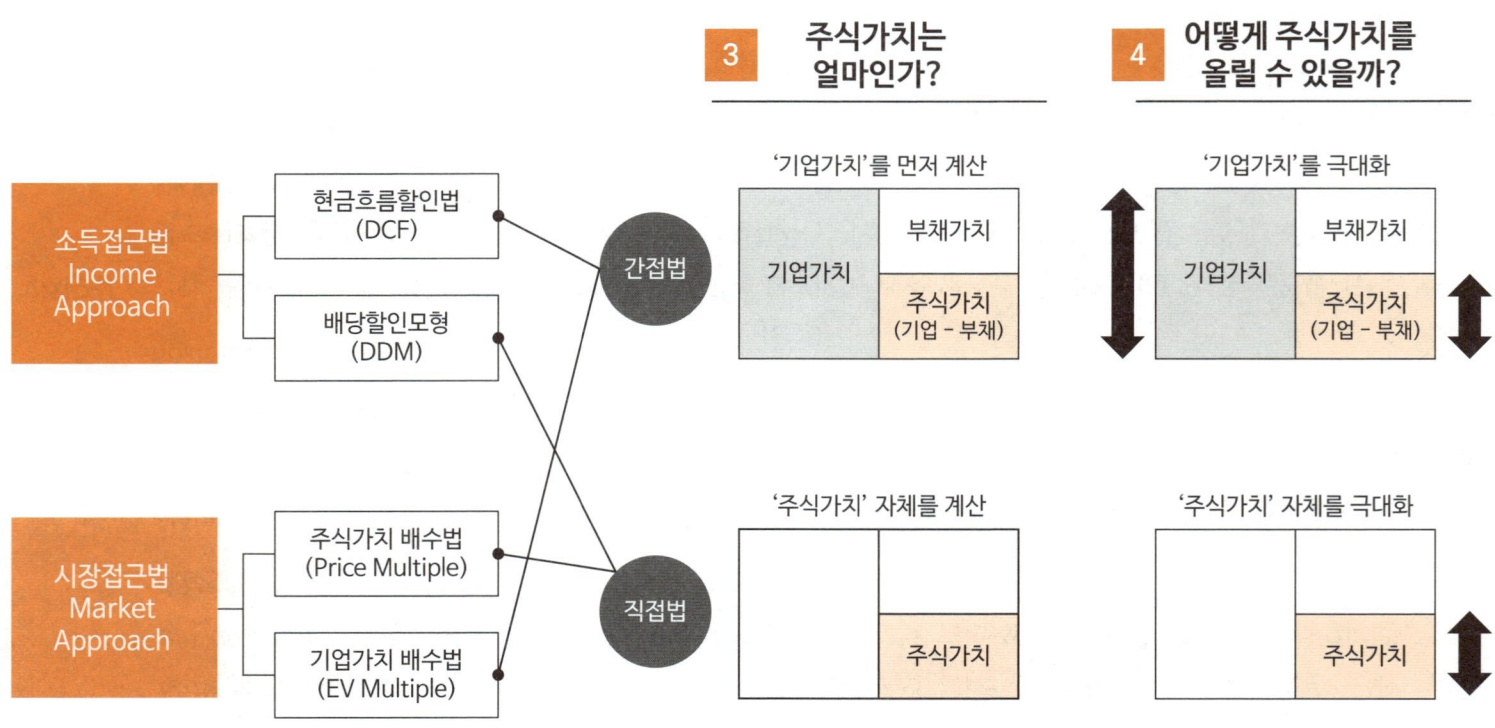

궁극적으로 구하고자 하는 주식가치를 추정하는 방법에는 2가지가 있다.

간접법 간접법은 "주식가치는 얼마인가?"라는 투자자의 질문과 관련하여, 기업가치를 먼저 계산한 후에 부채가치를 차감하여 그 주식가치를 추정하는 방법이다. 이 책에서는 소득접근법 중에서 현금흐름할인법(DCF Method)과 시장접근법 중에서 기업가치 배수법(Enterprise Value-Multiple Method)을 간접법으로 다룬다.

간접법의 논리에 따르면, "어떻게 주식가치를 올릴 수 있을까?"라는 경영자의 질문과 관련하여, 기업가치를 증가시켜서 주식가치를 올리는 방법을 찾아야 한다. 흔히 기업가치의 극대화를 주주부(주식가치)의 극대화라고 하는 이유가 여기에 있다. 예를 들어, 현금흐름할인법(DCF Method)에 의하면, 잉여현금흐름(FCF)을 증가시키거나 가중평균자본비용(WACC)을 감소시키면, 기업가치가 증가되어 결국에는 주식가치를 올릴 수 있다는 것이다.

직접법 직접법은 "주식가치는 얼마인가?"라는 투자자의 질문과 관련하여, 주식가치를 직접 계산하여 추정하는 방법이다. 이 책에서는 시장접근법 중에서 주식가치 배수법(Price-Multiple Method)만을 직접법으로 다루고, 소득접근법의 배당할인모형(DDM)은 다루지 않는다.

직접법의 논리에 따르면, "어떻게 주식가치를 올릴 수 있을까?"라는 경영자의 질문과 관련하여, 주식가치 자체를 올리는 방법을 찾아야 한다. 예를 들어, 주식가치 배수법(Price-Multiple Method)에 의하면, 당기순이익 또는 매출액을 증가시킴으로써 주식가치를 올릴 수 있다는 것이다. 물론, 이렇게 증가한 주식가치만큼 기업가치도 증가하게 된다.

이러한 간접법과 직접법은 상호 대립적인 개념이 아니라, 가치평가의 결과에 대해 그 타당성을 서로 보완하는 관계이다. 따라서, 실무에서는 2가지 방법으로 모두 주식가치를 추정하여 종합적으로 평가한다.

1 회계와 기업재무의 관계

1) 회계와 기업재무의 영역
2) 회계: 좋은 회사
3) 기업재무: 주식가치

2 이 책에서 다루는 내용

1) 이 책의 구성
2) 이 책의 내용

3 재무제표와 계정과목의 이해

1) 재무제표의 종류와 해석
2) 활동별 주요 계정과목의 이해

1) 이 책의 구성

영역			질문		가치	이 책의 구성
회계 Accounting	좋은 회사	상태	1	좋은 회사인가?	장부 가치	I. 재무회계 (Financial Accounting)
		방법	2	어떻게 좋은 회사를 만들 수 있을까?		II. 관리회계 (Managerial Accounting)
기업재무 Corporate Finance	주식가치	상태	3	주식가치는 얼마인가?	존속 가치	III.1. 기업재무 – 주식가치의 평가 (Valuation)
		방법	4	어떻게 주식가치를 올릴 수 있을까?		III.2. 기업재무 – 주식가치의 극대화 (Shareholder Wealth Maximization)

이 책은 회계와 기업재무를 아우르는 책으로서 다음과 같이 2개 영역으로 구성되어 있다.
- '좋은 회사'에 대해 다루는 회계(Accounting)
- '주식가치'에 대해 다루는 기업재무(Corporate Finance)

이러한 2개 영역은 파악하고자 하는 그 대상이 '상태(Status)'인가 또는 '방법(Method)'인가에 따라 다시 2가지로 나뉜다.

회계 장부가치의 개념을 사용하는 회계(Accounting)에서는,
- '좋은 회사인가?'라는 상태를 다루는 Ⅰ. 재무회계(Financial Accounting)와
- '어떻게 좋은 회사를 만들 수 있을까?'라는 방법을 다루는 Ⅱ. 관리회계(Managerial Accounting)로 구성되어 있다.

기업재무 존속가치의 개념을 사용하는 기업재무(Corporate Finance)에서는,
- '주식가치는 얼마인가?'라는 상태를 다루는 Ⅲ.1. 기업재무 - 주식가치의 평가(Valuation)와
- '어떻게 주식가치를 올릴 수 있을까?'라는 방법을 다루는 Ⅲ.2. 기업재무 - 주식가치의 극대화(Shareholder Wealth Maximization)로 구성되어 있다.

위와 같이 회계와 기업재무는 각각 상이한 영역(좋은 회사와 주식가치)과 서로 다른 가치개념(장부가치와 존속가치)을 다루고 있다. 그럼에도 불구하고, 이 둘을 한 권의 책에 모두 담고자 하는 가장 큰 이유는 회계와 기업재무가 모두 동일한 손익계산서, 재무상태표 및 현금흐름표를 활용하여 투자자와 경영자의 의사결정을 동시에 지원하기 때문이다.

그러면 이 책에서 다루고 있는 전체적인 내용은 무엇인가?

2) 이 책의 내용

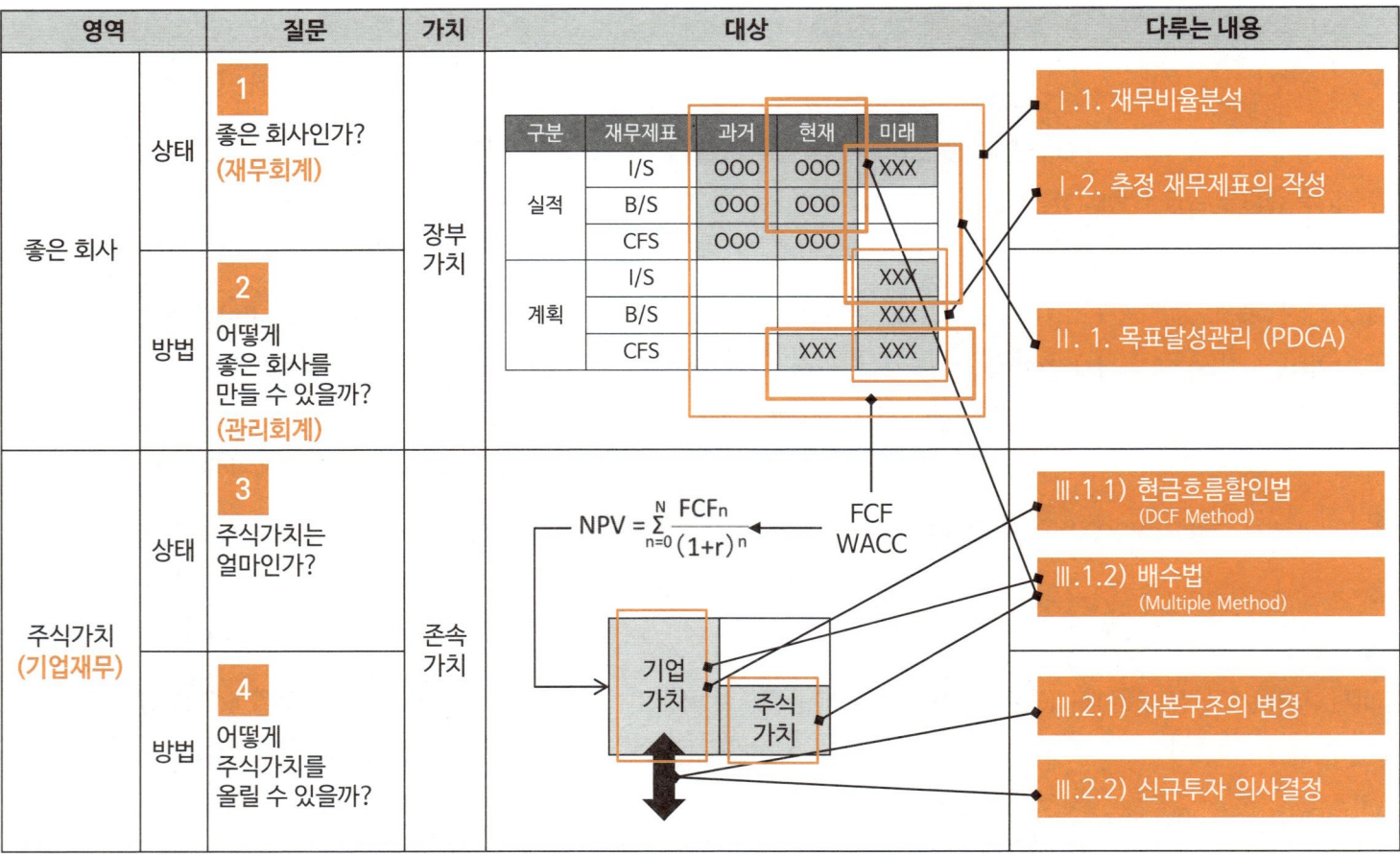

회계   I. 재무회계(Financial Accounting)에서는 '좋은 회사인가?'라는 투자자의 질문과 관련하여,

  I.1. 과거, 현재 및 미래의 재무제표를 분석하여 그 회사에 대해 종합적으로 평가하고,

  I.2. 향후 전망에 대한 재무비율분석을 위해 미래의 재무제표를 추정하여 작성한다.

II. 관리회계(Managerial Accounting)에서는 '어떻게 좋은 회사를 만들 수 있을까?'라는 경영자의 질문과 관련하여,

  II.1. 수익성을 극대화하기 위하여 PDCA(Plan-Do-Check-Action)에 의해 공헌이익계산서의 손익을 실적과 계획의 형태로 관리한다.

기업재무   III.1. 기업재무 - 주식가치의 평가(Valuation)에서는 '주식가치는 얼마인가?'라는 투자자의 질문과 관련하여,

  III.1.1) 현금흐름할인법(DCF Method)에 의해, 현재와 미래에 기대되는 소득을 자본비용으로 할인하여 현재가치화한 기업가치에서 그 부채가치를 차감하여 주식가치를 추정하거나,

  III.1.2) 배수법(Multiple Method)에 의해, 동종업종의 상장된 유사기업과 재무자료를 비교하여 주식가치를 추정한다.

  III.2. 기업재무 - 주식가치의 극대화(Shareholder Wealth Maximization)에서는 '어떻게 주식가치를 올릴 수 있을까?'라는 경영자의 질문과 관련하여,

  III.2.1) 자본구조의 변경을 통해 가중평균자본비용(WACC)을 감소시켜, 순현재가치(NPV)인 기업가치와 그 주식가치를 극대화하거나,

  III.2.2) 경제적 타당성이 있는 신규사업에 투자를 통해 잉여현금흐름(FCF)을 증가시켜, 순현재가치(NPV)인 기업가치와 그 주식가치를 극대화한다.

그러면   각 장에서 다루고 있는 구체적인 내용은 무엇인가?

2) 이 책의 내용

1 좋은 회사인가?

대상

구분	재무제표	과거	현재	미래
실적	I/S	OOO	OOO	
	B/S	OOO	OOO	
	CFS	OOO	OOO	
계획	I/S			XXX
	B/S			XXX
	CFS			XXX

인식 기록 → 기업회계기준

분석 → 작성

다루는 내용

I.1. 재무비율분석
- 성장성 지표
- 수익성 지표
- 안정성 지표
- 효율성 지표
- ROA와 ROE
- 효율성 관리

I.2. 추정 재무제표의 작성
- 회계원칙
- 추정 손익계산서와 재무상태표
- 현금흐름표

목표

좋은 회사인지 '상태'를 파악

목표   I. 재무회계(Financial Accounting)에서는 좋은 회사인가에 대해 파악하는 것을 목표로 과거, 현재 그리고 미래의 재무제표에 대해 분석하는 방법과 그 미래의 재무제표를 추정하여 작성하는 방법을 다룬다.

다루는 내용   I.1. '재무비율분석'에서는 재무제표를 분석하는 방법을 다룬다.
- 성장성, 수익성, 안정성 및 효율성의 4개 지표 관점에서 재무제표를 분석하고,
- ROA와 ROE를 여러 지표로 분해하여 해석하며,
- 운전자본(WC)과 현금전환주기(CCC)를 통해 그 효율성을 종합적으로 관리한다.

I.2. '추정 재무제표의 작성'에서는 미래의 재무제표를 추정하여 작성하는 방법을 다룬다.
- 계정과목 간의 관계를 파악하기 위하여 발생주의 및 수익비용대응의 원칙과 같은 회계원칙을 이해하고,
- 그 계정과목 간의 관계를 활용하여 추정 손익계산서와 재무상태표를 작성하며,
- 안정성을 파악하기 위하여 현금주의에 의한 현금흐름표를 작성하고 해석한다.

대상   투자자 입장에서는 과거와 현재뿐만 아니라, 미래에도 좋은 회사인지 여부를 판단해야 한다. 따라서, 여기에서 분석하고자 하는 대상은 과거와 현재의 '실적'뿐만 아니라, 미래의 '계획'도 포함된다. 한편, 과거와 현재의 실적은 회계부서가 기업회계기준(GAAP: Generally Accepted Accounting Principle)에 따라 경제적 사건을 인식하고 기록하여 이미 작성해 놓은 상태이다. 따라서, 여기에서 작성하고자 하는 대상은 과거와 현재 시점의 재무제표가 아니라, 미래 시점의 추정 재무제표이다.

그러면   II. 관리회계(Managerial Accounting)에서는 무엇을 다루고 있는가?

2) 이 책의 내용

2 어떻게 좋은 회사를 만들 수 있을까?

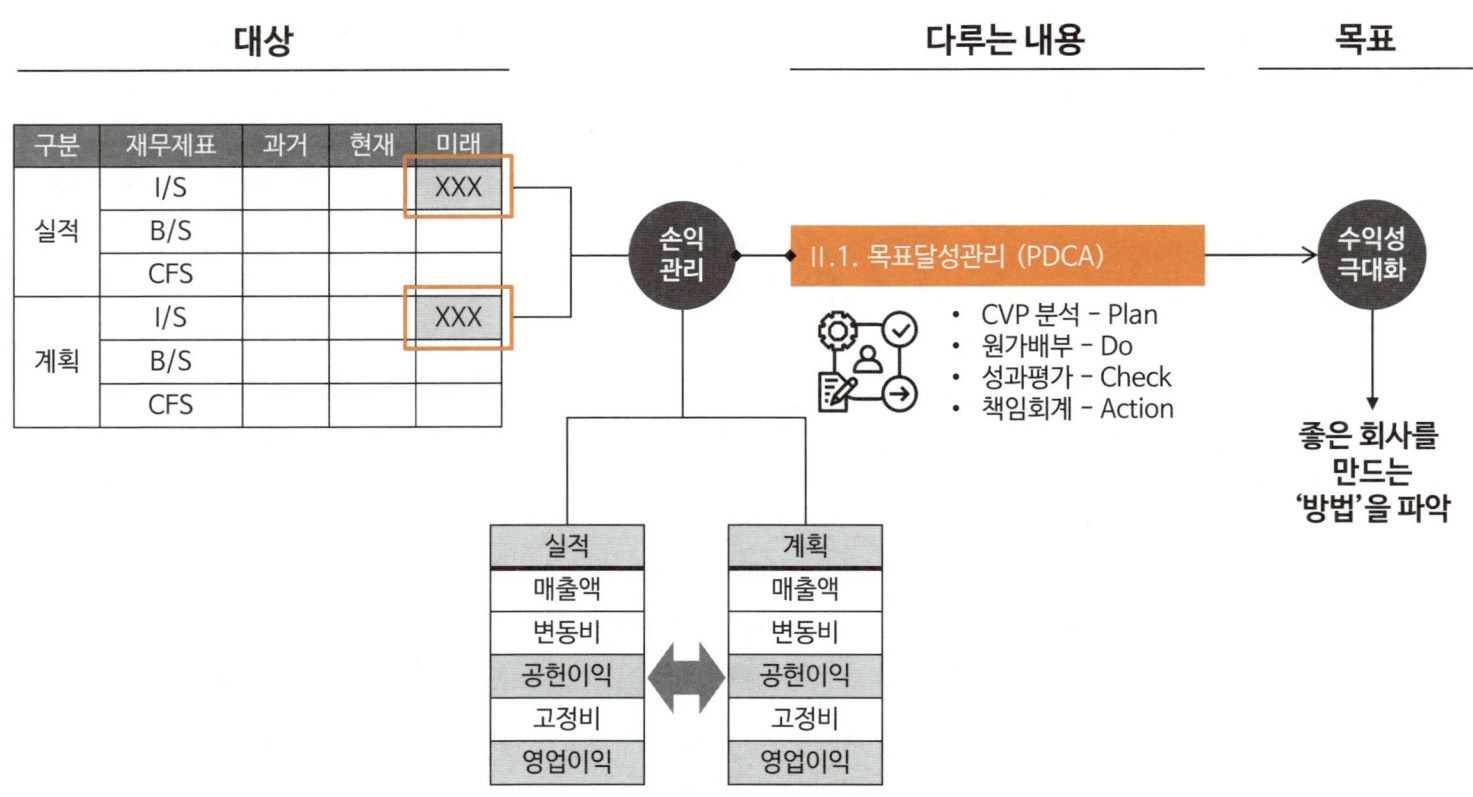

목표 II. 관리회계(Managerial Accounting)에서는 좋은 회사를 만드는 방법에 대해 파악하는 것을 목표로, 수익성 극대화를 위해 목표달성관리(PDCA)에 따라 손익을 관리하는 방법을 다룬다.

다루는 내용 II.1. '목표달성관리(PDCA)'에서는 PDCA 단계별로 4개의 과제를 다룬다.
- 손익분기점(BEP) 분석 및 민감도 분석과 같은 CVP 분석을 통해 목표이익을 계획(Plan)하고,
- 활동기준원가계산(ABC)과 같은 원가배부방법을 통해 공통원가를 배부하여 실적을 집계(Do)하며,
- 변동예산에 의한 성과분석을 통해 목표달성 여부와 그 차이의 원인 및 개선사항을 파악(Check)해서,
- 책임회계를 통해 책임중심점 단위로 그 문제점을 개선(Action)하게 한다.

대상 이 책에서는 '어떻게 좋은 회사를 만들 수 있을까?'에 대한 답을 찾기 위해서, 4개 지표 간의 인과관계에서 대표적인 Key Driver인 수익성과 효율성만을 관리한다고 했다. 이 중에서 수익성 관리는 II. 관리회계에서 다루며, 효율성 관리는 I. 재무회계에서 다룬다. 따라서, 여기에서 관리하고자 하는 대상은 수익성 극대화를 위한 미래 손익의 '계획'과 '실적'이다. 다만, 관리회계에서의 손익관리는 일반적인 손익계산서의 양식(매출원가 및 판매비와 관리비)이 아니라, 공헌이익계산서의 양식(변동비와 고정비)을 활용한다. 이는 공헌이익계산서가 PDCA의 전 단계에 걸쳐 내부 경영의사결정을 지원하기에 더 적합하기 때문인데, 이에 대해서는 'II.1.2) (1) CVP 분석 – Plan'에서 다룬다.

그러면 III.1. 기업재무 – 주식가치의 평가(Valuation)에서는 무엇을 다루고 있는가?

2) 이 책의 내용

3 주식가치는 얼마인가?

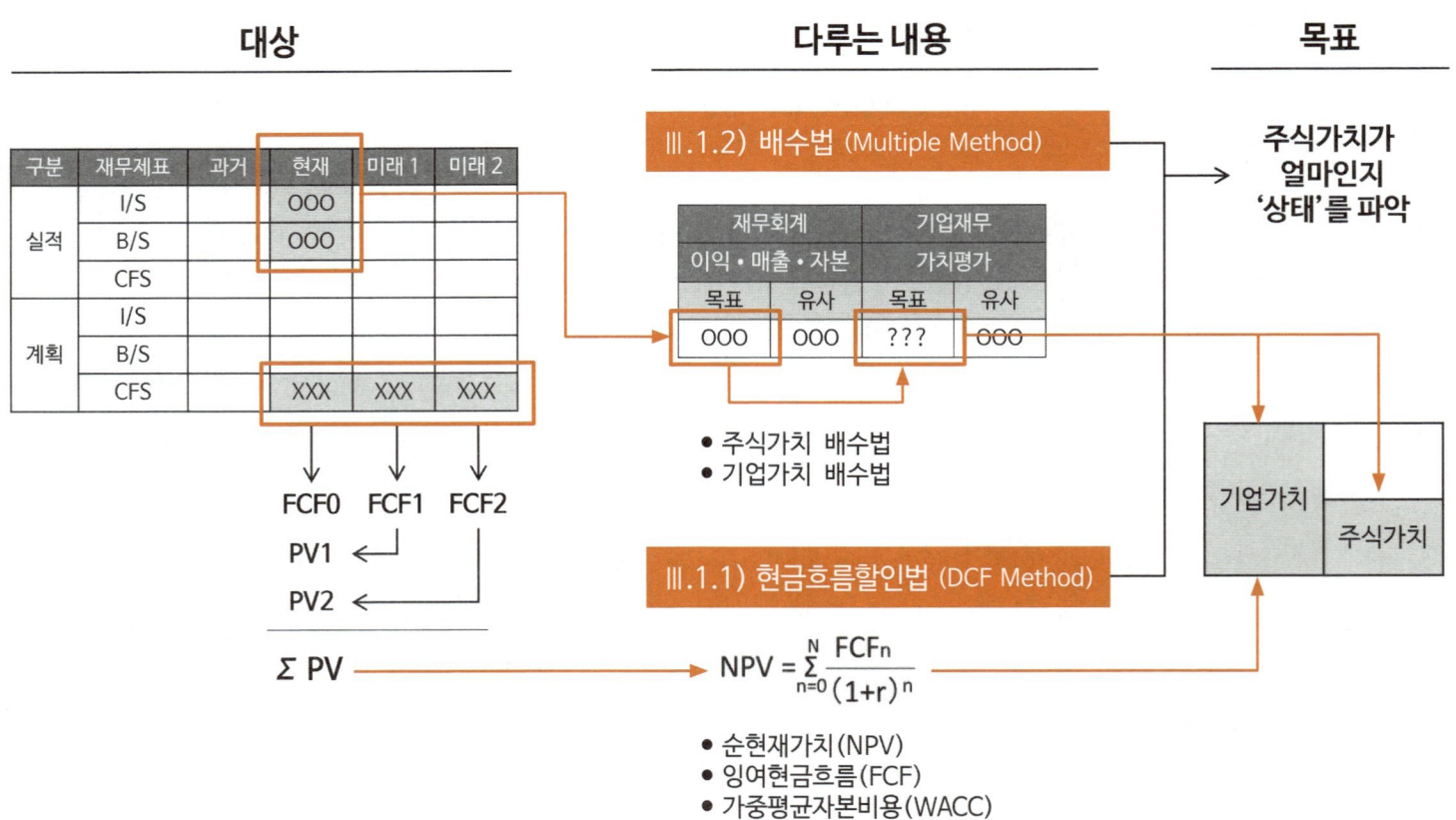

목표   Ⅲ.1. 기업재무 - 주식가치의 평가(Valuation)에서는 주식가치가 얼마인가에 대해 파악하는 것을 목표로, 주식가치를 평가하는 2가지 방법을 다룬다.

다루는 내용   Ⅲ.1.1) '현금흐름할인법(DCF Method)'에서는 소득접근법에 의해 주식가치를 평가하는 방법을 다룬다.
- 재무회계에서 작성한 현재와 미래의 추정 재무제표를 기초로 잉여현금흐름(FCF)을 계산하고,
- 타인자본비용(Rd)과 자기자본비용(Re)에 목표자본구조비율을 반영하여 가중평균자본비용(WACC)을 계산한 후,
- 잉여현금흐름(FCF)을 가중평균자본비용(WACC)으로 현재가치화하여 기업가치인 순현재가치(NPV)를 계산한다.
- 이렇게 계산한 기업가치에서 부채가치를 차감하여 그 주식가치를 추정한다.

Ⅲ.1.2) '배수법(Multiple Method)'에서는 시장접근법에 의해 주식가치를 평가하는 방법을 다룬다.
- 주식가치 배수법(Price-Multiple Method)에서는 PER(주가수익비율), PSR(주가매출액비율) 및 PBR(주가순자산비율)을 통해 주식가치를 직접 추정한다.
- 기업가치 배수법(Enterprise Value-Multiple Method)에서는 EV/NOPAT 및 EV/EBITDA를 통해 기업가치를 먼저 계산한 후에 부채가치를 차감하여 그 주식가치를 추정한다.

대상   현금흐름할인법(DCF Method)에서 활용하고자 하는 대상은 현재와 미래의 잉여현금흐름(FCF)을 계산하는 데에 필요한 현재와 미래의 '계획'이다. 그리고, 배수법(Multiple Method)에서 활용하고자 하는 대상은 가장 최근의 손익계산서와 재무상태표와 같은 현재의 '실적'이다.

그러면   마지막으로, Ⅲ.2. 기업재무 - 주식가치의 극대화(Shareholder Wealth Maximization)에서는 무엇을 다루고 있는가?

2) 이 책의 내용

4. 어떻게 주식가치를 올릴 수 있을까?

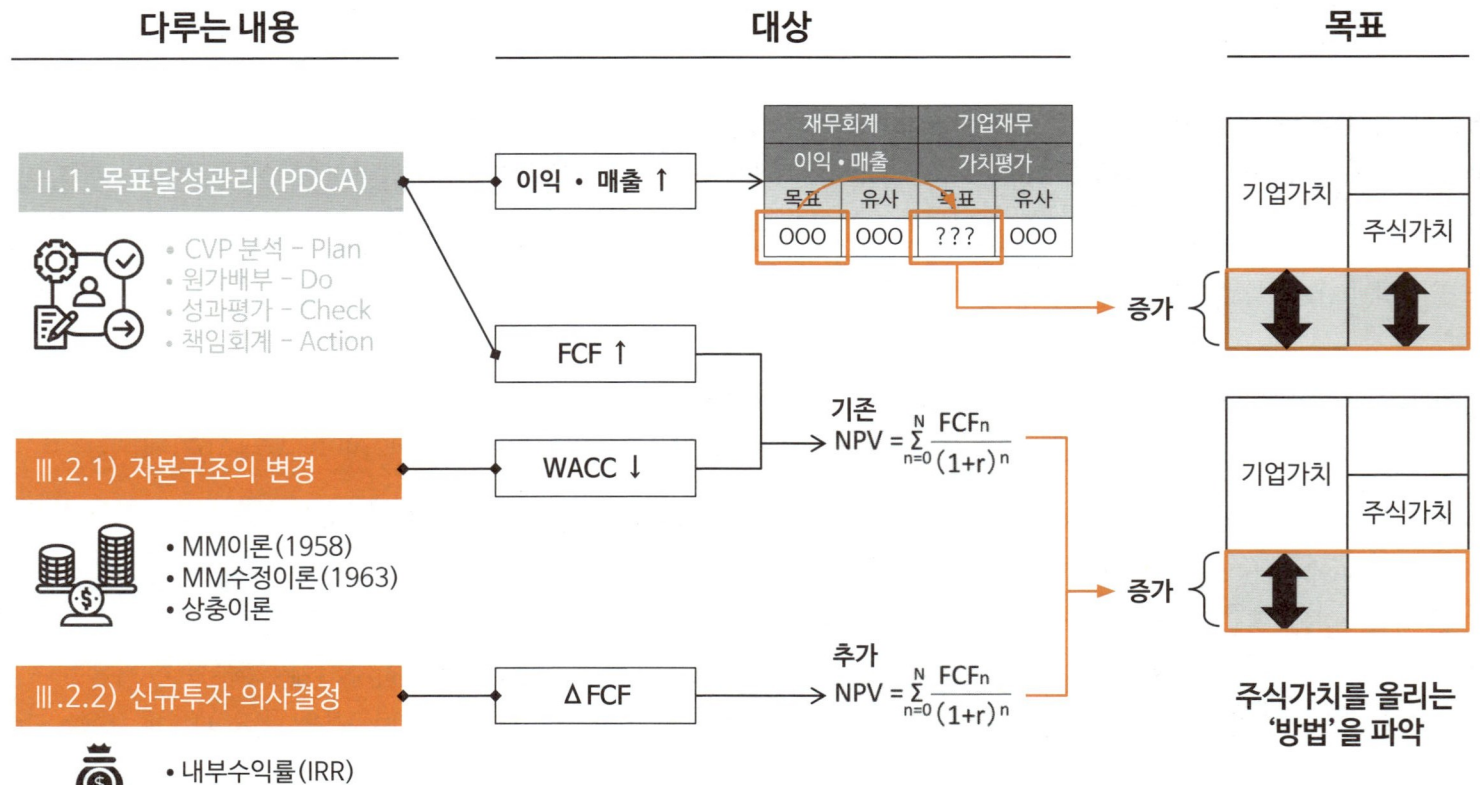

목표	III.2. 기업재무 - 주식가치의 극대화(Shareholder Wealth Maximization)에서는 주식가치를 올리는 방법에 대해 파악하는 것을 목표로, 주주부(주식가치)를 극대화하기 위한 2가지 방법을 다룬다.
대상	주식가치를 올리는 방법은 역시 주식가치를 평가하는 2가지 방법에 의해 설명할 수 있다.

- 배수법(Multiple Method)에 의하면, 당기순이익 또는 매출액을 증가시킴으로써 기업가치 또는 주식가치를 올릴 수 있다. 하지만, 이러한 당기순이익 또는 매출액의 증가는 손익을 관리하는 수익성 극대화의 영역이므로 II. 관리회계에서 다룬다.
- 현금흐름할인법(DCF Method)에 의하면, 기존 사업과 신규투자안으로 나눌 수 있다. 기존 사업과 관련하여 잉여현금흐름(FCF)을 증가시키거나 가중평균자본비용(WACC)을 감소시켜 순현재가치(NPV)인 기업가치를 증가시킬 수 있다. 이 중 잉여현금흐름(FCF)의 증가는 EBIT을 증가시키는 수익성 극대화의 영역이므로 II. 관리회계에서 다룬다. 한편, 신규투자안과 관련하여 경제적 타당성이 있는 신규 사업에 투자하여 잉여현금흐름(FCF)을 증가시켜 순현재가치(NPV)인 기업가치를 증가시킬 수 있다. 이로 인한 기업가치의 증가는 주식가치를 증가시켜 주주부에 귀속된다.

다루는 내용 III.2.1) '자본구조의 변경'에서는 가중평균자본비용(WACC)을 감소시켜 기업가치 및 주식가치를 올리는 방법을 다룬다.

- 자본구조와 무관하게 기업가치가 일정하다고 보는 MM이론(1958)
- 타인자본을 사용할수록 기업가치가 증가한다고 보는 MM수정이론(1963)
- 기업가치를 극대화하는 최적자본구조가 존재한다고 보는 상충이론(Trade-off)

III.2.2) '신규투자 의사결정'에서는 잉여현금흐름(FCF)을 증가시켜 기업가치 및 주식가치를 올리는 방법을 다룬다.

- 내부수익률(IRR)을 가중평균자본비용(WACC)과 비교하여 신규투자안에 대한 경제적 타당성을 평가하며,
- 내부수익률법(IRR)과 순현재가치법(NPV)의 관계 및 그 차이점을 파악한다.

1 회계와 기업재무의 관계

1) 회계와 기업재무의 영역
2) 회계: 좋은 회사
3) 기업재무: 주식가치

2 이 책에서 다루는 내용

1) 이 책의 구성
2) 이 책의 내용

3 재무제표와 계정과목의 이해

1) 재무제표의 종류와 해석
2) 활동별 주요 계정과목의 이해

(1) 재무제표의 종류

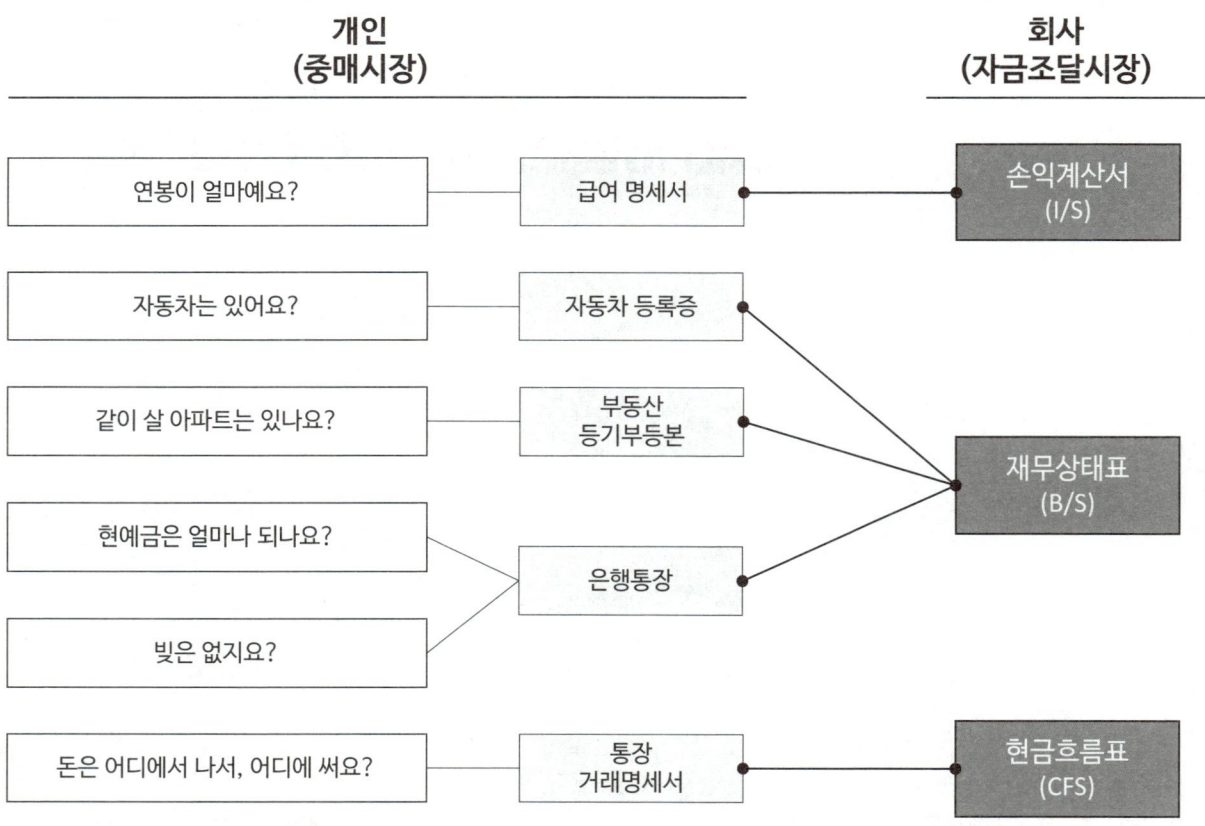

우선 회사가 재무제표를 작성해야 하는 이유와 그 재무제표의 종류에 대해 알아보자.

수요와 공급이 존재하는 어떠한 시장에서 공급자로서의 시장참여자는, 자기자신을 이해관계자에게 적극적으로 소개하지 않으면 안 된다. 이러한 자기소개는 숫자로 표현되지 않은 정성적인 내용뿐만 아니라 숫자로 표현되는 정량적인 내용으로 구성되는데, 이 중에 정량적인 내용에 대해서는 추가적인 증명자료를 요구받게 된다.

개인 중매시장에 참여한 어느 한 개인이 결혼정보회사와 같은 이해관계자로부터 자기소개의 내용을 증명하도록 요구받았다고 가정해 보자. 외모, 성격 및 가치관 등과 같은 정성적인 내용은 인터뷰를 통해 어렵지 않게 확인시킬 수 있다. 그러나, 연봉, 재산 및 소비행태 등과 같은 정량적인 내용은 무언가로 적극적으로 증명하지 않으면 안된다.

예를 들어서, 정량적인 내용 중에 연봉에 대한 질문에 대해서는 급여 명세서로 증명하고, 자동차, 아파트, 현예금 및 빚에 대한 질문에 대해서는 자동차 등록증, 부동산 등기부등본 및 은행통장으로 증명할 수 있다. 그리고 소비행태에 대한 질문에 대해서는 통장 거래명세서를 통해 그 정량적인 자기소개의 내용을 증명할 수 있다.

회사 한편, 자금조달시장에 참여한 회사의 경우에는 투자자 및 은행 등과 같은 이해관계자의 요구에 대해 다음과 같은 방법으로 회사의 정량적인 내용을 증명할 수 있다.
- 개인의 연봉과 같은 "일정 기간의 경영성과"에 대해서 손익계산서(I/S)로 증명하고,
- 개인의 재산 및 빚과 같은 "일정 시점의 재무상태"에 대해서는 재무상태표(B/S)로 증명하며,
- 개인의 소비행태와 같은 "일정 기간의 자금조달 및 사용"에 대해서는 현금흐름표(CFS)를 통해 증명한다.

따라서, 자금조달시장의 참여자로서 회사는 누구나 읽고 이해할 수 있는 매우 정형화된 형태의 손익계산서, 재무상태표 및 현금흐름표를 작성해야 한다. 그리고 투자자, 은행 그리고 경영자 등과 같은 회사의 이해관계자는 이러한 재무제표를 만드는 작성법까지는 아니더라도, 이를 읽고 해석하는 방법은 반드시 알고 있어야 한다.

그러면 이러한 재무제표 중에 우선 손익계산서에 대해 좀 더 자세히 살펴보자.

(2) 재무제표의 구성과 해석

① 손익계산서(I/S)

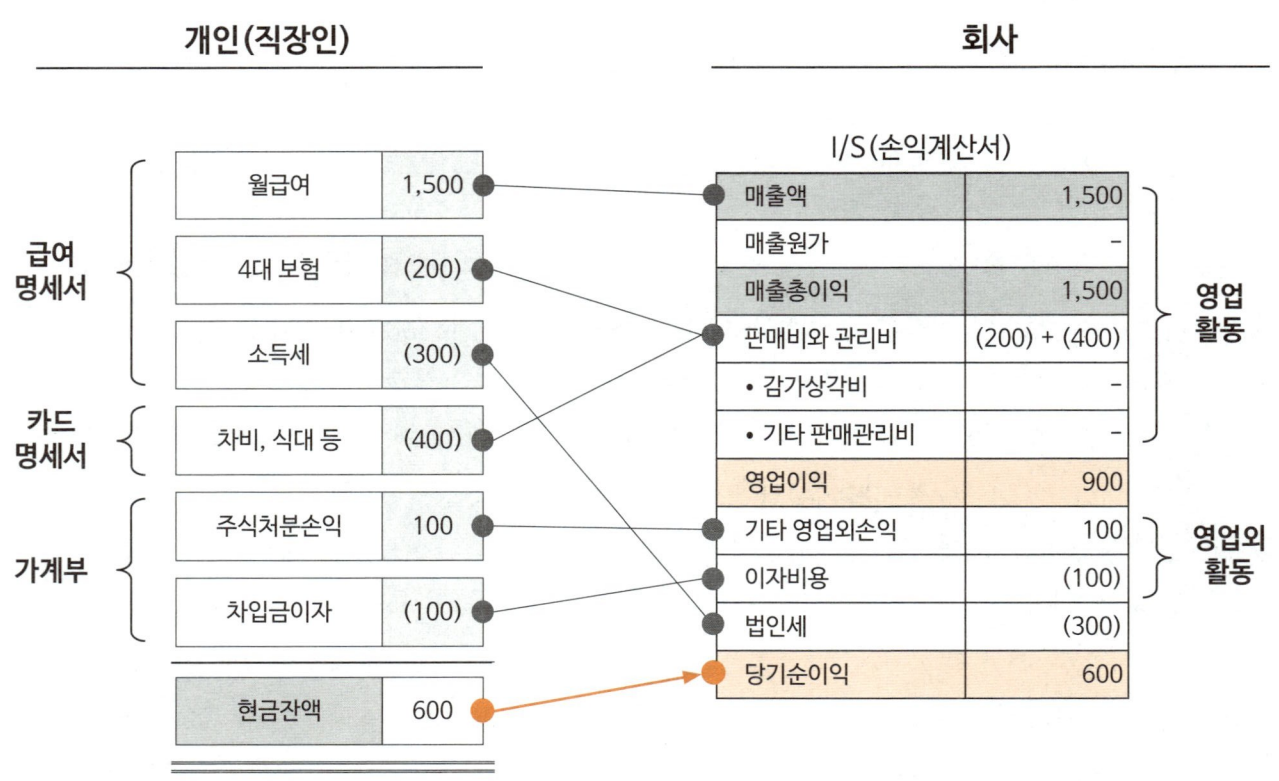

일정 기간의 경영성과를 나타내는 **손익계산서(I/S)**는 어떻게 구성되어 있나?

개인   결혼정보회사가 어느 한 개인에 대해 "**과연 배우자감으로서 얼마나 저축하고 있을까?**"라는 것을 파악하고자 한다. 이러한 수입과 지출 정보와 관련하여, 그 개인의 급여명세서, 카드명세서 및 가계부 등을 통해 600만큼 저축을 하는 사람이라는 것을 알 수 있게 된다.

회사   한편, 투자자 및 은행과 같은 이해관계자는 어느 한 회사에 대해 "**이 회사, 일정 기간의 경영성과가 어때?**"라는 것을 파악하고자 한다. 이 때 필요한 재무제표가 바로 손익계산서이다. 이러한 회사의 손익계산서는 개인 자료와는 달리 기업 간의 비교가능성 및 신뢰성을 위해서 그 **형식과 구성이 매우 정형화**되어 있다.

우선, 형식적인 측면에서는 **영업활동과 영업외활동**으로 나뉘어 있다.
- 윗부분에는 **주된 수익창출활동으로서**, 영업활동과 관련한 손익을 위치시키고,
- 아랫부분에는 **부수적인 활동으로서**, 영업외활동과 관련한 손익을 위치시킨다.

그리고, 구성적인 측면에서는 **영업이익과 당기순이익**으로 구분한다.
- 매출액에서 각종 영업관련 비용을 차감하여 **주된 수익창출활동에 해당되는** 영업이익을 산출하고,
- 이러한 영업이익에 영업외손익을 가감하여 **부수적인 활동까지 포함한** 당기순이익을 산출한다.

비교   좀 더 구체적으로 이해하기 위해서 개인의 항목과 회사의 항목을 다음과 같이 짝지을 수 있다.
- 개인의 월급은 주된 수익창출활동에 해당되므로 회사의 매출액으로,
- 개인의 4대 보험은 회사의 판매비와 관리비로,
- 개인의 소득세는 회사의 법인세로,
- 개인의 차비와 식대는 회사의 판매비와 관리비로,
- 개인의 주식처분손익은 부수적인 활동에 해당되므로 회사의 영업외손익으로,
- 개인의 차입금이자도 주된 수익창출활동에 해당되지 않으므로 회사의 영업외손익으로,
- 따라서, 개인이 저축가능한 현금잔액 600은 회사의 당기순이익으로 표시된다.

그러면   두 번째로 재무상태표에 대해 좀 더 자세히 살펴보자.

(2) 재무제표의 구성과 해석

② 재무상태표(B/S)

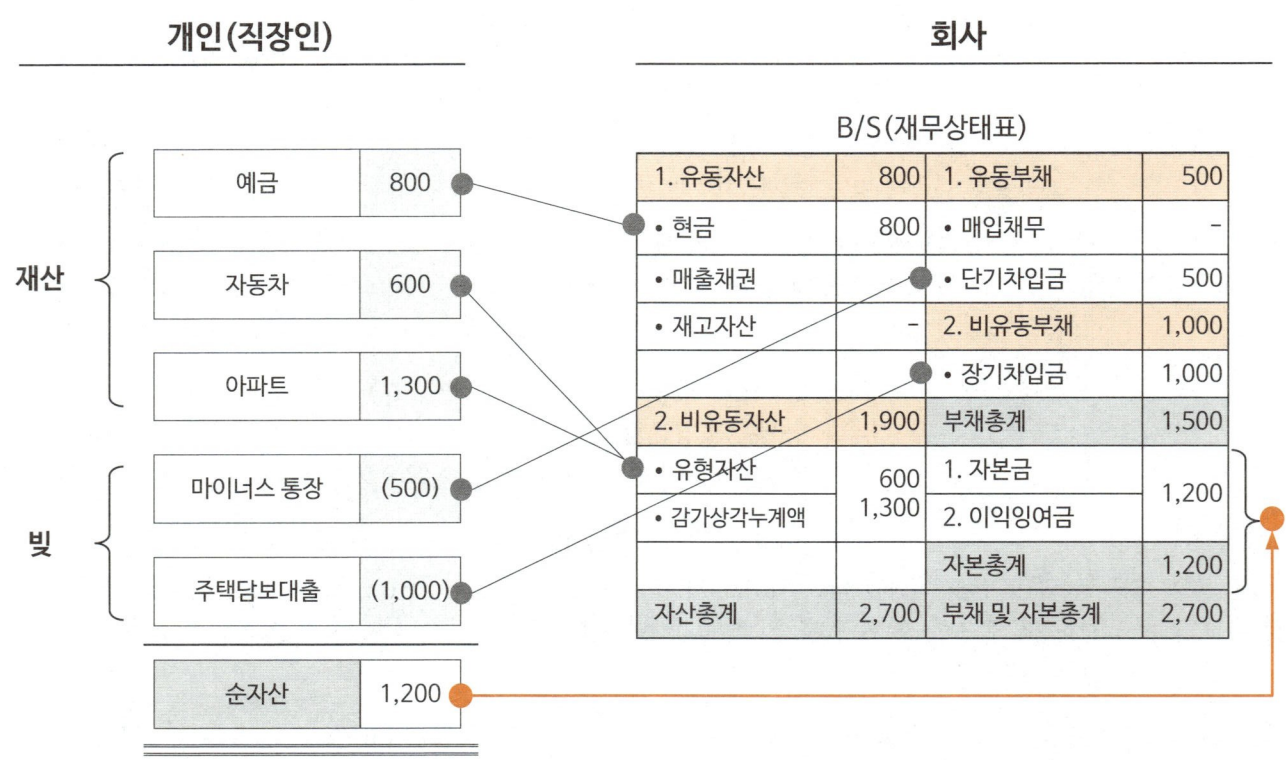

일정 시점의 재무상태를 나타내는 재무상태표(B/S)는 어떻게 구성되어 있나?

개인 결혼정보회사가 어느 한 개인에 대해 "과연 배우자감으로서 현재 얼마나 가지고 있을까?"라는 것을 파악하고자 한다. 이러한 재산과 빚 정보와 관련하여, 그 개인의 은행통장, 자동차 등록증 및 부동산 등기부등본 등을 통해 2,700의 재산과 1,500의 빚, 즉 1,200만큼의 순자산을 가지고 있는 사람이라는 것을 알 수 있게 된다.

회사 한편, 투자자 및 은행과 같은 이해관계자는 어느 한 회사에 대해 "이 회사, 일정 시점의 재무상태는 어때?"라는 것을 파악하고자 한다. 이 때 필요한 재무제표가 바로 재무상태표이다. 이러한 회사의 재무상태표도 개인 자료와는 달리 기업 간의 비교가능성 및 신뢰성을 위해서 그 형식과 구성이 매우 정형화되어 있다.

우선, 형식적인 측면에서는 개인의 경우에 그냥 쭉 나열하지만, 회사의 경우에는 좌우로 나뉘어 있다.
- 왼쪽에 자산을 위치시키고, 오른쪽에는 부채와 자본을 위치시킨다.
- '자산 = 부채 + 자본'이라는 회계등식이 성립하며, 자산에서 부채를 차감하여 순자산이라고도 부른다.

그리고, 구성적인 측면에서는 1년 이내에 현금화 가능여부를 기준으로 유동과 비유동으로 구분한다.
- 자산은 1년 이내에 현금으로 될 수 있는 지 여부에 따라 유동자산과 비유동자산으로,
- 부채도 1년 이내에 갚아야 하는지 여부에 따라 유동부채와 비유동부채로 구분한다.

비교 좀 더 구체적으로 이해하기 위해서 개인의 항목과 회사의 항목을 다음과 같이 짝지을 수 있다.
- 개인의 예금은 회사의 유동자산으로,
- 개인의 자동차와 아파트는 1년 이후에 현금화되므로 회사의 비유동자산으로,
- 개인의 마이너스통장은 1년 이내에 갚아야 하는 부채이므로 회사의 유동부채로,
- 개인의 주택담보대출은 1년 이후에 갚아야 하는 부채이므로 회사의 비유동부채로,
- 따라서, 개인이 보유한 순자산 1,200은 회사의 자본총계로 표시된다.

그러면 세 번째로 현금흐름표에 대해 좀 더 자세히 살펴보자.

(2) 재무제표의 구성과 해석

③ 현금흐름표(CFS)

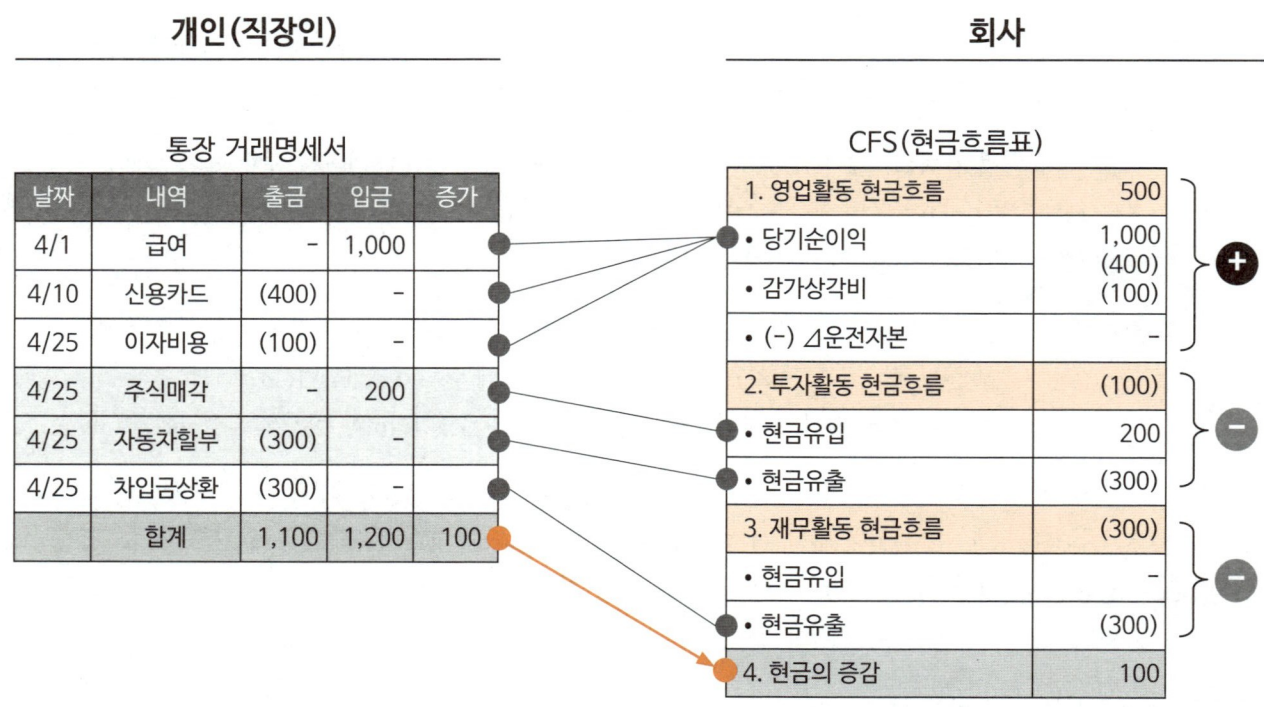

	일정 기간의 자금조달 및 사용을 나타내는 현금흐름표(CFS)는 어떻게 구성되어 있나?
개인	결혼정보회사가 어느 한 개인에 대해 "과연 배우자감으로서 얼마의 자금을 어떻게 조달하고 사용하고 있을까?"라는 것을 파악하고자 한다. 이러한 자금의 조달 및 사용 정보와 관련하여, 그 개인의 통장거래내역 또는 신용카드내역 등을 통해 1,200을 조달하고 1,100만큼을 사용하여 현금이 100만큼 증가한 사람이라는 것을 알 수 있게 된다.
회사	한편, 투자자 및 은행과 같은 이해관계자는 어느 한 회사에 대해 "이 회사, 일정 기간의 자금을 얼마나 그리고 어떻게 조달하고 사용하고 있나?"라는 것을 파악하고자 한다. 이때 필요한 재무제표가 바로 현금흐름표이다. 이러한 회사의 현금흐름표도 역시 개인 자료와는 달리 기업 간의 비교가능성 및 신뢰성을 위해서 그 형식과 구성이 매우 정형화되어 있다.

현금흐름표는 회사의 자금조달능력을 좀 더 명확히 파악하기 위해 3개의 활동으로 나뉘어 있다.
- 개인의 경우에는 현금흐름이 뒤섞여 있지만, 회사의 경우에는 그 자금의 출처 및 사용처에 따라 영업활동, 투자활동 및 재무활동으로 구분된다.
- 그리고, 총 현금이 증가했는지 또는 얼마나 많이 증가했는지보다는, 각 활동별 현금흐름의 부호가 더 중요하다. 특히, 지속적인 현금창출능력을 나타내는 +부호의 영업활동 현금흐름이 중요한데, 이에 대해서는 Ⅰ.2.3) 현금흐름표에서 자세하게 다룬다.

비교	좀 더 구체적으로 이해하기 위해서 개인의 항목과 회사의 항목을 다음과 같이 짝지을 수 있다.

- 개인의 급여, 신용카드 및 이자비용은, 회사의 정상적인 영업활동 또는 주된 수익창출활동과 관련되므로 영업활동 현금흐름으로,
- 개인의 주식매각대금과 자동차할부금은, 회사의 자산 취득 및 처분과 관련되므로 투자활동 현금흐름으로,
- 개인의 차입금 상환은, 회사의 자금 조달 및 상환과 관련되므로 재무활동 현금흐름으로 분류한다.
- 따라서, 개인의 현금 증가액 100은 회사의 영업활동 현금흐름 500, 투자활동 현금흐름 (100) 및 재무활동 현금흐름 (300)으로 나뉘어 표시된다.

그러면	이러한 3개의 재무제표를 어떻게 한눈에 읽을 수 있을까?

(3) 한눈에 재무제표를 보는 법

이익이 나는가? 갚을 수 있는가? 진짜 돈을 버는가?
(이익창출능력)　　　(채무상환능력)　　　(현금창출능력)

I/S (손익계산서)

③ **매출액**	
매출원가	
매출총이익	
판매비와 관리비	
• 감가상각비	
• 기타 판매관리비	
② **영업이익**	
기타 영업외손익	
이자비용	
법인세	
① **당기순이익**	

B/S (재무상태표)

④ **1. 유동자산**	**1. 유동부채**
• 현금	• 매입채무
• 매출채권	• 단기차입금
• 재고자산	**2. 비유동부채**
	• 장기차입금
2. 비유동자산	부채총계
• 유형자산	1. 자본금
• 감가상각누계액	2. 이익잉여금
	⑤ **자본총계**
자산총계	부채 및 자본총계

CFS (현금흐름표)

⑥ **1. 영업활동 현금흐름**
• 당기순이익
• 감가상각비
• (−) Δ운전자본
2. 투자활동 현금흐름
• 현금유입
• 현금유출
3. 재무활동 현금흐름
• 현금유입
• 현금유출
4. 현금의 증감

투자자 및 은행과 같은 이해관계자는 이러한 3개의 재무제표를 종합적으로 분석하여 대상회사를 자세히 파악하게 된다. 하지만 이러한 재무제표를 본격적으로 분석하지 않고도, 다음과 같이 한눈에 재무제표를 읽을 수 있다면 대상회사를 빠르게 파악할 수 있다.

- "이익이 나는가?"라는 질문을 통해, 회사의 이익창출능력에 대한 감을 잡고,
- "갚을 수 있는가?"라는 질문을 통해, 회사의 채무상환능력에 대해 구체화하며,
- "진짜 돈을 버는가?"라는 질문을 통해, 회사의 현금창출능력을 해부하게 된다.

이는 회사를 빠르게 파악하는 방법으로서, 증가율 또는 비율과 같은 상대적 개념이 아닌, '금액이 +/- 또는 크다/작다'와 같은 절대적 관점에서 3개의 재무제표를 다음과 같이 간단하게 훑어보는 것을 말한다.

첫번째 "이익이 나는가?"라는 이익창출능력을 파악하기 위해 손익계산서를 3가지 관점에서 훑여본다.
① 영업손익과 영업외손익을 모두 포함하고 있는 당기순이익이 +이며, 그 금액도 충분히 큰가?
② 주된 수익창출활동에서 계속적으로 발생하는 영업이익이 +이며, 그 금액도 충분히 큰가?
③ 그리고, 그 영업이익과 당기순이익의 원천인 매출액이 충분히 큰가?

두번째 "갚을 수 있는가?"라는 채무상환능력을 파악하기 위해 재무상태표를 2가지 관점에서 훑어본다.
④ 유동자산이 유동부채보다 충분히 커서 채무불이행 위험이 없는가?
⑤ 자산이 부채보다 커서, 자본총계가 +이며 그 금액도 충분히 큰가?

세번째 "진짜 돈을 버는가?"라는 현금창출능력을 파악하기 위해서 현금흐름표를 1가지 관점에서 훑어본다.
⑥ 팔아서 돈을 벌었는지 여부를 나타내는 영업활동 현금흐름이 +이며, 그 금액도 충분히 큰가?

이와 같이 3개의 재무제표를 6가지 관점에서 즉, '금액이 +이며, 그 금액이 충분히 큰가?'라는 관점에서 분석하면, 3개의 재무제표를 한눈에 읽고 그 대상회사를 빠르게 파악할 수 있게 된다.

1 회계와 기업재무의 관계

1) 회계와 기업재무의 영역
2) 회계: 좋은 회사
3) 기업재무: 주식가치

2 이 책에서 다루는 내용

1) 이 책의 구성
2) 이 책의 내용

3 재무제표와 계정과목의 이해

1) 재무제표의 종류와 해석
2) **활동별 주요 계정과목의 이해**

(1) 기업활동의 분류

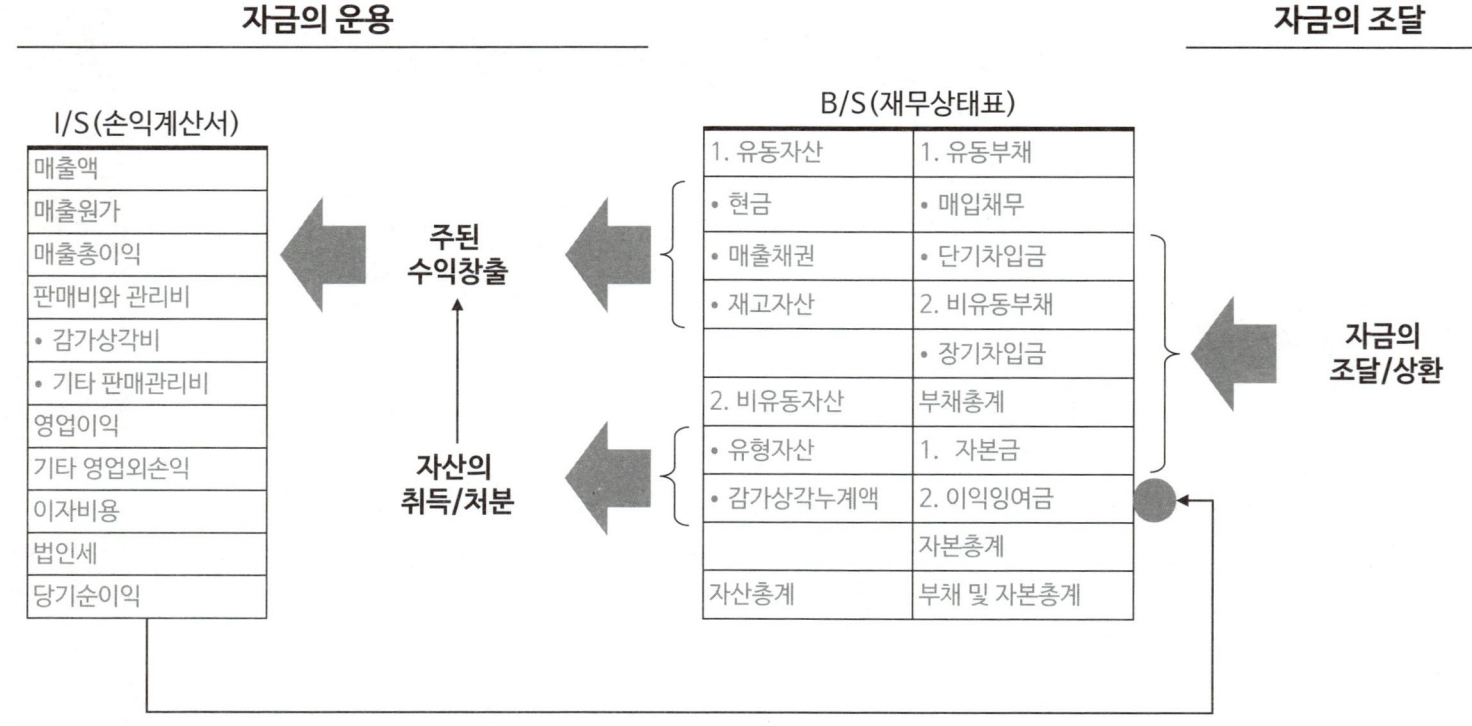

주요 계정과목을 살펴보기 전에, 우선 회사의 '자금흐름'을 2가지로 나누어 보고, 그에 따라 분류되는 3가지 '기업활동'에 대해 알아보자.

자금흐름 회사의 자금흐름은 크게 자금의 조달과 자금의 운용으로 나뉜다. 자금의 조달이란 필요한 돈을 외부로부터 회사에 끌어오는 것을 말하며, 자금의 운용이란 회사에 있는 돈을 외부에 쓰는 것을 말한다.

좀 더 구체적으로, 어느 한 회사가 아무것도 없는 상태에서 새로운 사업을 시작한다고 가정해 보자. 현재 이 회사에는 아무것도 없는 상태이므로, 은행 또는 투자자와 같은 외부 이해관계자로부터 필요한 자금을 조달하게 된다. 이후에 회사는 이렇게 조달된 자금을 운용하게 된다. 즉, 회사는 영업에 필요한 여러 자산을 취득하게 되고, 이렇게 취득한 자산을 활용하여 주된 수익창출활동을 수행하게 된다. 예를 들면, 재고자산을 구매하여 그 대금을 지급하고, 구매한 재고자산을 판매한 후에 이윤을 더한 판매대금을 회수하여 돈을 벌어들이게 된다.

이러한 사이클이 원만하게 순환된다면, 회사의 규모, 즉 재무상태와 경영성과가 계속 커져서, 은행 또는 투자자로부터 조달했던 자금을 상환하는 것도 가능해진다.

기업활동 이러한 2가지 자금흐름에 따라 기업활동을 3가지로 분류할 수 있다.

우선, 자금의 조달 영역으로, 차입 또는 유상증자와 같은 자금의 조달 및 상환과 관련한 활동을 재무활동이라 부른다. 그리고, 자금의 운용 영역에는 투자활동과 영업활동이 있는데, 투자활동은 기계 또는 설비와 같은 자산의 취득 및 처분과 관련한 활동을 말하며, 영업활동은 재고구매, 대금지급, 재고판매 및 대금회수와 같은 정상적인 영업활동 또는 주된 수익창출활동을 말한다. 이러한 3가지 기업활동의 분류는 회사의 자금을 그 출처 및 사용처에 따라 영업활동, 투자활동 및 재무활동으로 구분하는 현금흐름표의 형식과 동일하다.

그러면 3가지 기업활동에 속하는 계정과목에는 무엇이 있는가?

(2) 기업활동별 계정과목의 구분

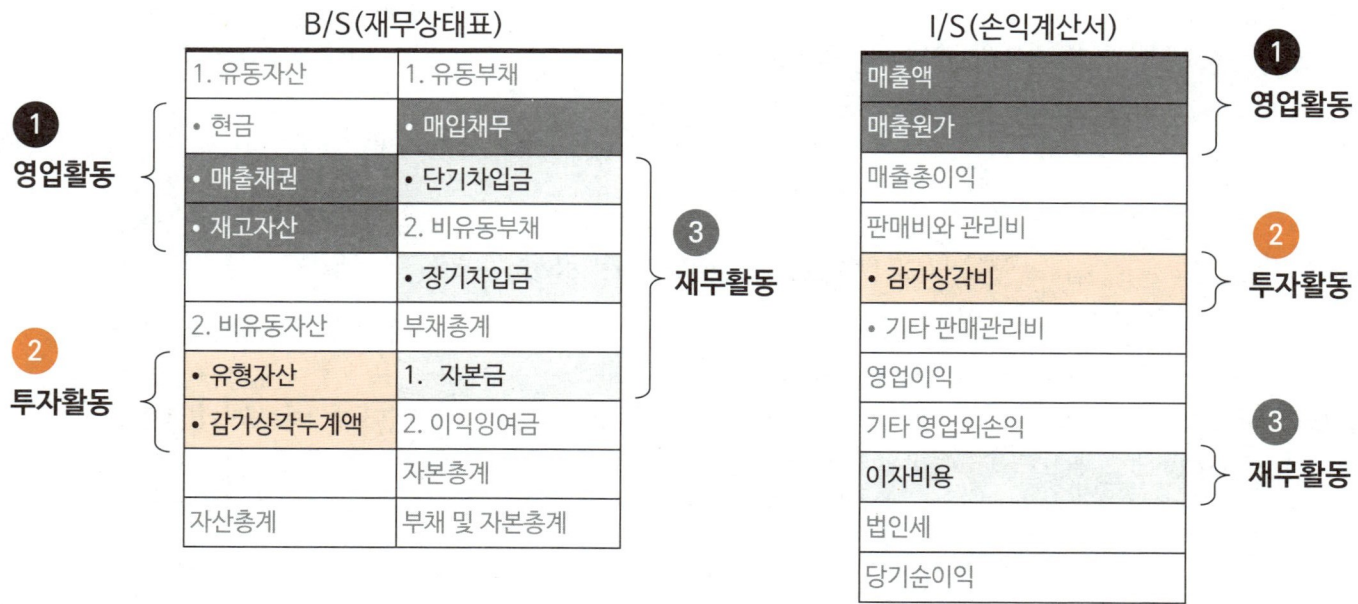

회사의 2가지 자금흐름에 따라 기업활동을 3가지로 구분할 수 있는데, 이러한 3가지 기업활동에 속하는 주요 계정과목에 대해 알아보자.

영업활동 영업활동이란 회사의 정상적인 영업활동 또는 주된 수익창출활동을 말하는데, 일반적으로 재고구매 → 대금지급 → 재고판매 → 대금회수라는 일련의 활동을 의미한다. 예를 들면, 삼성전자가 반도체 및 스마트폰을 제조해서 판매하는 활동이 영업활동에 해당된다. 이러한 영업활동에 속한 주요 계정과목의 위치와 종류는 다음과 같다.

- 재무상태표의 영업활동 계정과목은 위쪽에 위치한다: 매출채권, 재고자산 및 매입채무
- 영업활동과 관련한 손익은 손익계산서의 위쪽에 위치한다: 매출액과 매출원가

투자활동 투자활동이란 회사가 정상적인 영업활동 또는 주된 수익창출활동을 하기 위해 필요한 기계 또는 설비와 같은 자산을 취득하거나 처분하는 활동을 말한다. 예를 들면, 삼성전자가 반도체 장치를 취득하거나, 건물을 처분하는 활동이 투자활동에 해당된다. 이러한 투자활동에 속한 주요 계정과목의 위치와 종류는 다음과 같다.

- 재무상태표의 투자활동 계정과목은 왼쪽 아래에 위치한다: 유형자산과 감가상각누계액
- 투자활동과 관련한 손익은 손익계산서의 판매비와 관리비에 위치한다: 감가상각비

재무활동 재무활동이란 자금을 조달하고 상환하는 활동을 말한다. 예를 들면, 삼성전자가 은행으로부터 차입하거나, 투자자로부터 투자를 받는 활동을 말한다. 이러한 재무활동에 속한 주요 계정과목의 위치와 종류는 다음과 같다.

- 재무상태표의 재무활동 계정과목은 오른쪽 아래에 위치한다: 장/단기차입금과 자본금
- 재무활동과 관련한 손익은 손익계산서의 영업외비용에 위치한다: 이자비용

그러면 영업활동의 주요 계정과목 중에 재고자산과 매출원가에 대해 자세히 살펴보자.

(3) 기업활동별 주요 계정과목

① 영업활동: 재고자산과 매출원가

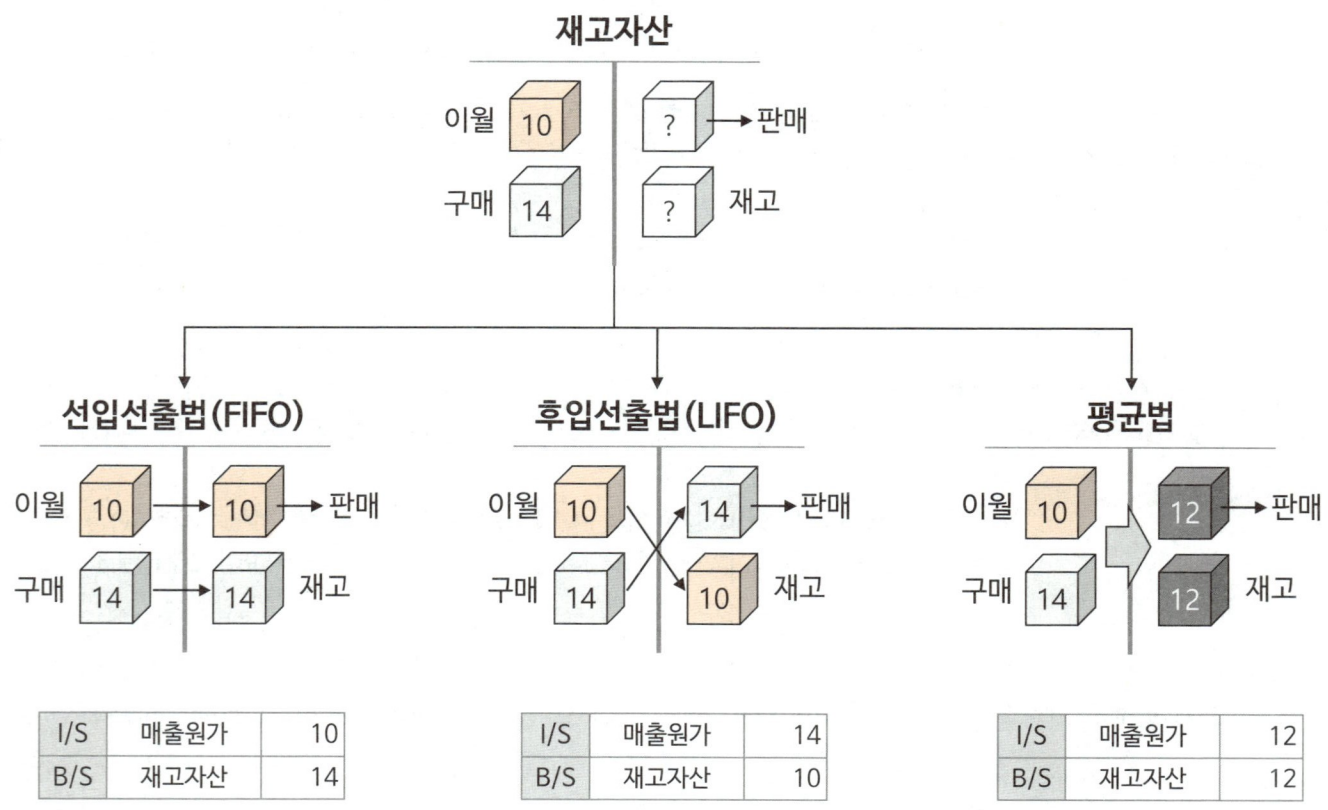

영업활동 계정과목 중에서 재고자산과 매출원가의 금액이 어떻게 결정되는지 알아보자.

예를 들어, 작년에 구매한 10짜리 재고 1개가 팔리지 않아 올해로 이월되었고, 올해에는 14짜리 재고 1개를 추가로 구매했으며, 그중에 1개가 판매되고 나머지 1개는 창고에 남아 있다고 가정해 보자. 재고자산과 매출원가의 금액을 결정하는 방법에는 크게 3가지가 있다.

선입선출법 첫째, FIFO(First In First Out)라고 하는 선입선출법이다. 이는 창고에 먼저 들어온 재고가 먼저 팔려 나갔다고 하는 상식적인 수준의 가정이다.

위의 사례에서, 작년에 팔리지 않아 올해로 이월된 10짜리 재고가 먼저 팔렸고, 올해에 추가적으로 구매한 14짜리 재고는 아직 창고에 남아 있다고 본다. 따라서, 손익계산서의 매출원가는 10으로, 재무상태표의 재고자산은 14로 인식된다.

후입선출법 둘째, LIFO(Last In First Out)라고 하는 후입선출법이다. 이는 창고에 나중에 들어온 재고가 먼저 팔려 나갔다고 하는 조금 비현실적인 가정이다.

위의 사례에서, 작년에 팔리지 않아 올해로 이월된 10짜리 재고는 아직 창고에 남아 있고, 올해에 추가적으로 구매한 14짜리 재고가 먼저 팔렸다고 본다. 따라서, 손익계산서의 매출원가는 14로, 재무상태표의 재고자산은 10으로 인식된다.

평균법 마지막으로, 평균법이라고 하여 창고에 들어온 재고는 모두 섞인다고 보는 방법이다. 즉 창고에 들어온 재고들의 평균을 구하여 재고자산과 매출원가의 금액을 결정하는 매우 현실적인 가정으로서, 실제로 많은 회사들이 채택하고 있다.

위의 사례에서, 작년에 팔리지 않아 이월된 10짜리 재고와 올해에 추가로 구매한 14짜리 재고 중에 어떤 것이 팔리고 어떤 것이 남았는지 알 수 없으므로, 그 평균을 (10 + 14) ÷ 2 = 12을 계산한다. 따라서, 손익계산서의 매출원가와 재무상태표의 재고자산은 모두 12로 인식된다.

그러면 투자활동의 주요 계정과목 중에 감가상각누계액과 감가상각비에 대해 자세히 살펴보자.

(3) 기업활동별 주요 계정과목

② 투자활동: 감가상각누계액과 감가상각비

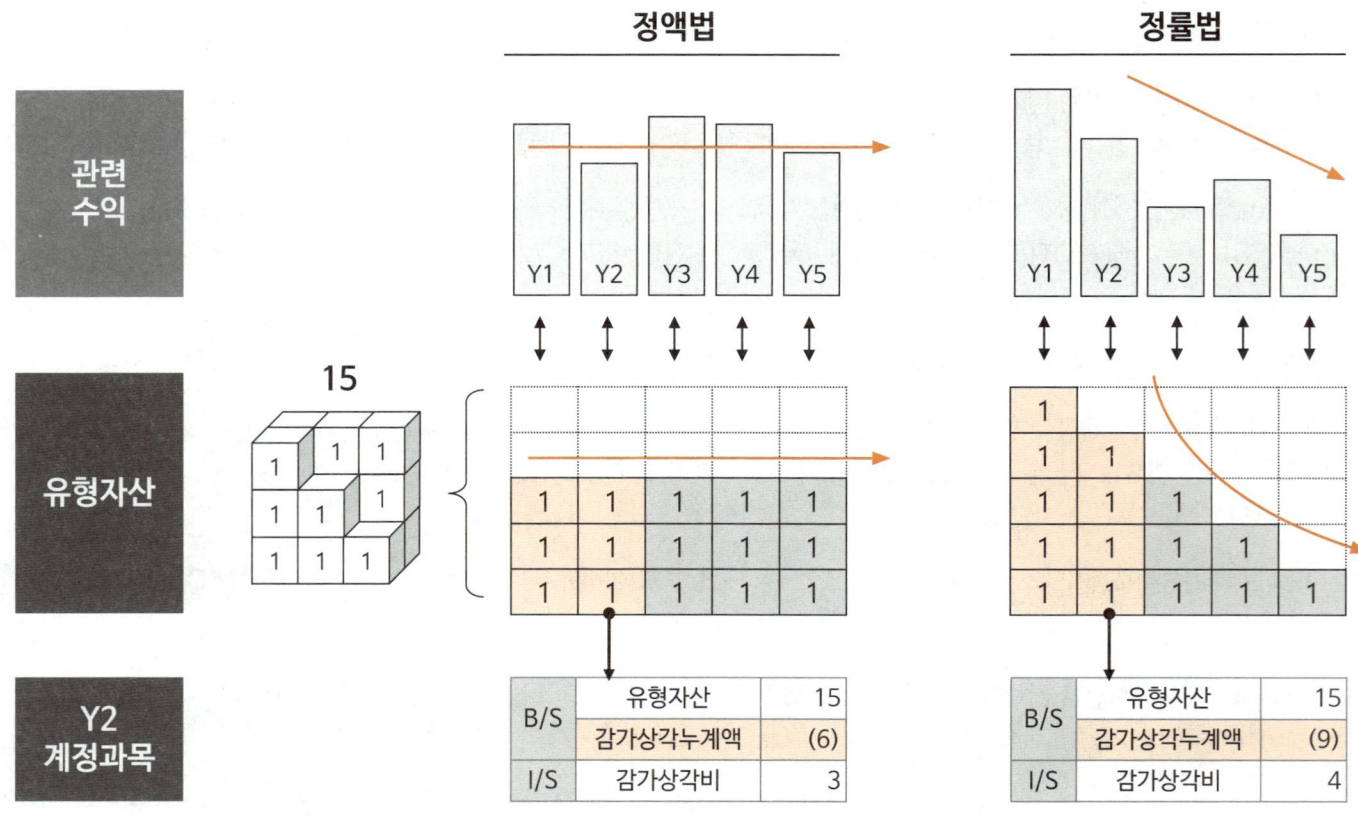

투자활동 계정과목 중에서 감가상각누계액과 감가상각비의 금액이 어떻게 결정되는지 알아보자.

예를 들어, 5년 동안 사용할 수 있는 즉, 경제적 내용연수가 5년인 기계장치를 15에 취득했다고 가정해 보자. 감가상각누계액과 감가상각비의 금액을 결정하는 방법에는 크게 2가지가 있다.

정액법 첫째, Straight Line Method라고 하는 정액법이다. 이는 유형자산의 경제적 내용연수 동안 그 기계장치가 일정하게 그리고 똑같이 사용된다고 가정한다. 이를 수익비용대응의 원칙에 의해 설명하면, 기계장치의 사용으로 인해 수익이 발생하였는데, 그 관련 수익이 기계장치의 경제적 내용연수 동안 일정하게 발생하였다는 것이다. 따라서, 관련 비용도 경제적 내용연수 동안 일정하게 인식한다.

위의 사례에서, 관련 수익은 매년 거의 일정하게 발생한다. 따라서, 이렇게 일정한 수익에 대응하여 5년간 매년 일정하게 3(= 15 ÷ 5년)을 비용으로 인식하게 된다. 따라서, Y2년도의 손익계산서상 감가상각비는 3으로, Y2년도의 재무상태표상 감가상각누계액은 Y1년도의 3과 Y2년도의 3이 누적 합산되어 6으로 인식된다.

정률법 둘째, Declining Balance Method라고 하는 정률법이다. 이는 유형자산의 경제적 내용연수 동안 그 기계장치가 처음에는 많이 사용되나 점점 사용량이 줄어든다고 가정한다. 이를 수익비용대응의 원칙에 의해 설명하면, 기계장치의 사용으로 인해 수익이 발생하였는데, 그 관련 수익이 처음에는 많이 발생하나 점점 줄어들었다는 것이다. 따라서, 관련 비용도 처음에는 많이 인식하나 점점 적게 인식한다.

위의 예제에서, 관련 수익은 처음에 많이 발생하나 점점 줄어든다. 따라서, 이렇게 줄어드는 수익에 대응하여 처음에는 비용을 많이 인식하고, 점점 비용을 적게 인식하게 된다. 따라서, 손익계산서상 감가상각비는 Y1년도에 5로 인식되었으나 Y2년도에는 4로 줄어든다. 그리고, Y2년도의 재무상태표상 감가상각누계액은 Y1년도의 5와 Y2년도의 4가 누적 합산되어 9로 인식된다. 실제로 정률법에서는 장부가액에 일정한 상각률을 곱하여 감가상각비의 금액을 계산하나, 본 사례에서는 금액을 매우 단순화하여 표시하였다.

그러면 재무활동의 주요 계정과목 중에 자본금과 자본잉여금에 대해 자세히 살펴보자.

(3) 기업활동별 주요 계정과목

③ 재무활동: 유상증자, 무상증자 및 주식분할

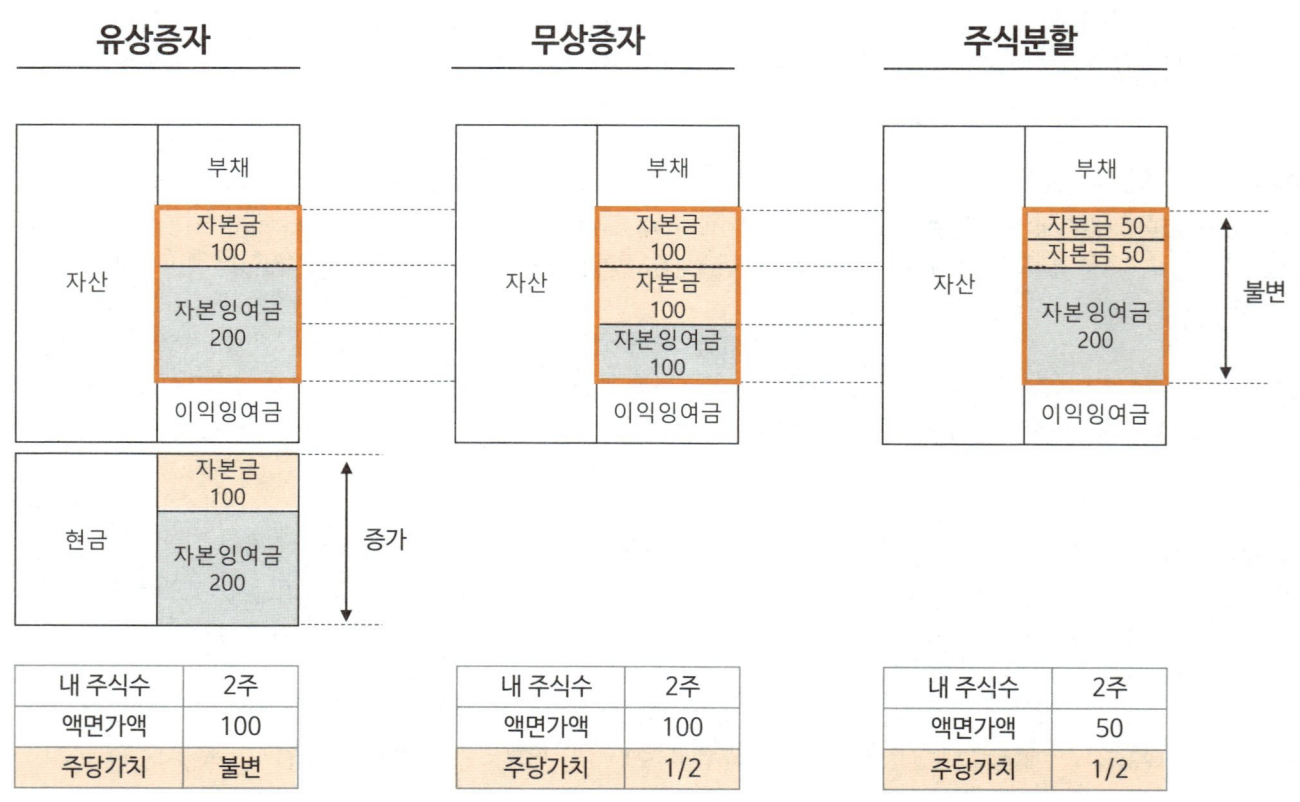

재무활동 계정과목 중에 유상증자, 무상증자 및 주식분할이 자본총계와 회계상 주당가치에 미치는 영향을 알아보자.

예를 들어, 기존에 1주를 가지고 있던 주주가 유상증자, 무상증자 및 주식분할(=액면분할)을 통해 추가적으로 1주를 더 보유하게 되어서 총 2주를 가지게 되었다고 가정해 보자.

유상증자 첫째, 유상증자는 기존주주가 회사에 추가적으로 주식대금을 납입하고, 이에 대한 대가로 1주를 유상으로 받는 것을 말한다. 즉, 회사는 납입된 주식대금에 대한 대가로 기존주주에게 1주를 발행하는 것이다. 만약 기존의 주당가치로 주식대금이 납입되어 주식수가 늘어났다면, 납입된 주식대금만큼 회사의 자본총계가 늘어났기 때문에 회계상 주당가치에는 변화가 없다.

무상증자 둘째, 무상증자의 경우에는 조금 다르다. 자본잉여금의 일부가 자본금으로 전환되면서, 기존주주가 추가적으로 1주를 무상으로 받는 것을 말한다. 즉, 자본잉여금 100이 줄고 자본금이 100만큼 증가하였지만, 회사의 자본총계에는 변화가 없다. 따라서, 회사의 자본총계에 변화가 없는 상황에서 주식수가 늘어나니, 그 만큼 회계상 주당가치는 내려가게 된다. 하지만, 주주의 입장에서는 회계상 주당가치가 내려간 만큼 주식수가 늘어났으므로, 실질적인 자산가치의 변동은 없게 된다.

주식분할 마지막으로, 주식분할의 경우에는 또 조금 다르다. 자본금 자체가 쪼개지면서 기존주주가 추가적인 1주를 무상으로 받는 것을 말한다. 즉, 주식의 액면가액이 100에서 50으로 줄어 주식수가 늘었지만, 회사의 자본총계에는 역시 변화가 없다. 따라서, 회사의 자본총계에 변화가 없는 상황에서 주식수가 늘어나니, 그만큼 회계상 주당가치는 내려가게 된다. 하지만, 주주의 입장에서는 회계상 주당가치가 내려간 만큼 주식수가 늘어났으므로, 실질적인 자산가치의 변동은 없게 된다.

이론적으로, 유상증자는 회계상 주당가치에 어떠한 영향도 주지 않지만, 무상증자 또는 주식분할의 경우에는 자본총계의 변화 없이 주식수가 증가하므로 회계상 주당가치가 내려가게 된다. 하지만, 실무적으로 무상증자와 주식분할 이후에는 낮아진 주당가치로 인해 사고 팔기가 쉬워져 유동성이 증가하므로, 내려간 주당가치가 어느 정도 다시 오르는 경향이 있다.

I. 재무회계(Financial Accounting)

1 재무비율분석(Financial Ratio Analysis)

1) 분석대상과 해석방법
2) 4개 지표 상세분석
3) ROA와 ROE
4) 효율성 관리
5) 분석사례

2 추정 재무제표의 작성(Pro Forma Financial Statements)

1) 회계원칙
2) 추정 손익계산서와 재무상태표
3) 현금흐름표

I. 재무회계(Financial Accounting)

영역		질문	가치	대상	다루는 내용
좋은 회사	상태	**1** 좋은 회사인가? (재무회계)	장부 가치	실적: I/S (과거 ㅇㅇㅇ, 현재 ㅇㅇㅇ), B/S (과거 ㅇㅇㅇ, 현재 ㅇㅇㅇ), CFS (과거 ㅇㅇㅇ, 현재 ㅇㅇㅇ) 계획: I/S (미래 XXX), B/S (미래 XXX), CFS (현재 XXX, 미래 XXX)	I.1. 재무비율분석 I.2. 추정 재무제표의 작성
	방법	**2** 어떻게 좋은 회사를 만들 수 있을까? (관리회계)			II.1. 목표달성관리 (PDCA)
주식가치 (기업재무)	상태	**3** 주식가치는 얼마인가?	존속 가치	$NPV = \sum_{n=0}^{N} \dfrac{FCF_n}{(1+r)^n}$ 기업가치 | 주식가치	III.1.1) 현금흐름할인법 (DCF Method) III.1.2) 배수법 (Multiple Method)
	방법	**4** 어떻게 주식가치를 올릴 수 있을까?			III.2.1) 자본구조의 변경 III.2.2) 신규투자 의사결정

1 좋은 회사인가?

대상

구분	재무제표	과거	현재	미래
실적	I/S	OOO	OOO	
	B/S	OOO	OOO	
	CFS	OOO	OOO	
계획	I/S			XXX
	B/S			XXX
	CFS			XXX

인식 기록

기업회계기준

분석

작성

다루는 내용

I.1. 재무비율분석
- 성장성 지표
- 수익성 지표
- 안정성 지표
- 효율성 지표
- ROA와 ROE
- 효율성 관리

I.2. 추정 재무제표의 작성
- 회계원칙
- 추정 손익계산서와 재무상태표
- 현금흐름표

목표

좋은 회사인지 '상태'를 파악

Ⅰ. 재무회계(Financial Accounting)

1 재무비율분석(Financial Ratio Analysis)

1) 분석대상과 해석방법
2) 4개 지표 상세분석
3) ROA와 ROE
4) 효율성 관리
5) 분석사례

2 추정 재무제표의 작성(Pro Forma Financial Statements)

1) 회계원칙
2) 추정 손익계산서와 재무상태표
3) 현금흐름표

(1) 4개 지표 분석대상과 분석방법

좋은 회사의 4개 지표	I/S (손익계산서)		B/S (재무상태표)		CFS (현금흐름표)	
	비교연도	대상연도	비교연도	대상연도	비교연도	대상연도
성장성	Y0 ↔	Y1	Y0 ↔	Y1		
수익성		Y1 ↕				
안정성		Y1 ↕		Y1 ↕		Y1 ↕
효율성		Y1 ↔		Y1		

회계에서 말하는 좋은 회사인지 여부를 판단하기 위하여 4개 지표 관점에서 재무제표를 분석하는데, 이를 '재무비율분석(Financial Ratio Analysis)'이라고 한다. 이때 손익계산서, 재무상태표 및 현금흐름표를 여러 지표 관점에서 분석하는데, 각 지표별로 분석하는 대상과 그 분석 방법은 다음과 같이 상이하다.

첫째 성장성 지표는 회사의 경영성과와 재무상태가 전년도에 비해 얼마나 증가하였는가를 나타내는 지표로서,
- 비교연도와 대상연도(작년과 올해)의 손익계산서와 재무상태표를 대상으로,
- 동일한 재무제표 간에 연도별로 비교하는 '가로 방향' 분석이다. (예: Y0과 Y1 손익계산서의 매출액을 비교)

둘째 수익성 지표는 일정 기간에 얼마나 많은 이익을 창출하였는가를 나타내는 지표로서,
- 대상연도(올해)의 손익계산서를 대상으로,
- 재무제표 내에서 비교하는 '세로 방향' 분석이다. (예: Y1 손익계산서 내의 매출액과 당기순이익을 비교)

셋째 안정성 지표는 부채를 상환할 수 있는 단기적 채무상환여력 및 중장기적 자금조달능력이 충분한가를 나타내는 지표로서,
- 대상연도(올해)의 손익계산서, 재무상태표 및 현금흐름표를 대상으로,
- 각 재무제표 내에서 비교하는 '세로 방향' 분석이다. (예: Y1 재무상태표 내의 유동자산과 유동부채를 비교)

넷째 효율성 지표는 일정 기간에 투입된 자원을 얼마나 효율적으로 활용하였는가를 나타내는 지표로서,
- 대상연도(올해)의 손익계산서와 재무상태표를 대상으로,
- 재무제표 간에 비교하는 '가로 방향' 분석이다. (예: Y1 손익계산서의 매출액과 재무상태표의 매출채권을 비교)

그러면 이러한 지표는 어떻게 해석해야 하는가?

(2) 4개 지표 해석방법

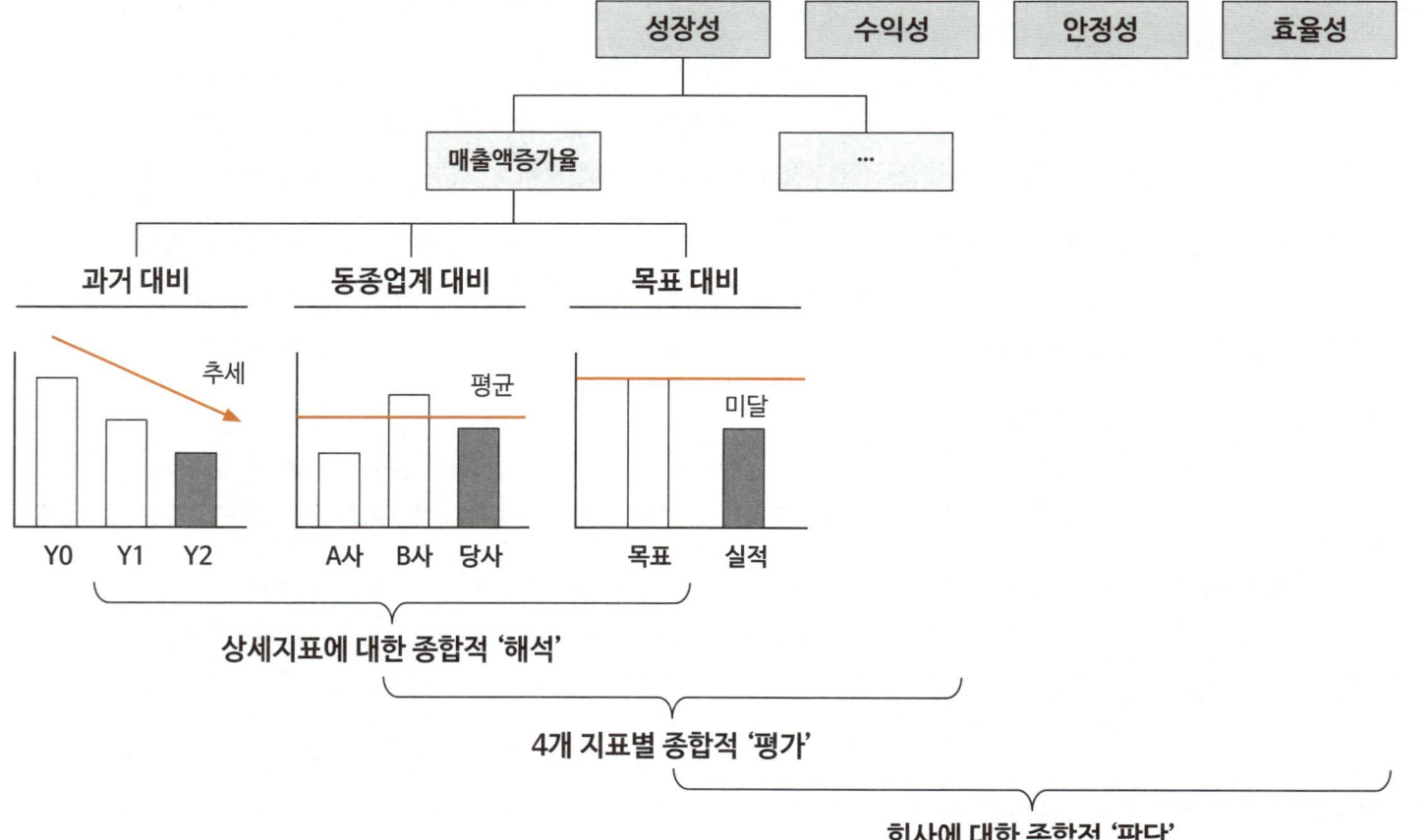

재무비율분석에서는 우선 지표별로 여러 가지 상세지표값을 계산하여 그 값을 각각 '해석'한 후에, 그 상세지표값의 해석 결과를 종합하여 4개 지표를 각각 '평가'한다. 최종적으로 이러한 4개 지표별 평가 결과를 종합하여 좋은 회사인지 여부를 '판단'하게 된다.

절대적 기준 상세지표값을 해석하는 단계에서 다음과 같은 '절대적 기준'은 존재하지 않는다.
- 성장성의 상세지표로서, 매출액증가율이 15% 이상이면 좋은 회사이다.
- 수익성의 상세지표로서, 당기순이익증가율이 5% 이하이면 나쁜 회사이다.

상대적 기준 다만, 상세지표값의 해석에 있어서 다음과 같은 '상대적 기준'만이 존재할 뿐이다.
- 성장성의 상세지표로서, 매출액증가율이 높을수록 좋은 회사이다.
- 수익성의 상세지표로서, 당기순이익증가율이 낮을수록 나쁜 회사이다.

해석방법 따라서, 상세지표값은 다음의 3가지 관점에서 종합적으로 해석해야 한다.
- 과거 대비, 상대적 기준이 더 좋아지는 추세인가?
- 동종업계 대비, 상대적 기준이 평균보다 더 좋은가?
- 목표 대비, 상대적 기준이 목표보다 더 좋은가?

예를 들면, 성장성의 상세지표로서 매출액증가율이 올해에 15%, 작년에는 10%, 올해의 동종업계 평균은 20%, 올해의 목표는 25%라고 가정할 경우, 다음과 같이 3가지 관점에서 종합적으로 해석해야 한다.
- 과거의 10%보다 높은 15%를 달성하여 좋아지는 추세이나,
- 동종업계 평균인 20%에는 미치지 못했으며,
- 목표인 25%에도 많이 미치지 못했다.

Ⅰ. 재무회계(Financial Accounting)

1 재무비율분석(Financial Ratio Analysis)

1) 분석대상과 해석방법
2) **4개 지표 상세분석**
3) ROA와 ROE
4) 효율성 관리
5) 분석사례

2 추정 재무제표의 작성(Pro Forma Financial Statements)

1) 회계원칙
2) 추정 손익계산서와 재무상태표
3) 현금흐름표

(1) 성장성 지표(Growth)

① 분석대상

지표	I/S(손익계산서)		B/S(재무상태표)		CFS(현금흐름표)	
	비교연도	대상연도	비교연도	대상연도	비교연도	대상연도
성장성	Y0 ↔	Y1	Y0 ↔	Y1		

대상 계정과목

I/S

매출액
매출원가
매출총이익
판매비와 관리비
• 감가상각비
• 기타 판매관리비
영업이익
기타 영업외손익
이자비용
법인세
당기순이익

B/S

1. 유동자산	1. 유동부채
• 현금	• 매입채무
• 매출채권	• 단기차입금
• 재고자산	**2. 비유동부채**
	• 장기차입금
2. 비유동자산	부채총계
• 유형자산	1. 자본금
• 감가상각누계액	2. 이익잉여금
	자본총계
자산총계	부채 및 자본총계

성장성(Growth)이란, 회사의 경영성과와 재무상태가 전년도에 비해 얼마나 증가하였는가를 나타내는 지표로서, 회사 규모의 증감 정도를 말한다. 즉, 성장성은 증가율의 개념이다.

예를 들어, 투자자는 성장성과 관련하여 다음과 같은 질문을 가질 수 있다.
- 매출액이 작년에 비해 몇 % 증가했는가?
- 자산이 작년에 비해 몇 % 증가했는가?

분석대상 따라서, 성장성 지표는 회사의 규모를 나타내는 손익계산서와 재무상태표를 대상으로 분석한다. 그러나, 현금흐름표는 회사의 규모보다는 현금을 어디에서 조달하였고 어디에 사용하였는지에 대한 정보를 제공하는 재무제표이므로, 그 분석대상에는 포함하지 않는다.

손익계산서에서 회사의 규모를 잘 나타내는 계정과목은 다음과 같다.
- 매출액
- 영업이익
- 당기순이익

재무상태표에서 회사의 규모를 잘 나타내는 계정과목은 다음과 같다.
- 자산총계

그러면 성장성의 주요 상세지표는 무엇인가?

(1) 성장성 지표(Growth)

② 상세지표

대상	상세지표	값	계산식	좋은 회사의 기준
I/S	매출액증가율	%	$\dfrac{(Y1\ 매출액 - Y0\ 매출액)}{Y0\ 매출액} \times 100$	%가 높을수록
I/S	영업이익증가율	%	$\dfrac{(Y1\ 영업이익 - Y0\ 영업이익)}{Y0\ 영업이익} \times 100$	%가 높을수록
I/S	당기순이익증가율	%	$\dfrac{(Y1\ 당기순이익 - Y0\ 당기순이익)}{Y0\ 당기순이익} \times 100$	%가 높을수록
B/S	총자산증가율	%	$\dfrac{(Y1\ 자산총계 - Y0\ 자산총계)}{Y0\ 자산총계} \times 100$	%가 높을수록

상세지표 회사 규모의 증감 정도를 잘 나타내는 성장성의 주요 상세지표는 다음과 같다.
- 매출액증가율
- 영업이익증가율
- 당기순이익증가율
- 총자산증가율

방법 성장성의 주요 상세지표값을 계산하고 해석하는 방법은 다음과 같다.
- 모든 상세지표값의 계산은 증감액을 비교연도의 금액으로 나누어서 구한다.
- 모든 상세지표값은 증가율인 '%'로 표시한다.
- 상대적 기준으로 %가 높을수록 좋은 회사라고 해석한다.

사례 Y0(비교연도)와 Y1(대상연도)의 영업이익이 각각 100 및 300이라고 가정하고, 영업이익증가율을 분석해 보자.
- [(300 − 100) ÷ 100] × 100이라는 계산식을 통해 200을 구한다.
- 증가율인 '%'를 붙여서 200%라고 표시한다.
- %가 높을수록 좋은 회사라는 상대적 기준으로, 그 지표값을 과거, 동종업계 및 목표와 비교하여 종합적으로 해석한다.

그러면 연간 실적이 아닌 분기 실적의 증가율은 어떻게 나타내는가?

(1) 성장성 지표(Growth)

③ YoY와 QoQ

| Y0 | 1분기
(1-3월) | 2분기
(4-6월) | 3분기
(7-9월) | 4분기
(10-12월) |

YoY (Year on Year)

| Y1 | 1분기
(1-3월) | 2분기
(4-6월) | 3분기
(7-9월) | 4분기
(10-12월) |

QoQ (Quarter on Quarter)

지금까지는 Y0(비교연도)와 Y1(대상연도)의 실적을 비교하여 회사의 성장성을 분석하는 '연간 실적기준의 증가율'에 대해 살펴보았다. 하지만, 상장기업의 경우에는 분기별로 실적을 발표하므로 '분기 실적기준의 증가율'에 대해서도 알아야 한다.

예를 들어, Y0(작년)의 3분기 매출액이 100이었고, Y1(올해)의 2분기와 3분기 매출액이 각각 200과 300이라고 가정해 보자.

YoY YoY는 Year on Year의 약자로서, '전년동기' 대비 증가율을 의미한다. 즉, Y1(올해)의 특정기간 실적을 Y0(작년) 같은 기간의 실적과 비교하는 방식이다. 여기에서 특정기간이란 월, 분기 및 누적분기도 될 수 있다.

사례에서, Y1(올해)의 3분기 매출액증가율을 YoY로 표현하였다면, Y1(올해)의 3분기 매출액 300을 전년동기인 Y0(작년)의 3분기 매출액 100과 비교하여 증가율을 계산한 것이다. 따라서, 3분기 매출액증가율 YoY = (300 - 100) ÷ 100 = 200%로 계산된다.

QoQ QoQ는 Quarter on Quarter의 약자로서, '직전분기' 대비 증가율을 의미한다. 즉, Y1(올해)의 2분기 실적을 직전분기인 Y1(올해)의 1분기 실적과 비교할 수도 있고, Y1(올해)의 1분기 실적을 직전 분기인 Y0(작년)의 4분기 실적과 비교할 수도 있다.

사례에서, Y1(올해)의 3분기 매출액증가율을 QoQ로 표현하였다면, Y1(올해)의 3분기 매출액 300을 직전 분기인 Y1(올해)의 2분기 매출액 200과 비교하여 증가율을 계산한 것이다. 따라서, 3분기 매출액증가율 QoQ = (300 - 200) ÷ 200 = 50%로 계산된다.

그러면 두 번째로 수익성의 상세지표에 대해 살펴보자.

(2) 수익성 지표(Profitability)

① 수익과 손익

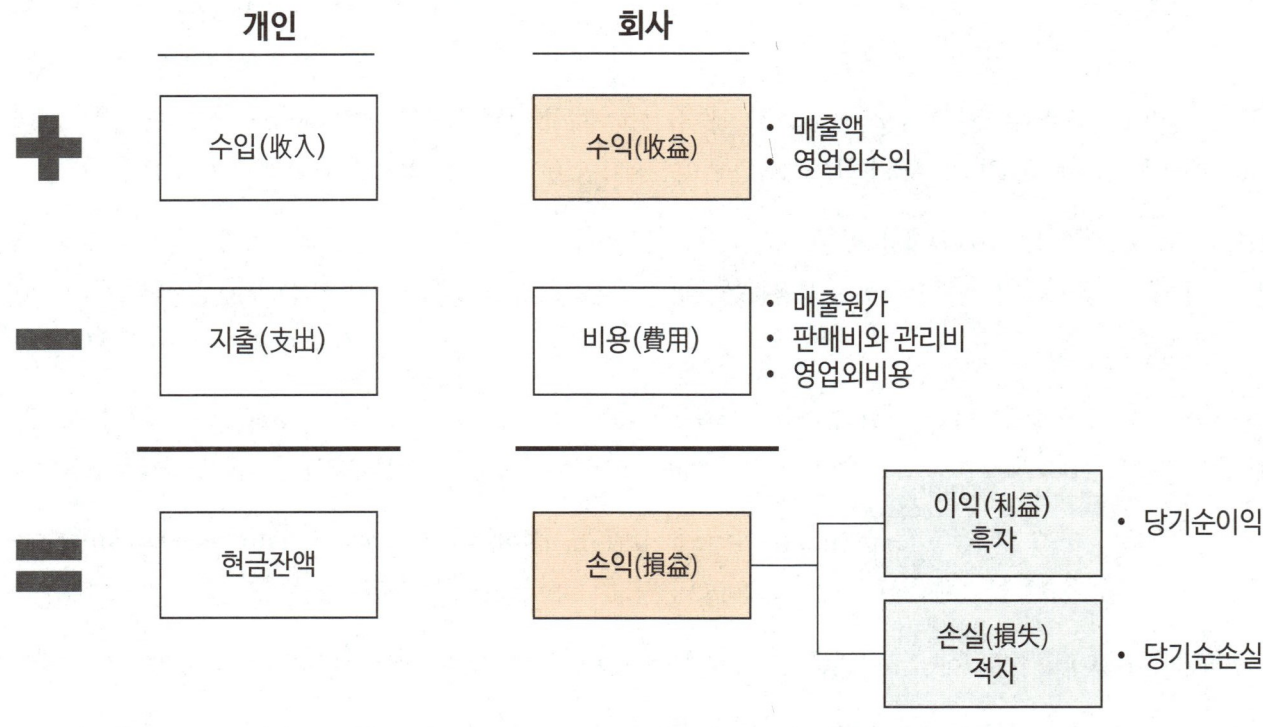

수익성 지표를 살펴보기 전에, 먼저 손익(Profit and Loss)과 관련한 용어를 명확히 구분하여 이해하는 것이 필요하다.

개인 개인의 경우에는 현금주의(Cash Basis)에 의해 장부를 작성한다. 즉, 현금이 회수되거나 지급되는 기간에 어떠한 경제적 사건을 장부에 인식하게 된다.

- 돈이 들어왔을 때, 수입(Income, 收入)이라는 계정과목으로 인식하고,
- 돈이 나갔을 때, 지출(Expenditure, 支出)이라는 계정과목으로 인식한다.

이러한 수입에서 지출을 차감하여 남아 있는 금액을 현금잔액이라고 하며, 이는 저축의 재원이 된다.

회사 하지만, 회사의 경우에는 발생주의(Accrual Basis)에 의해 장부를 작성한다. 즉, 현금이 회수되거나 지급되는 기간과는 무관하게 그 경제적 사건이 발생하는 기간에 해당 거래를 장부에 인식하게 된다. 따라서, 현금주의에 따른 수입과 지출이라는 계정과목은 사용하지 않고, 대신에 발생주의에 따른 수익과 비용이라는 계정과목을 사용한다.

- 수익(Revenue, 收益)이란 돈이 실제 들어왔는 지와는 무관하게, 돈을 들어오게 하는 어떠한 경제적 사건의 발생을 기록하는 계정과목이다. 매출과 영업외수익 등이 수익에 해당된다.

- 비용(Expense, 費用)이란 돈이 실제 나갔는 지와는 무관하게, 돈을 나가게 하는 어떠한 경제적 사건의 발생을 기록하는 계정과목이다. 매출원가, 판매비와 관리비 및 영업외비용 등이 비용에 해당된다.

이러한 수익에서 비용을 차감하여 남아 있는 금액을 손익(Profit and Loss, 損益)이라고 한다.

- 수익이 비용보다 큰 경우, 이익(Profit, 利益) 또는 흑자라고 하여 당기순이익이라는 계정과목으로 인식하고,
- 수익이 비용보다 작은 경우, 손실(Loss, 損失) 또는 적자라고 하여 당기순손실이라는 계정과목으로 인식한다.

그러면 이러한 용어의 이해를 바탕으로 수익성의 상세지표를 알아보자.

(2) 수익성 지표(Profitability)

② 분석대상

지표	I/S(손익계산서)		B/S(재무상태표)		CFS(현금흐름표)	
	비교연도	대상연도	비교연도	대상연도	비교연도	대상연도
수익성		Y1 ↕				
대상 계정과목	\<I/S\> **매출액** 매출원가 **매출총이익** 판매비와 관리비 • 감가상각비 • 기타 판매관리비 **영업이익** 기타 영업외손익 이자비용 법인세 **당기순이익**					

수익성(Profitability)이란, 일정 기간에 얼마나 많은 이익을 창출하였는가를 나타내는 지표로서, 매출액에 대비해서 창출한 이익의 정도를 말한다. 즉, 수익성은 이익률의 개념이다. 따라서, 회사의 수익성이 높다는 것은 수익 또는 이익의 절대적 금액 규모가 크다는 것이 아니라, 수익과 이익의 비율인 이익률이 높다라는 것을 의미한다.

예를 들어, 투자자는 수익성과 관련하여 다음과 같은 질문을 가질 수 있다.
- 올해의 이익률은 몇 %인가?

분석대상 따라서, 수익성 지표는 회사의 경영성과를 나타내는 손익계산서만을 대상으로 분석한다. 한편, 재무상태표와 현금흐름표는 회사의 수익성과 관련이 없으므로 분석대상에는 포함하지 않는다.

손익계산서에서 이익의 정도를 잘 나타내는 계정과목은 다음과 같다.
- 매출액 대비 매출총이익
- 매출액 대비 영업이익
- 매출액 대비 당기순이익

그러면 수익성의 주요 상세지표는 무엇인가?

(2) 수익성 지표(Profitability)

③ 상세지표

대상	상세지표	값	계산식	좋은 회사의 기준
I/S	매출총이익률	%	$\dfrac{\text{Y1 매출총이익}}{\text{Y1 매출액}} \times 100$	%가 높을수록
	영업이익률	%	$\dfrac{\text{Y1 영업이익}}{\text{Y1 매출액}} \times 100$	%가 높을수록
	당기순이익률	%	$\dfrac{\text{Y1 당기순이익}}{\text{Y1 매출액}} \times 100$	%가 높을수록

상세지표 매출액에 대비해서 창출한 이익의 정도를 잘 나타내는 수익성의 주요 상세지표는 다음과 같다.
- 매출총이익률
- 영업이익률
- 당기순이익률

방법 수익성의 주요 상세지표값을 계산하고 해석하는 방법은 다음과 같다.
- 모든 상세지표값의 계산은 각 이익을 매출액으로 나누어서 구한다.
- 모든 상세지표값은 비율인 '%'로 표시한다.
- 상대적 기준으로 %가 높을수록 좋은 회사라고 해석한다.

사례 Y1(대상연도)의 매출액과 영업이익이 각각 1,000 및 300이라고 가정하고, 영업이익률을 분석해 보자.
- (300 ÷ 1,000) × 100이라는 계산식을 통해 30을 구한다.
- 비율인 '%'를 붙여서 30%라고 표시한다.
- %가 높을수록 좋은 회사라는 상대적 기준으로, 그 지표값을 과거, 동종업계 및 목표와 비교하여 종합적으로 해석한다.

그러면 세 번째로 안정성의 상세지표에 대해 살펴보자.

(3) 안정성 지표(Soundness)

① 부도의 원인

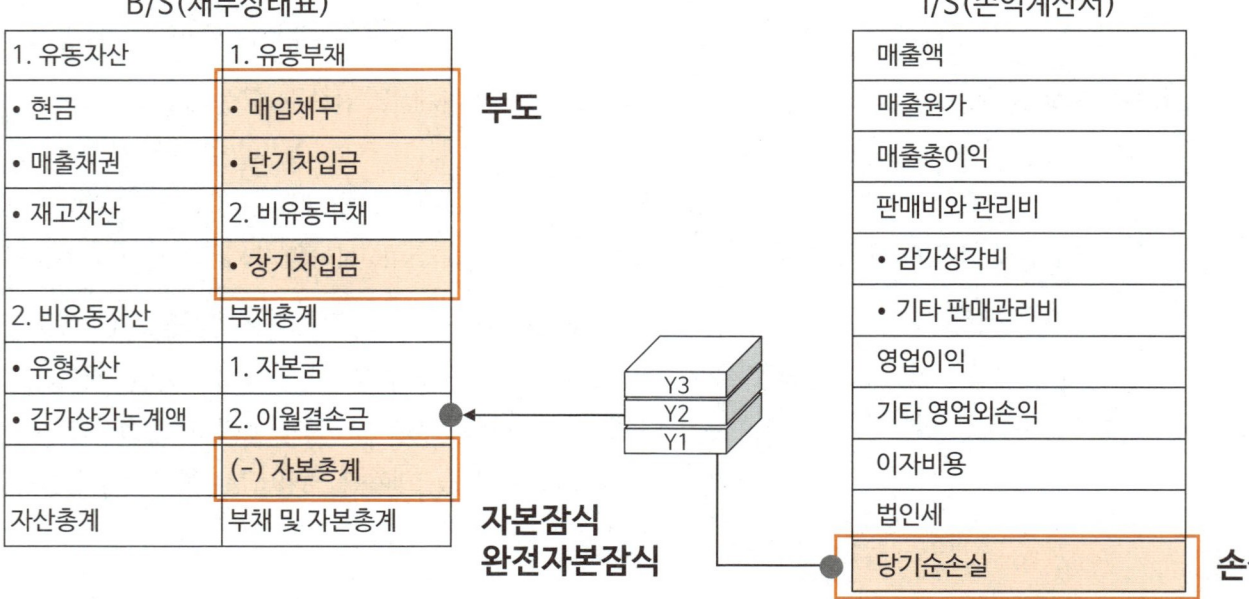

안정성 지표를 살펴보기 전에, 부도가 발생하는 이유 특히, 이익이 나더라도 부도가 발생하는 흑자도산의 사례를 먼저 이해하는 것이 필요하다.

어느 한 회사의 경영성과가 좋지 못해서 손실이 발생했다고 가정해보자. 이러한 손실이 계속되어 이월결손금으로 누적되면, 자본총계가 자본금보다 작아지는 자본잠식 상태가 된다. 이후 경영성과가 더욱 악화되면, 결국에는 자본총계가 (-)마이너스가 되는 완전자본잠식 상태가 된다.

부도원인 이렇게 계속된 손실로 인해 자본잠식 또는 완전자본잠식 상태가 된다고 해서 반드시 부도가 발생하는 것은 아니다. 회사가 부도나는 직접적인 이유는 바로 매입채무 또는 장/단기차입금과 같이 만기가 도래한 채무를 제때에 상환하지 못했기 때문이다. 다시 말하면, 채무를 갚을 유동성(Liquidity) 즉, '채무상환여력' 부족했고, 이러한 유동성 부족을 해결할 수 있는 '자금조달능력'이 부족했기 때문이라는 것이다.

물론, 채무를 제때에 상환하지 못한 것이 계속된 손실, 자본잠식 또는 완전자본잠식으로부터 영향을 받지 않았다고 할 수는 없지만, 그 직접적인 원인은 유동성이 부족했고 그것을 해결할 수 있는 자금조달능력이 부족했기 때문이다. 따라서, 부도위험은 손익계산서상의 손실 및 재무상태표상의 자본잠식 또는 완전자본잠식의 관점이 아니라 채무상환여력과 자금조달능력의 관점으로 접근해야 한다.

흑자도산 예를 들어, 매출이 증가하여 이익은 났지만, 해당 매출채권을 회수하지 못해서 관련 매입채무를 상환하지 못하는 경우에 부도가 발생할 수 있다. 우리는 이를 흑자도산이라고 한다. 반대로, 어느 한 스타트업이 설립 이후 계속된 손실로 인해 자본잠식 또는 완전자본잠식이 되어도, 벤처캐피털(VC)과 같은 투자자로부터 투자금을 받아서 충분한 유동성을 확보하게 되면 부도가 나지 않는다.

그러면 이러한 부도원인에 대한 이해를 바탕으로 안정성의 상세지표를 알아보자.

(3) 안정성 지표(Soundness)

② 분석대상

지표	I/S(손익계산서)		B/S(재무상태표)		CFS(현금흐름표)	
	비교연도	대상연도	비교연도	대상연도	비교연도	대상연도
안정성		Y1 ↕		Y1 ↕		Y1 ↕
대상 계정과목	**I/S** **매출액** 매출원가 **매출총이익** 판매비와 관리비 • 감가상각비 • 기타 판매관리비 **영업이익** 기타 영업외손익 **이자비용** 법인세 **당기순이익**		**B/S** **1. 유동자산** / **1. 유동부채** • 현금 / • 매입채무 • 매출채권 / • 단기차입금 • 재고자산 / **2. 비유동부채** 　　　　　／• 장기차입금 **2. 비유동자산** / **부채총계** • 유형자산 / 1. 자본금 • 감가상각누계액 / 2. 이익잉여금 　　　　　／**자본총계** **자산총계** / **부채 및 자본총계**		**CFS** **1. 영업활동 현금흐름** • 당기순이익 • 감가상각비 • (-) ⊿운전자본 **2. 투자활동 현금흐름** • 현금유입 • 현금유출 **3. 재무활동 현금흐름** • 현금유입 • 현금유출 **4. 현금의 증감**	

안정성(Soundness)이란 부채를 상환할 수 있는 단기적 채무상환여력 및 중장기적 자금조달능력이 충분한가를 나타내는 지표로서, 지급불능상태(Insolvency)로 인한 채무불이행(Default)의 위험 정도를 말한다.

예를 들어, 투자자는 안정성과 관련하여 다음과 같은 질문을 가질 수 있다.
- 이자를 낼 수 있을 만큼 이익이 나고 있는가?
- 만기가 도래하는 채무를 상환할 만큼 현금을 가지고 있는가?
- 추가적으로 자금을 조달할 수 있는가?

분석 대상 따라서, 안정성 지표는 단기적인 채무상환여력을 나타내는 손익계산서와 재무상태표, 그리고 중장기적인 자금조달능력을 나타내는 현금흐름표를 대상으로 분석한다. 참고로, 단기적 채무상환여력은 유동성(Liquidity)이라고도 한다.

손익계산서에서 '일정 기간'의 채무상환여력을 잘 나타내는 계정과목은 다음과 같다.
- 일정 기간의 동적 개념인 이자비용(상환채무) 및 영업이익(상환여력)

재무상태표에서 '일정 시점'의 채무상환여력을 잘 나타내는 계정과목은 다음과 같다.
- 일정 시점의 정적 개념인 유동부채(상환채무) 및 유동자산(상환여력)

현금흐름표에서 자금조달능력을 잘 나타내는 항목은 다음과 같다.
- 영업활동, 투자활동 및 재무활동 현금흐름의 부호

그러면 안정성의 주요 상세지표는 무엇인가?

(3) 안정성 지표(Soundness)

③ 상세지표

대상	상세지표	값	계산식	좋은 회사의 기준
I/S	이자보상배율	몇 배	$\dfrac{Y1\ 영업이익}{Y1\ 이자비용}$	배수가 높을수록
B/S	유동비율	%	$\dfrac{Y1\ 유동자산}{Y1\ 유동부채} \times 100$	%가 높을수록
B/S	부채비율	%	$\dfrac{Y1\ 부채총계}{Y1\ 자본총계} \times 100$	%가 낮을수록
B/S	자기자본비율	%	$\dfrac{Y1\ 자본총계}{Y1\ 부채\ 및\ 자본총계} \times 100$	%가 높을수록
CFS	현금의 흐름	부호	아래 표 참조	① 성장기 ② 성숙기(제일 좋음) ③ 전환기 ④ 도산기

현금흐름	①	②	③	④
영업활동	+	+	−	−
투자활동	−	−	−	+
재무활동	+	−	+	+

지급불능상태로 인해 채무불이행이 발생할 위험의 정도를 잘 나타내는 안정성의 주요 상세지표는 다음과 같다.

이자보상배율 이자보상배율(Interest Coverage Ratio)은 '일정 기간'의 단기적 채무상환여력을 나타내는 상세지표이다.
- 은행이자를 낼 수 있을 만큼 충분한 영업이익을 창출하고 있는가를 의미한다.
- 영업이익이 이자비용의 몇 배인가로 계산하며, 지표값은 배수인 '몇 배'로 표시한다.
- 배수가 높을수록 좋은 회사라고 해석하며, 1보다 작으면 은행이자를 낼 수 있을 만큼 충분한 영업이익을 창출하지 못하고 있는 상태로 본다. 그리고, 이러한 상태가 3년 이상 계속될 경우 이를 한계기업으로 분류한다.

유동비율 유동비율(Current Ratio)은 '일정 시점'의 단기적 채무상환여력을 나타내는 상세지표이다.
- 1년 이내에 만기가 도래하는 채무를 상환할 만큼 충분한 유동성(Liquidity)을 가지고 있는가를 의미한다.
- 유동부채 대비 유동자산의 비율로 계산하며, 지표값은 비율인 '%'로 표시한다.
- %가 높을수록 좋은 회사라고 해석하며, 100%보다 작으면 1년 이내에 만기가 도래하는 채무를 상환하기에 유동성(Liquidity)이 부족한 상태라고 본다.

부채비율
자기자본비율 상환의무를 부담하지 않는 자본과 상환의무를 부담하는 부채의 비율을 나타내는 상세지표이다.
- 부채비율(Debt Ratio)은 자본총계 대비 부채총계의 비율로 계산하며, 지표값은 비율인 '%'로 표시한다. %가 낮을수록 좋은 회사라고 해석하며, 부채총계와 자본총계의 비율이 같을 경우에 100%로 산출된다.
- 자기자본비율은 자산총계 대비 자본총계의 비율로 계산하며, 지표값은 비율인 '%'로 표시한다. %가 높을수록 좋은 회사라는 해석하며, 부채총계와 자본총계의 비율이 같을 경우에 50%로 산출된다.

현금의 흐름 현금의 흐름은 중장기적 자금조달능력을 나타내는 상세지표이다.
- 영업활동, 투자활동 및 재무활동 현금흐름의 부호로서 판단하며, 해석 기준은 'Ⅰ.2.3) 현금흐름표'에서 자세히 설명한다.

그러면 네 번째 효율성의 상세지표에 대해 살펴보자.

(4) 효율성 지표(Efficiency)

① 효율성의 2가지 의미

	일정한 자원을 투입하여, 얼마나 많은 수익을 만들어 냈는가?		**일정한 수익을 만들어 내기 위해서,** 얼마나 적은 자원을 투입했는가?	
	회사 A	회사 B	회사 A	회사 B
자원	🟰 (=)		＞	
수익	100 ＜	100 100 100	200 ＝	100 100

효율성 지표를 살펴보기 전에, 간단한 사례를 통해 회사 경영에 있어서 효율성의 의미를 명확히 이해하는 것이 필요하다.

2가지 정의 회사는 보유한 자원을 투입하고, 이를 여러 번 사용하여 그만큼 수익을 만들어 낸다. 따라서 회사 경영에 있어서의 효율성은 다음과 같이 2가지 질문의 형태로 정의할 수 있다.

- 첫째, 일정한 자원을 투입하여, 얼마나 많은 수익을 만들어 냈는가?
- 둘째, 일정한 수익을 만들어 내기 위해서, 얼마나 적은 자원을 투입했는가?

예를 들어, 희귀한 도장을 종이에 여러 번 찍어, 그 찍힌 도장의 총면적에 따라 수익이 만들어지는 회사 A와 회사 B가 있다고 가정해 보자.

첫째 일정한 자원을 투입하여, 얼마나 많은 수익을 만들어 냈는가?

왼쪽의 사례에서, 두 회사 모두가 면적이 100인 도장을 가지고 있다. 회사 A는 일 년 동안 한 번만 찍어서 100이라는 수익을 만들어 냈고, 회사 B는 일 년 동안 3번을 찍어서 300이라는 수익을 만들어 냈다. 두 회사가 모두 100이라는 동일한 자원을 투입하였으나, 회사 B가 회사 A보다 200만큼 더 많은 수익을 만들어 냈으므로 더 효율적인 회사라고 할 수 있다.

둘째 일정한 수익을 만들어 내기 위해서, 얼마나 적은 자원을 투입했는가?

오른쪽의 사례에서, A회사는 면적이 200인 도장을 일 년 동안 한 번만 찍어서 200이라는 수익을 만들어 냈다. 그리고, 회사 B는 면적이 100인 도장을 일 년 동안 2번 찍어서 회사 A와 동일하게 200이라는 수익을 만들어 냈다. 두 회사가 모두 200이라는 동일한 수익을 만들어 냈으나, 회사 B가 회사 A보다 100만큼 적은 자원을 투입했으므로 더 효율적인 회사라고 할 수 있다.

그러면 이러한 효율성에 대한 이해를 바탕으로 효율성의 상세지표를 알아보자.

(4) 효율성 지표(Efficiency)

② 분석대상

지표	I/S(손익계산서)		B/S(재무상태표)		CFS(현금흐름표)	
	비교연도	대상연도	비교연도	대상연도	비교연도	대상연도
효율성		Y1		Y1		

대상 계정과목	I/S		B/S	
	매출액		1. 유동자산	1. 유동부채
	매출원가		• 현금	• 매입채무
	매출총이익		매출채권	• 단기차입금
	판매비와 관리비		재고자산	**2. 비유동부채**
	• 감가상각비			• 장기차입금
	• 기타 판매관리비		**2. 비유동자산**	부채총계
	영업이익		• 유형자산	1. 자본금
	기타 영업외손익		• 감가상각누계액	2. 이익잉여금
	이자비용			자본총계
	법인세		자산총계	부채 및 자본총계
	당기순이익			

효율성(Efficiency)이란, 일정 기간에 투입된 자원을 얼마나 효율적으로 활용하였는가를 나타내는 지표로서, 제한된 자원을 얼마나 여러 번 사용하였는지에 대한 활용 정도를 말하며, 이를 활동성(Activity) 지표라고도 한다. 즉, 효율성은 활용도의 개념이다.

예를 들어, 투자자는 효율성과 관련하여 다음과 같은 질문을 가질 수 있다.
- 외상으로 판매한 후에 회수하고 있지 못한 매출채권은 없는가?
- 판매하지 못하고 오랫동안 보유하고 있는 재고자산은 없는가?

분석대상 따라서, 효율성 지표는 '효율적인 활용'을 나타내는 손익계산서와 '투입된 자원'을 나타내는 재무상태표를 대상으로 동시에 분석한다. 이는 한 개의 재무제표 내에서 계정과목 간의 비율을 구하는 성장성, 수익성 및 안정성 지표와는 달리, 재무제표 간에 관련된 계정과목의 비율을 구하여 분석하는 방식이다.

손익계산서에서 '효율적인 활용'을 잘 나타내는 계정과목은 다음과 같다.
- 매출액
- 매출원가

재무상태표에서 '투입된 자원'을 잘 나타내는 계정과목은 다음과 같다.
- 매출채권
- 재고자산
- 매입채무

그러면 효율성의 주요 상세지표는 무엇인가?

(4) 효율성 지표(Efficiency)

③ 효율성과 관련된 계정과목

영업 사이클

재고 구매 → 대금 지급 → 재고 판매 → 대금 회수

회계 처리

		(+) 매출채권	(−) 매출채권
		매출액	
(+) 재고자산		(−) 재고자산	
		매출원가	
(+) 매입채무	(−) 매입채무		
	(−) 현금		(+) 현금

효율성

일정 기간에 투입된 자원을 얼마나 효율적으로 활용하였는가?

[재무상태표]
- 매출채권
- 재고자산
- 매입채무

[손익계산서]
- 매출
- 매출원가

효율성의 주요 상세지표를 이해하기 위해서는, 효율성과 관련된 계정과목과 그 계정과목 간의 관계를 먼저 알아야 한다.

회계처리 회사의 정상적인 영업활동은 일반적으로 재고구매, 대금지급, 재고판매 및 대금회수의 순서로 이루어지는데, 각 단계별로 복식부기원리에 따라 하나의 경제적 사건은 항상 1개 이상의 짝(Pair)으로 회계장부에 기록된다.
- 재고를 외상으로 구매하면, 재고자산과 매입채무가 인식된다.
- 대금을 지급하면, 현금이 나가면서 매입채무가 감소하고,
- 이후 재고를 외상으로 판매하면, 매출채권과 매출액이 인식된다. 동시에 매출원가가 인식되면서 재고자산이 감소한다.
- 대금을 회수하면, 현금이 들어오면서 매출채권이 감소한다.

짝(Pair) 따라서, 정상적인 영업활동 과정에서 인식되는 재무상태표(B/S)와 손익계산서(I/S)의 계정과목은 다음과 같이 짝(Pair)을 지을 수 있다.
- 재고판매의 단계에서 매출채권(B/S)은 매출액(I/S)과 짝(Pair)으로 인식되고,
- 또한, 재고판매의 단계에서 재고자산(B/S)도 매출원가(I/S)와 짝(Pair)으로 인식된다.
- 그리고, 재고구매의 단계에서는 매입채무(B/S)가 재고자산(B/S)과, 재고판매의 단계에서는 재고자산(B/S)이 매출원가(I/S)와, 따라서, 기초/기말 재고자산의 변동이 없다면, 매입채무(B/S)는 매출원가(I/S)와 짝(Pair)으로 인식된다.

효율성 '일정 기간에 투입된 자원을 얼마나 효율적으로 활용하였는가?'라는 효율성의 관점에서, 이렇게 짝(Pair)으로 인식되는 재무상태표(B/S)와 손익계산서(I/S)의 계정과목은 다음과 같이 해석할 수 있다.
- 매출채권(B/S)이라는 자원을 투입해서, 매출액(I/S)을 만들어 냈고,
- 재고자산(B/S)이라는 자원을 투입해서, 매출원가(I/S)를 만들어 냈으며,
- 매입채무(B/S)라는 자원을 투입해서, 매출원가(I/S)를 만들어 냈다.

그러면 이제 효율성의 상세지표에 대해 살펴보자.

(4) 효율성 지표(Efficiency)

④ 회전율과 회전일수의 개념

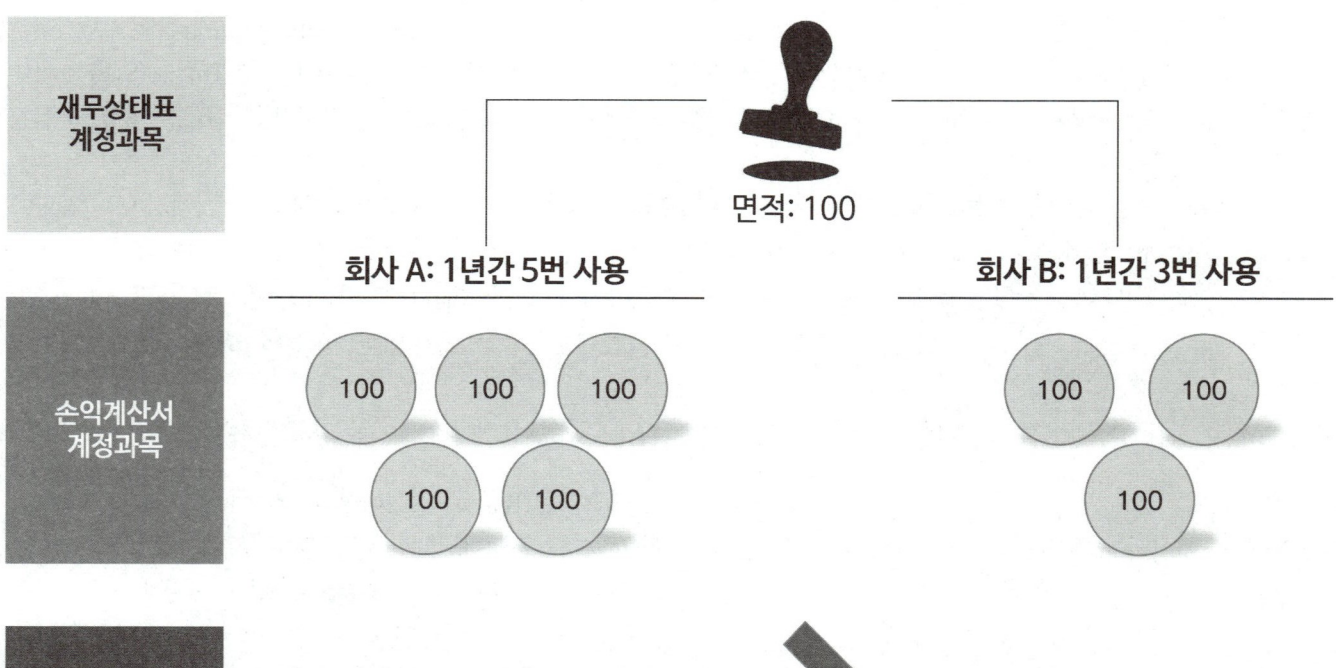

효율성을 나타내는 대표적인 상세지표에는 회전율과 회전일수가 있다.

회전율과 회전일수의 개념은 종이에 도장을 반복해서 찍는 작업을 생각하면 이해하기 쉽다. 재무상태표 계정과목의 금액은 투입된 자원으로 도장 한 개의 면적이고, 손익계산서 계정과목의 금액은 1년간 종이 위에 찍힌 도장 면적의 합계라고 가정해 보자.

- 회전율이란, 도장을 사용한 횟수를 의미하는데, 그 횟수가 많을수록 효율적이라고 본다.
- 회전일수란, 도장을 한 번 찍을 때 누르고 있는 기간을 의미하는데, 그 기간이 짧을수록 효율적이라고 본다.

회사 A 1년간 5번 사용한 경우로, 도장 한 개의 면적이 100인데, 종이 위에 1년 5번 찍으면 도장 면적의 합계가 500이 된다.
- 따라서, 회전율은 도장을 사용한 횟수로 1년간 5회(= 500 ÷ 100)가 된다.
- 그리고, 회전일수는 도장을 한 번 찍을 때 누르고 있는 기간으로 73일(= 365일 ÷ 5회)이 된다.

회사 B 1년간 3번 사용한 경우로, 도장 한 개의 면적이 100인데, 종이 위에 1년 3번 찍으면 도장 면적의 합계가 300이 된다.
- 따라서, 회전율은 도장을 사용한 횟수로 1년간 3회(= 300 ÷ 100)가 된다.
- 그리고, 회전일수는 도장을 한 번 찍을 때 누르고 있는 기간으로 122일(= 365일 ÷ 3회)이 된다.

비교 따라서, 다음의 2가지 관점에서 회사 A가 회사 B보다 더 효율적이라고 말할 수 있다.
- 회전율 관점에서, 회사 A가 회사 B보다 도장을 여러 번 찍었다.
- 회전일수 관점에서는, 회사 A가 회사 B보다 도장을 한 번 찍을 때 누르고 있는 기간이 짧았다.

그러면 각 계정과목별 회전율과 회전일수를 살펴보자.

(4) 효율성 지표(Efficiency)

⑤ 상세지표

대상	상세지표	값	계산식	좋은 회사의 기준
I/S B/S 사용 개념	매출채권 회전율	몇 회	$\dfrac{\text{Y1 매출액}}{\text{Y1 평균매출채권}}$	횟수가 많을수록
	재고자산 회전율	몇 회	$\dfrac{\text{Y1 매출원가}}{\text{Y1 평균재고자산}}$	횟수가 많을수록
	매입채무 회전율	몇 회	$\dfrac{\text{Y1 구매금액(또는 매출원가)}}{\text{Y1 평균매입채무}}$	횟수가 적을수록
I/S B/S 기간 개념	매출채권 회전일수 (매출채권 회수기간)	며칠	$\dfrac{365일}{\text{매출채권 회전율}}$	기간이 짧을수록
	재고자산 회전일수 (재고자산 보유기간)	며칠	$\dfrac{365일}{\text{재고자산 회전율}}$	기간이 짧을수록
	매입채무 회전일수 (매입채무 지급기간)	며칠	$\dfrac{365일}{\text{매입채무 회전율}}$	기간이 길수록

제한된 자원의 활용 정도를 잘 나타내는 효율성의 주요 상세지표는 다음과 같다.

매출채권 **매출채권 회전율 및 매출채권 회전일수(매출채권 회수기간)**

- 매출채권 회전율은 매출채권이라는 자산을 몇 번 사용하여 1년간의 매출액을 만들어 내었는가를 의미하며, 지표값은 사용횟수인 '몇 회' 표시한다. 즉, 1년간의 매출액을 만들어 내기 위해, 매출채권이라는 도장을 몇 번 찍었는가로 생각하면 쉽다.

- 매출채권 회전일수는 매출채권을 회수하는 데에 며칠이 걸렸는가라는 매출채권 회수기간을 의미하며, 지표값은 기간인 '며칠'로 표시한다. 즉, 한 번의 매출액을 만들어 내기 위해 매출채권이라는 도장을 얼마 동안 누르고 있어야 하는가라고 생각하면 쉽다.

- 매출채권 회전율은 그 횟수가 많을수록 효율성이 좋은 회사라고 해석하고, 매출채권 회전일수는 그 기간이 짧을수록 매출채권이 빨리 현금화되어 운전자본(WC)이 감소하므로 효율성이 좋은 회사라고 해석한다.

- 예를 들어, 매출액이 1,000이고 평균매출채권이 200이라고 하면, 1년간 5회(= 1,000 ÷ 200) 사용하였고, 매출채권을 한 번 사용하는 데에 즉, 회수하는 데에 73일(= 365일 ÷ 5회)이 걸렸다는 것을 의미한다. 만약, 회사의 매출채권의 회수정책(여신기간)이 30일인데 73일이 걸렸다는 것은, 거래처의 연체 등과 같은 문제가 있을 수 있다는 것을 암시한다.

| 재고자산 | 재고자산 회전율 및 재고자산 회전일수(재고자산 보유기간) |

- 재고자산 회전율은 재고자산이라는 자산을 몇 번 사용해서 1년간의 매출원가를 만들어 내었는가를 의미하며, 지표값은 사용 횟수인 '몇 회' 표시한다. 즉, 1년간의 매출원가를 만들어 내기 위해, 재고자산이라는 도장을 몇 번 찍었는가로 생각하면 쉽다.

- 재고자산 회전일수는 재고자산을 며칠 동안 보유하고 있었는가라는 재고자산 보유기간을 의미하며, 지표값은 기간인 '며칠'로 표시한다. 즉, 한 번의 매출원가를 만들어 내기 위해 재고자산이라는 도장을 얼마 동안 누르고 있어야 하는가라고 생각하면 쉽다.

- 재고자산 회전율은 그 횟수가 많을수록 효율성이 좋은 회사라고 해석하고, 재고자산 회전일수는 그 기간이 짧을수록 재고자산으로 인해 잠기는 금액이 작아져 운전자본(WC)이 감소하므로 효율성이 좋은 회사라고 해석한다.

- 예를 들어, 매출원가가 500이고 평균재고자산이 125라고 하면, 1년간 4회(= 500 ÷ 125) 사용하였고, 재고자산을 한 번 사용하는 데에 즉, 판매하기까지 91.25일(= 365일 ÷ 4회) 동안 보유했다는 것을 의미한다. 만약, 회사의 재고자산의 보유정책이 60일인데 91.25일 동안 보유했다는 것은, 과도한 안전재고를 보유하고 있다는 것을 암시한다.

| 매입채무 | 매입채무 회전율 및 매입채무 회전일수(매입채무 지급기간) |

- 매입채무 회전율은 구매금액을 평균매입채무로 나누어 계산하는 것이 원칙이다. 그러나, 구매금액을 파악할 수 없는 경우 또는 기초/기말 재고자산의 변동이 없는 경우에는 손익계산서를 통해 쉽게 파악할 수 있는 매출원가를 그 대용치로 사용할 수 있다. 이 책에서의 매입채무 회전율은 구매금액 대신에 매출원가를 사용하여 계산한다.

- 매입채무 회전율은 매입채무라는 부채를 몇 번 사용해서 1년간의 매출원가를 만들어 내었는가를 의미하며, 지표값은 사용횟수인 '몇 회'로 표시한다. 즉, 1년간의 매출원가를 만들어 내기 위해, 매입채무라는 도장을 몇 번 찍었는가로 생각하면 쉽다.

- 매입채무 회전일수는 매입채무를 며칠 후에 지급하였는가라는 매입채무 지급기간을 의미하며, 지표값은 기간인 '며칠'로 표시한다. 즉, 한 번의 매출원가를 만들어 내기 위해 매입채무라는 도장을 얼마 동안 누르고 있어야 하는가라고 생각하면 쉽다.

- 매출채권 및 재고자산과는 달리 매입채무는 부채이므로, 매입채무 회전율은 그 횟수가 적을수록 효율성이 좋은 회사라고 해석하고, 매입채무 회전일수는 그 기간이 길수록 미지급금으로 인한 유동성(Liquidity)의 여유가 생겨 운전자본(WC)이 감소하므로 효율성이 좋은 회사라고 해석한다.

- 예를 들어, 매출원가가 500이고 평균매입채무가 25라고 하면, 1년간 20회(= 500 ÷ 25) 사용하였고, 매입채무를 한 번 사용하는 데에 즉, 지급하는 데에 18.25일(= 365일 ÷ 20회)이 걸렸다는 것을 의미한다. 만약, 회사의 매입채무의 지급정책이 30일인데 18.25일이 걸렸다는 것은, 불리한 조건의 또는 비정상적인 구매계약이 있을 수 있다는 것을 암시한다.

Ⅰ. 재무회계(Financial Accounting)

1 재무비율분석(Financial Ratio Analysis)

1) 분석대상과 해석방법
2) 4개 지표 상세분석
3) **ROA와 ROE**
4) 효율성 관리
5) 분석사례

2 추정 재무제표의 작성(Pro Forma Financial Statements)

1) 회계원칙
2) 추정 손익계산서와 재무상태표
3) 현금흐름표

(1) 복합지표로서의 ROA와 ROE

지표	I/S(손익계산서)		B/S(재무상태표)		CFS(현금흐름표)	
	비교연도	대상연도	비교연도	대상연도	비교연도	대상연도
ROA와 ROE		Y1		Y1		
대상 계정과목	**I/S** **매출액** 매출원가 **매출총이익** 판매비와 관리비 • 감가상각비 • 기타 판매관리비 **영업이익** 기타 영업외손익 이자비용 법인세 **당기순이익**		**B/S** 1. 유동자산 / 1. 유동부채 • 현금 / • 매입채무 • 매출채권 / • 단기차입금 • 재고자산 / 2. 비유동부채 / • 장기차입금 2. 비유동자산 / 부채총계 • 유형자산 / 1. 자본금 • 감가상각누계액 / 2. 이익잉여금 / 자본총계 자산총계 / 부채 및 자본총계			

지금까지 좋은 회사를 정의하는 성장성, 수익성, 안정성 및 효율성이라는 4개 지표를 각각 다루었다. 하지만, 하나의 지표가 여러 지표의 성격을 동시에 가지고 있는 경우가 존재하는데, 우리는 이를 복합지표라고 부른다. 그 대표적인 복합지표에는 ROA와 ROE가 있다.

ROA ROA(Return on Asset)는 총자산이익률이라고 하여, 총자산을 사용해서 얼마나 많은 이익을 창출하였는가를 나타내는 지표이다. 이는 수익성과 효율성의 성격을 모두 가지고 있는 지표에 해당된다.

투입된 총자산에 대비해서 창출한 이익의 정도를 분석하므로, ROA는 다음과 같은 재무상태표와 손익계산서의 계정과목을 대상으로 분석한다.
- 투입된 총자산이란 재무상태표상 자산총계의 평균을 말하며,
- 창출한 이익의 정도는 손익계산서상의 당기순이익을 말한다.

이는 평균자산총계 대비 당기순이익의 비율로서, %가 높을수록 좋은 회사라고 해석한다.

ROE ROE(Return on Equity)는 자기자본이익률이라고 하여, 주주자본을 사용해서 얼마나 많은 이익을 창출하였는가를 나타내는 지표이다. 이는 수익성, 효율성 및 안정성의 성격을 모두 가지고 있는 지표에 해당된다.

투입된 주주자본에 대비해서 창출한 이익의 정도를 분석하므로, ROE는 다음과 같은 재무상태표와 손익계산서의 계정과목을 대상으로 분석한다.
- 투입된 주주자본이란 재무상태표상 자본총계의 평균을 말하며,
- 창출한 이익의 정도는 손익계산서상의 당기순이익을 말한다.

이는 평균자본총계 대비 당기순이익의 비율로서, 일반적으로 %가 높을수록 좋은 회사라고 해석한다.

그러면 우선 ROA를 수익성과 효율성으로 분해해 보자.

(2) 복합지표의 분해

① ROA 분해

ROA 분해	I/S(손익계산서)		B/S(재무상태표)		CFS(현금흐름표)	
	비교연도	대상연도	비교연도	대상연도	비교연도	대상연도
수익성		Y1 ↕				
안정성						
효율성		Y1 ↔		Y1		

수익성 좋은 회사

효율성 좋은 회사

$$ROA = \frac{당기순이익}{평균자산총계} = \frac{당기순이익}{매출액} \times \frac{매출액}{평균자산총계}$$

수익성과 효율성의 성격을 모두 가지고 있는 ROA를 분해해 보자.

분해 ROA(Return on Asset)는 평균자산총계 대비 당기순이익의 비율로서, 당기순이익과 평균자산총계 사이에 매출액을 넣어 수식을 분리하면 다음과 같이 2개의 지표로 분해될 수 있다.
- 수익성 지표: 당기순이익률(= 당기순이익 ÷ 매출액)
- 효율성 지표: 총자산 회전율(= 매출액 ÷ 평균자산총계)

여기서 총자산 회전율은 '총자산을 몇 번 사용해서 1년간의 매출액을 만들어 내었는가'를 의미한다. 따라서, ROA는 회사의 이익 창출능력과 총자산에 대한 운영의 효율성을 나타내는 지표로서, 수익성과 효율성의 성격을 모두 가지고 있는 지표라 할 수 있다.

의미 여기서, 수익성이 좋으면 ROA가 높게 나온다. 그리고, 효율성이 좋아도 ROA가 높게 나온다. 따라서, ROA가 높다는 것은 수익성 또는 효율성이 좋은 회사라는 것을 의미한다.

그러면 이번에는 ROE를 수익성, 효율성 및 안정성으로 분해해 보자.

(2) 복합지표의 분해

② ROE 분해와 듀퐁분석

ROE 분해	I/S (손익계산서)		B/S (재무상태표)		CFS (현금흐름표)	
	비교연도	대상연도	비교연도	대상연도	비교연도	대상연도
수익성		Y1				
안정성				Y1		
효율성		Y1		Y1		

수익성 좋은 회사

효율성 좋은 회사

안정성 **나쁜 회사**

$$ROE = \frac{당기순이익}{평균자본총계} = \frac{당기순이익}{매출액} \times \frac{매출액}{평균자산총계} \times \frac{평균자산총계}{평균자본총계}$$

수익성, 효율성 및 안정성의 성격을 모두 가지고 있는 ROE를 분해해 보자.

분해 ROE(Return on Equity)는 평균자본총계 대비 당기순이익의 비율로서, 듀퐁분석(Dupont Analysis)을 통해 당기순이익과 평균자본총계 사이에 매출액과 평균자산총계를 넣어 수식을 분리하면 다음과 같이 3개의 지표로 분해될 수 있다.

- 수익성 지표: 당기순이익률(= 당기순이익 ÷ 매출액)
- 효율성 지표: 총자산 회전율(= 매출액 ÷ 평균자산총계)
- 역의 안정성 지표: 역의 자기자본비율(= 평균자산총계 ÷ 평균자본총계)

따라서, ROE는 회사의 이익창출능력과 총자산에 대한 운영의 효율성 및 재무레버리지를 나타내는 지표로서, 수익성, 효율성 및 안정성의 성격을 모두 가지고 있는 지표라 할 수 있다. 즉, ROE는 ROA에 추가적으로 안정성까지 반영된 지표라고 할 수 있다.

의미 여기서, 수익성이 좋으면 ROE가 높게 나오고, 효율성이 좋아도 ROE가 높게 나온다. 하지만, 안정성이 좋으면 오히려 ROE가 낮게 나오게 된다. 따라서, ROE가 높다는 것은 수익성 또는 효율성이 좋거나, 안정성이 나쁜 회사라는 것을 의미한다. 즉, 수익성과 효율성이 좋고 안정성이 나쁜 회사의 경우에 ROE가 높게 나온다.

예를 들어, 당기순이익률(수익성 지표)과 총자산 회전율(효율성 지표)이 일정하다고 가정할 때, 부채를 많이 사용하여 안정성이 나쁜 경우에 ROE가 높게 나오며, 반대로 부채를 적게 사용하여 안정성이 좋은 경우에 ROE가 낮게 나온다.

결국, ROE는 안정성을 반대로 고려함으로써 채권자 입장을 배제하고 철저히 주주 입장에서 바라보는 지표로서, 모든 이해관계자의 재무적 이익을 보장하지는 않는다. 따라서, ROE는 그 자체로 해석하기보다는 여러 지표로 분해하여 그 의미를 명확히 파악해야 한다.

그러면 ROE를 왜 여러 지표로 분해해야 하는지에 대해 구체적으로 알아보자.

(2) 복합지표의 분해

③ ROE 분석의 오류

구분	항목	회사 A	회사 B	회사 C
손익계산서	매출액	10,000	50,000	2,000
	당기순이익	1,000	500	20
재무상태표	평균자산총계	2,500	50,000	2,000
	평균부채총계	500	49,000	1,800
	평균자본총계	2,000	1,000	200

	ROE	듀퐁분석		
		당기순이익률 (수익성)	총자산회전율 (효율성)	역의 자기자본비율 (역의 안정성)
회사 A	50%	높음(10%)	높음(4회)	낮음(125%)
회사 B	50%	낮음(1%)	낮음(1회)	매우 높음(5,000%)
회사 C	10%	낮음(1%)	낮음(1회)	높음(1,000%)

ROE 자체만으로 좋은 회사인지 여부를 판단하는 경우에 어떠한 오류가 발생할 수 있는지에 대해 살펴보자.

예를 들어, 3개의 회사를 비교하여 누가 더 좋은 회사인지 여부를 분석하고 있는데, 회사 A와 회사 B의 ROE는 50%로 동일하고, 회사 C의 ROE는 10%라고 가정해 보자.

A와 B 듀퐁분석(Dupont Analysis)을 통해, ROE가 모두 50%로 동일한 회사 A와 회사 B를 비교해 보자.
- 수익성 관점에서, 회사 A가 회사 B보다 당기순이익률이 10배 좋다.
- 효율성 관점에서도, 회사 A가 회사 B보다 총자산 회전율이 4배 좋다.
- 안정성 관점에서도, 회사 A는 회사 B보다 채무불이행의 위험이 낮다(= 안정성이 40배 좋다).
- 듀퐁분석을 통해 분해해 본 결과, 두 회사의 ROE가 모두 50%로 주주입장에서는 두 회사가 동일하게 보일 수 있지만, 채권자와 같은 이해관계자들에게는 회사 A가 회사 B보다 더 좋은 회사라고 해석될 수 있다.

B와 C 그러면, ROE가 상이한 회사 B와 회사 C를 듀퐁분석(Dupont Analysis)을 통해 비교해 보자.
- 수익성 관점에서, 회사 B와 회사 C의 당기순이익률은 같다.
- 효율성 관점에서도, 회사 B와 회사 C의 총자산 회전율은 같다.
- 하지만, 안정성 관점에서 회사 B가 회사 C보다 채무불이행의 위험이 높다(= 안정성이 5배 나쁘다).
- 듀퐁분석을 통해 분해해 본 결과, ROE가 높은 회사 B(50%)가 ROE가 낮은 회사 C(10%)보다 채권자를 포함한 모든 이해관계자들에게 더 좋은 회사라고는 말할 수 없다.

결론 따라서, ROE는 반드시 분해하여 분석한 후에 좋은 회사인지 여부를 판단해야 한다.

I. 재무회계(Financial Accounting)

1 재무비율분석(Financial Ratio Analysis)

1) 분석대상과 해석방법
2) 4개 지표 상세분석
3) ROA와 ROE
4) 효율성 관리
5) 분석사례

2 추정 재무제표의 작성(Pro Forma Financial Statements)

1) 회계원칙
2) 추정 손익계산서와 재무상태표
3) 현금흐름표

(1) 효율성 관리

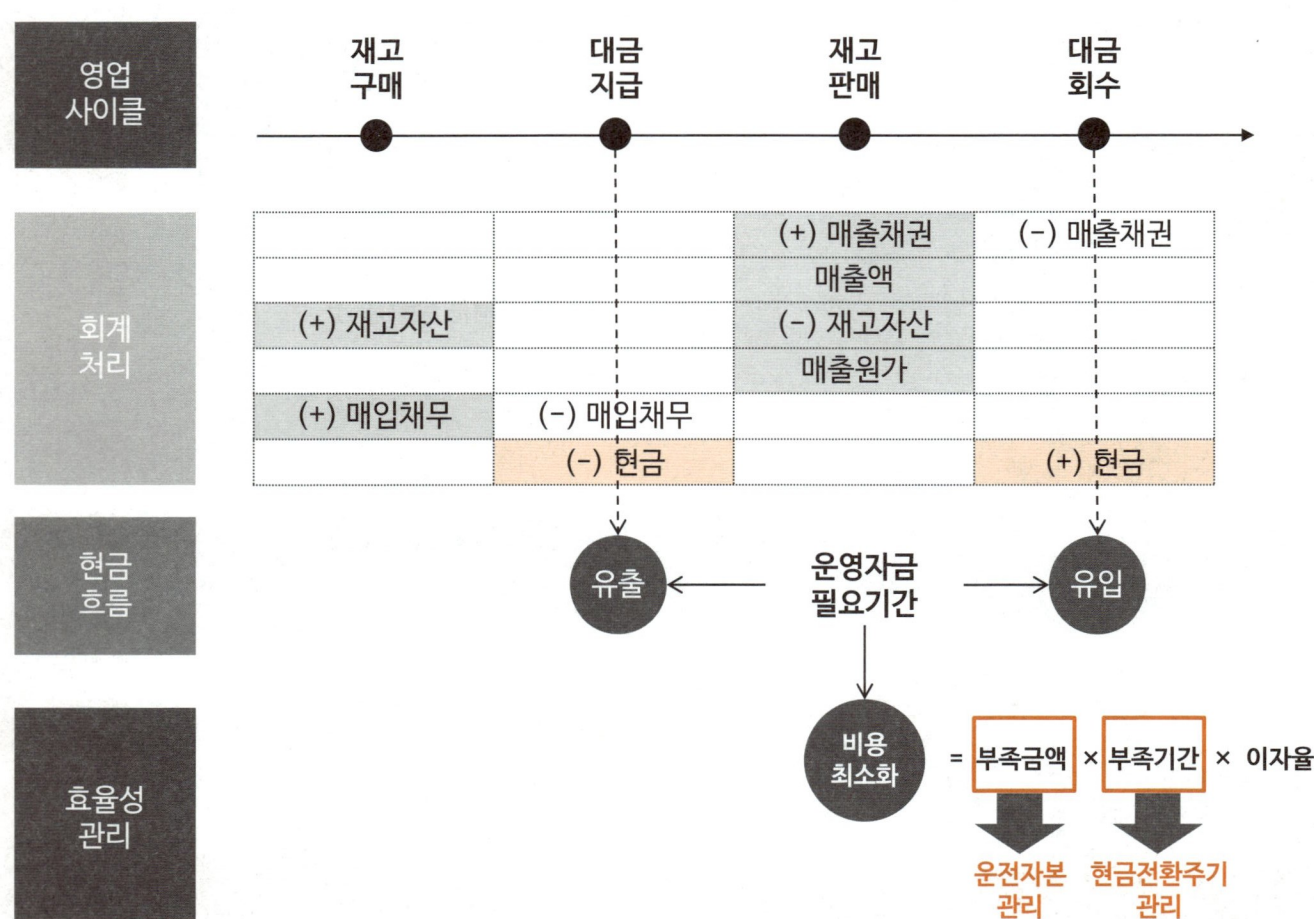

영업사이클   영업사이클(Operating Cycle)은 '영업순환주기'라고도 하며, 정상적인 영업활동을 시작하여 종료하기까지의 주기를 말한다. 즉, 정상적인 영업활동을 수행하는 과정에서 재고자산을 구매한 후 대금을 지급하고, 그 재고자산을 판매하여 대금을 회수하기까지 걸리는 총 기간을 의미한다.

필요자금   이러한 영업사이클은 일반적으로 재고구매, 대금지급, 재고판매 및 대금회수의 순서로 이루어지며, 먼저 구매대금을 지급하고 나중에 이윤을 더해 판매대금을 회수하게 된다. 따라서, 구매대금의 지급 시점부터 판매대금의 회수 시점까지는 일정 운영자금을 필요로 하게 되는데, 이러한 운영자금을 여유자금의 유무에 따라 다음과 같이 부른다.

- 여유자금이 없는 경우, 운영자금으로 사용하기 위해 추가로 조달해야 하는 부족금액
- 여유자금이 있는 경우, 운영자금으로 사용하기 위해 다른 용도로 사용할 수 없게 되는 잠김금액

효율성 관리   효율성 관리란, 이러한 운영자금과 관련하여 발생하는 비용을 최소화하는 활동을 말하며, 그 비용이란 여유자금의 유무에 따라 다음과 같이 정의된다.

- 여유자금이 없는 경우, 자금의 부족으로 인해 조달한 차입금에 대한 이자비용
- 여유자금이 있는 경우, 자금의 잠김으로 인해 다른 투자기회를 상실한 것에 대한 기회비용

이 책에서는 여유자금이 없는 경우를 가정하여 차입금에 대한 이자비용을 기준으로 설명하며, 이러한 이자비용은 '부족금액 × 부족기간 × 이자율'로 계산된다. 따라서, 이러한 비용을 최소화하기 위한 효율성 관리활동에는 다음과 같이 2가지 방법이 존재한다.

- **부족금액의 최소화: 금액을 관리하는 운전자본관리**
- **부족기간의 최소화: 기간을 관리하는 현금전환주기관리**

그러면   우선, '부족금액' 관점에서 관리하는 운전자본에 대해 살펴보자.

(1) 효율성 관리

① 금액: 운전자본관리

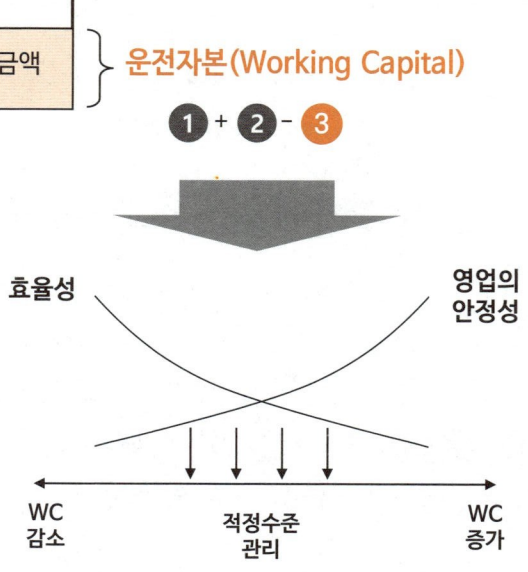

운영자금과 관련하여 발생하는 이자비용을 최소화하기 위한 그 효율성 관리방법 중에서 '부족금액' 관점에서 관리하는 활동을 '운전자본관리'라고 한다.

운전자본 운전자본(WC: Working Capital)이란 회사가 정상적인 영업활동을 수행함에 있어서 일정 시점에 필요로 하는 운영자금의 규모를 말한다. 구체적으로, 회사의 정상적인 영업활동과 관련하여 사용되는 계정과목은 재고자산, 매출채권 및 매입채무가 있는데, 이를 통해 운영자금의 규모를 다음과 같이 설명할 수 있다.

- 미리 구매한 재고자산만큼 운영자금이 필요하고, (+ 재고자산)
- 아직 회수하지 못한 매출채권만큼 운영자금이 더 필요하다. (+ 매출채권)
- 그러나, 다행히 아직 지급하지 않은 매입채무만큼은 여유가 있다. (- 매입채무)

이론적으로 운전자본(WC)에 대한 많은 정의가 존재하지만, 이 책에서는 정상적인 영업활동을 수행함에 있어서 일정 시점에 필요로 하는 운전자본(WC)을 '① 재고자산 + ② 매출채권 - ③ 매입채무'로 정의한다.

관리방법 이자비용을 최소화하는 효율성 관점에서만 본다면 운전자본(WC)을 최소화하는 것이 바람직하지만, 다음과 같은 영업의 안정성을 고려할 때 그 운전자본(WC)의 최소화는 영업위험을 증가시킨다.

- 보유하고 있는 재고수량의 감소로, 적시에 고객에게 공급하지 못할 위험
- 매출채권을 감소시키기 위한 매출채권 회수기간의 단축으로, 고객과의 관계가 악화될 위험
- 매입채무를 증가시키기 위한 매입채무 지급기간의 연장으로, 공급자와의 관계가 악화될 위험

또한, 회사 규모의 변동에 따라 운전자본(WC)의 규모도 달라지므로 절대금액 기준으로 운전자본(WC)을 관리할 수도 없다. 따라서, 운전자본(WC)은 효율성과 영업의 안정성을 동시에 고려하여 최소화가 아닌 적정 수준으로 관리해야 한다.

그러면 다음으로 '부족기간' 관점에서 관리하는 현금전환주기에 대해 살펴보자.

(1) 효율성 관리

② 기간: 현금전환주기관리

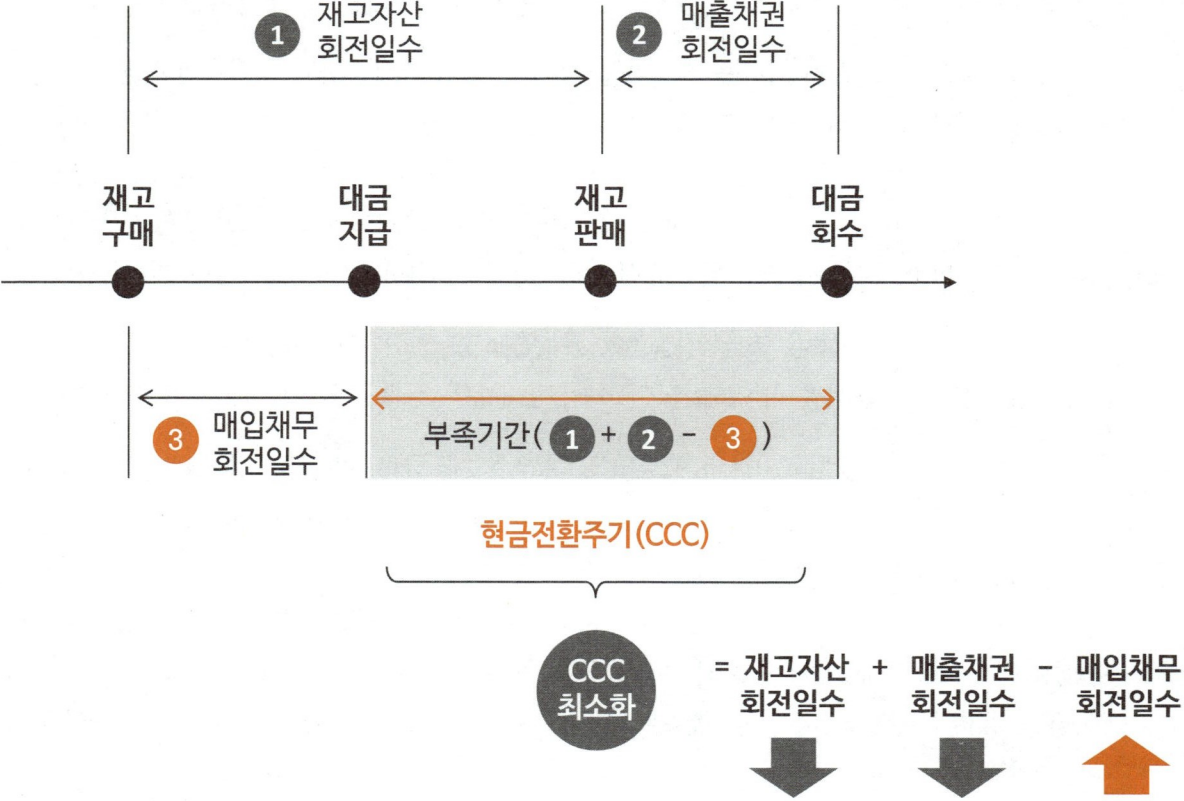

운영자금과 관련하여 발생하는 이자비용을 최소화하기 위한 효율성 관리방법 중에서 '부족기간' 관점에서 관리하는 활동을 '현금전환주기관리'라고 한다.

현금전환주기 현금전환주기(CCC: Cash Conversion Cycle)란 회사가 정상적인 영업활동을 수행함에 있어서 일정 운영자금을 필요로 하는 기간을 말하는데, 이는 구매대금을 지급하고 판매대금을 회수하기까지 걸리는 기간을 의미한다. 구체적으로, 현금전환주기(CCC)는 효율성 지표 중에서 기간개념의 상세지표들을 활용하여 '① 재고자산 회전일수 + ② 매출채권 회전일수 - ③ 매입채무 회전일수'로 정의할 수 있는데, 이는 영업사이클(재고자산 회전일수 + 매출채권 회전일수)에서 매입채무 회전일수를 차감한 기간과 일치한다.

예를 들어, 재고자산 회전일수가 40일, 매출채권 회전일수가 30일, 그리고 매입채무 회전일수가 20일이면, 일정 운영자금을 필요로 하는 기간은 40일 + 30일 - 20일 = 50일이 된다. 이는 여유자금이 없는 경우에 차입을 통해 자금을 조달해야 하는 기간을 말한다.

관리방법 이자비용을 최소화하는 효율성 관점에서 보면, 현금전환주기(CCC)를 최소화하여야 하는데, 그 구성요소별 실행방법은 다음과 같다.
- **재고자산 회전일수**: 재고 부족에 따른 기회손실이 발생하지 않는 범위 내에 보유기간을 줄인다. 예를 들면, 구매절차를 개선하여 주문을 받은 후에 재고자산을 즉시 조달한다.
- **매출채권 회전일수**: 고객과의 관계를 악화시키지 않는 범위 내에 회수기간을 줄인다. 예를 들어, 고객과의 협의를 통해 외상기간을 30일에서 15일로 단축시킨다.
- **매입채무 회전일수**: 공급자와의 관계를 악화시키지 않는 범위 내에 지급기간을 늘린다. 예를 들어, 공급자와의 협의를 통해 외상기간을 20일에서 40일로 연장한다.

그러면 운전자본(WC)과 현금전환주기(CCC) 중에서 무엇으로 효율성을 관리해야 하는가?

(1) 효율성 관리

③ 효율성 관리지표

효율성 관리지표

운영자금과 관련한 이자비용의 최소화 = 금액 × 기간 × 이자율

금액관리

재고자산	매출채권
매입채무	**운전자본(WC)**

→ 적정 수준

기간관리

재고자산 회전일수	매출채권 회전일수
매입채무 회전일수	**현금전환주기(CCC)**

→ 최소화

효율성과 관련한 지표는, 좋은 회사인지 여부를 파악하는 '분석지표'와 좋은 회사를 만들기 위한 '관리지표'로 구분된다.

분석지표 효율성 관점에서 좋은 회사인지 여부를 파악하기 위해서, 다음과 같은 3개의 분석지표를 개별적으로 다루었다.
- 재고자산 회전율 및 재고자산 회전일수
- 매출채권 회전율 및 매출채권 회전일수
- 매입채무 회전율 및 매입채무 회전일수

관리지표 이렇게 개별적으로 다루는 분석지표와는 달리, 관리지표는 하나의 목표를 세워서 종합적인 지표로 관리하는 것이 효율적일 뿐만 아니라 효과적이다. 이는 재고구매, 대금지급, 재고판매 및 대금회수와 같은 정상적인 영업활동의 전 과정이 상호 긴밀하게 연관되어 있기 때문이다. 따라서, 효율성 관리는 운영자금과 관련하여 발생하는 이자비용의 최소화라고 하는 하나의 목표를 세우고, 그 목표를 달성하기 위하여 재고자산, 매출채권 및 매입채무와 관련한 모든 개별 지표를 포괄하고 있는 다음과 같은 종합지표로 관리해야 한다.

- **금액을 관리하는 운전자본관리**

  영업의 안정성도 고려할 때, 운전자본(WC)은 최소화가 아니라 적정 수준으로 관리한다.

- **기간을 관리하는 현금전환주기관리**

  정상적인 영업활동에 지장이 없는 범위 내에서 현금전환주기(CCC)를 최소화한다. 여기에서 현금전환주기(CCC)의 최소화란, 매출액 또는 매출원가에 대비해서 운전자본(WC)을 상대적으로 최소화하여 관리하자는 것을 말한다. 따라서, 이러한 현금전환주기(CCC)의 최소화는 매출액 또는 매출원가와 같은 회사의 규모를 반영하므로, 효율성뿐만 아니라 영업의 안정성이 동시에 고려되어 운전자본(WC)도 적정 수준으로 관리되는 결과를 낳는다.

그러면 투자자와 경영자는 이러한 효율성 지표를 각각 어떻게 활용하는가?

(2) 효율성의 분석과 관리

투자자

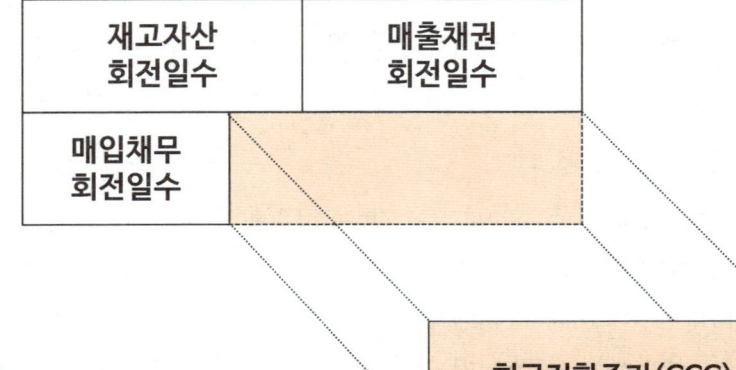

효율성 '분석'

재고자산 회전일수 | 매출채권 회전일수

매입채무 회전일수

현금전환주기(CCC)

효율성 '관리'

경영자

효율성 관점에서 **투자자는 어떻게 분석하고**, 또한 **경영자는 어떻게 관리하는지**에 대해 좀더 자세히 살펴보자.

투자자   투자자는 투자할 만한 가치가 있는 좋은 회사인지 여부를 파악하기 위해서, 성장성, 수익성, 안정성 및 효율성이라는 4가지 관점에서 분석한다. 그 중에 효율성 관점에서 투자자는 다음과 같은 3개의 지표를 개별적으로 분석하는데, 이를 **효율성 분석**이라고 한다.
- 재고자산 회전일수를 통해, **재고자산을 며칠 동안 보유하고 있는지?**
- 매출채권 회전일수를 통해, **매출채권을 회수되는 데에 며칠이 걸리는지?**
- 매입채무 회전일수를 통해, **매입채무를 며칠 후에 지급하는지?**

경영자   한편, 경영자는 좋은 회사를 만들기 위한 여러 관리 방안 중에서, 수익성을 극대화하기 위한 목표달성관리(PDCA)를 수행하고, 또한 운영자금과 관련한 비용을 최소화하기 위해 효율성을 관리한다. 그중에 효율성 관점에서 경영자는 다음과 같은 2단계 절차를 취하는데, 이를 **효율성 관리**라고 한다.

일차적으로, 운영자금과 관련한 이자비용이 최소화되는지 여부를 나타내는 **현금전환주기(CCC)가 목표대로 최소화되어 관리되고 있는지** 여부를 확인한다. 그 다음으로 재고자산, 매출채권 및 매입채무와 관련한 **개별 분석지표를 통해 다음과 같이 그 차이의 원인과 개선사항을 파악**한다.
- 재고자산 회전일수를 통해, **과도한 안전재고를 보유하고 있지는 않는지?**
- 매출채권 회전일수를 통해, **거래처의 연체 등과 같은 문제가 있지는 않는지?**
- 매입채무 회전일수를 통해, **불리한 조건의 또는 비정상적인 구매계약이 있지는 않는지?**

즉, 경영자는 운전자본(WC)이라는 금액 개념으로 효율성을 관리하는 것이 아니다. 대신에 현금전환주기(CCC)라는 기간 개념으로 효율성을 관리한 후, 그 차이의 원인 및 개선사항을 파악하기 위해 재고자산 회전일수, 매출채권 회전일수 및 매입채무 회전일수와 같은 개별 분석지표를 활용하는 것이다.

Ⅰ. 재무회계(Financial Accounting)

1 재무비율분석(Financial Ratio Analysis)

1) 분석대상과 해석방법
2) 4개 지표 상세분석
3) ROA와 ROE
4) 효율성 관리
5) 분석사례

2 추정 재무제표의 작성(Pro Forma Financial Statements)

1) 회계원칙
2) 추정 손익계산서와 재무상태표
3) 현금흐름표

(1) 예시 재무제표와 답안 양식

손익계산서(I/S)

항목	Y0	Y1
매출액	10,000	30,000
매출원가	(4,000)	(15,000)
매출총이익	6,000	15,000
판매비와 관리비	(2,500)	(8,500)
• 감가상각비	(1,000)	(1,500)
• 기타 판매관리비	(1,500)	(7,000)
영업이익	3,500	6,500
이자비용	(1,000)	(500)
당기순이익	2,500	6,000

재무상태표(B/S)

항목	Y0	Y1
1. 유동자산	12,000	15,000
• 현금	8,000	9,000
• 매출채권	1,500	4,000
• 재고자산	2,500	2,000
2. 비유동자산	4,000	4,000
• 유형자산	5,000	6,500
• 감가상각누계액	(1,000)	(2,500)
자산총계	16,000	19,000
1. 유동부채	7,000	5,000
• 매입채무	2,000	3,000
• 단기차입금	5,000	2,000
2. 비유동부채	5,000	4,000
• 장기차입금	5,000	4,000
부채총계	12,000	9,000
1. 자본금	1,000	1,000
2. 이익잉여금	3,000	9,000
자본총계	4,000	10,000
부채 및 자본총계	16,000	19,000

현금흐름표(CFS)

항목	Y1
1. 영업활동 현금흐름	6,500
• 당기순이익	6,000
• 감가상각비	1,500
• (−) ⊿운전자본	(1,000)
2. 투자활동 현금흐름	(1,500)
• 현금유출과 유입	(1,500)
3. 재무활동 현금흐름	(4,000)
• 현금유출과 유입	(4,000)
4. 현금의 증감	1,000

(지표값은 반올림해서, 소수 둘째 자리까지 계산)

지표	상세지표	Y1 지표값	단위	좋은 회사의 기준
성장성	매출액증가율			
	영업이익증가율			
	당기순이익증가율			
	총자산증가율			
수익성	매출총이익률			
	영업이익률			
	당기순이익률			
안정성	이자보상배율			
	유동비율			
	부채비율			
	자기자본비율			
	현금흐름의 부호			
효율성	매출채권 회전율			
	재고자산 회전율			
	매입채무 회전율			
	매출채권 회전일수			
	재고자산 회전일수			
	매입채무 회전일수			
ROA와 ROE	ROA			
	ROE			
	듀퐁분석 - 수익성			
	듀퐁분석 - 효율성			
	듀퐁분석 – 역의 안정성			
효율성 관리	운전자본(WC)			
	현금전환주기(CCC)			

(2) 해답과 계산식

지표	상세지표	Y1 지표값	단위	좋은 회사의 기준
성장성	매출액증가율	200	%	높을수록
	영업이익증가율	85.71	%	높을수록
	당기순이익증가율	140	%	높을수록
	총자산증가율	18.75	%	높을수록
수익성	매출총이익률	50	%	높을수록
	영업이익률	21.67	%	높을수록
	당기순이익률	20	%	높을수록
안정성	이자보상배율	13	배	높을수록
	유동비율	300	%	높을수록
	부채비율	90	%	낮을수록
	자기자본비율	52.63	%	높을수록
	현금흐름의 부호	'+ - -'	흐름	+ 영업활동 현금흐름
효율성	매출채권 회전율	10.91	회	많을수록
	재고자산 회전율	6.67	회	많을수록
	매입채무 회전율	6	회	적을수록
	매출채권 회전일수	33.46	일	짧을수록
	재고자산 회전일수	54.72	일	짧을수록
	매입채무 회전일수	60.83	일	길수록
ROA와 ROE	ROA	34.29	%	높을수록
	ROE	85.71	%	높을수록
	듀퐁분석 - 수익성	20	%	높을수록
	듀퐁분석 - 효율성	1.714	회	많을수록
	듀퐁분석 - 역의 안정성	250	%	낮을수록
효율성 관리	운전자본(WC)	3,000	금액	적정 수준
	현금전환주기(CCC)	27.35	일	짧을수록

지표	상세지표	계산식
성장성	매출액증가율	= {(30,000 - 10,000) ÷ 10,000} x 100
	영업이익증가율	= {(6,500 - 3,500) ÷ 3,500} x 100
	당기순이익증가율	= {(6,000 - 2,500) ÷ 2,500} x 100
	총자산증가율	= {(19,000 - 16,000) ÷ 16,000} x 100
수익성	매출총이익률	= (15,000 ÷ 30,000) x 100
	영업이익률	= (6,500 ÷ 30,000) x 100
	당기순이익률	= (6,000 ÷ 30,000) x 100
안정성	이자보상배율	= 6,500 ÷ 500
	유동비율	= (15,000 ÷ 5,000) x 100
	부채비율	= (9,000 ÷ 10,000) x 100
	자기자본비율	= (10,000 ÷ 19,000) x 100
	현금의 흐름	= +6,500, -1,500, -4,000
효율성	매출채권 회전율	= 30,000 ÷ {(1,500 + 4,000) ÷ 2}
	재고자산 회전율	= 15,000 ÷ {(2,500 + 2,000) ÷ 2}
	매입채무 회전율	= 15,000 ÷ {(2,000 + 3,000) ÷ 2}
	매출채권 회전일수	= 365 ÷ 매출채권 회전율(10.91)
	재고자산 회전일수	= 365 ÷ 재고자산 회전율(6.67)
	매입채무 회전일수	= 365 ÷ 매입채무 회전율(6)
ROA와 ROE	ROA	= [6,000 ÷ {(16,000 + 19,000) ÷ 2}] x 100
	ROE	= [6,000 ÷ {(4,000 + 10,000) ÷ 2}] x 100
	듀퐁분석 - 수익성	= (6,000 ÷ 30,000) x 100
	듀퐁분석 - 효율성	= 30,000 ÷ {(16,000 + 19,000) ÷ 2}
	듀퐁분석 - 역의 안정성	= [{(16,000 + 19,000) ÷ 2} ÷ {(4,000 + 10,000) ÷ 2}] x 100
효율성 관리	운전자본(WC)	= 4,000 + 2,000 - 3,000
	현금전환주기(CCC)	= 33.46(매출채권) + 54.72(재고자산) - 60.83(매입채무)

I. 재무회계(Financial Accounting)

1 재무비율분석(Financial Ratio Analysis)

1) 분석대상과 해석방법
2) 4개 지표 상세분석
3) ROA와 ROE
4) 효율성 관리
5) 분석사례

2 추정 재무제표의 작성(Pro Forma Financial Statements)

1) 회계원칙
2) 추정 손익계산서와 재무상태표
3) 현금흐름표

(1) 회계원칙의 체계

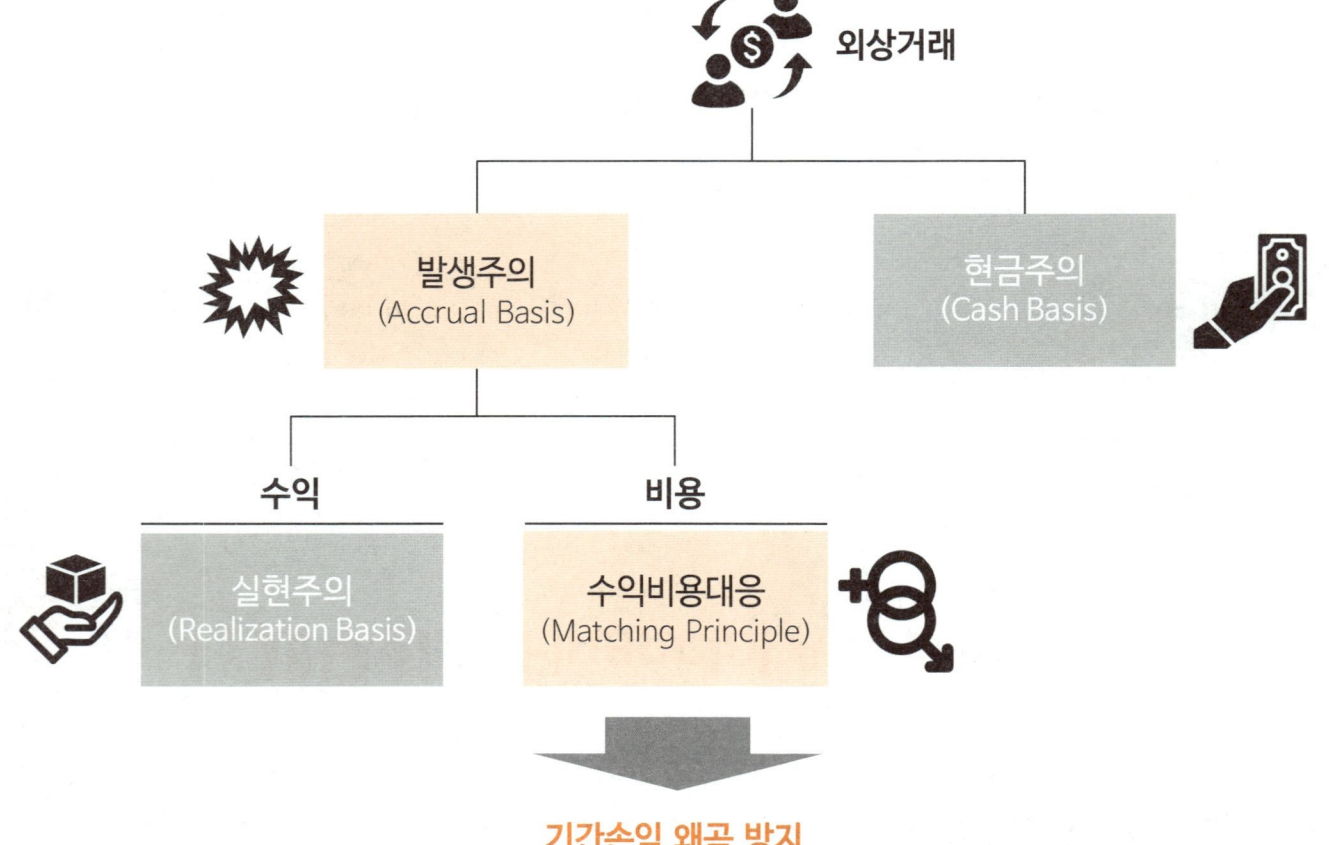

회계원칙   미래에 대한 재무제표는 경제적 사건을 직접 인식하고 기록하여 작성하는 것이 아니라, 계정과목 간의 관계를 통해 그 금액을 추정하여 작성하는 것이다. 따라서, 이러한 계정과목 간의 관계를 이해하기 위해서는 경제적 사건이 언제 그리고 어떻게 인식되는지에 대한 기본적인 회계원칙(Accounting Principle)을 알아야 한다. 그렇다고, 국제적으로 통용되는 IFRS(International Financial Reporting Standards)와 같은 기업회계기준까지 알 필요는 없다.

경제적 사건을 언제 그리고 어떻게 인식할 것인가에 대한 회계원칙의 종류 및 그 체계는 다음과 같다.
- 1차 회계원칙: 발생주의(Accrual Basis)와 현금주의(Cash Basis)
- 2차 회계원칙: 실현주의(Realization Basis)와 수익비용대응의 원칙(Matching Principles)

채택원칙   상거래에서는 현금거래보다는 외상거래가 일반적인데, 현행 회계는 이러한 외상거래에 대해 기간손익의 왜곡을 방지하고 연도별 경영성과를 합리적으로 표시하기 위하여,
- **1차적으로 '발생주의'를 채택하고,**
- **2차적으로 수익은 '실현주의'에 의해, 비용은 '수익비용대응의 원칙'에 의해 인식한다.**

1차 회계원칙으로서 현금주의에 의해 경제적 사건을 인식하면, 현금거래 및 외상거래와 같은 거래조건에 따라 연도별 경영성과가 달라지게 된다. 따라서, 이러한 기간손익의 왜곡을 방지하고 연도별 경영성과를 합리적으로 표시하기 위하여 1차 회계원칙으로 경제적 사건이 발생한 기간에 수익과 비용을 인식하는 발생주의를 채택하게 되었다. 그러나, 발생주의에 의할 경우, 경제적 사건이 발생했다고 하는 기간을 측정하는 것이 매우 주관적이게 된다. 따라서, 발생주의 체계 내에서 수익과 비용을 인식하는 기간을 2차 회계원칙으로 구체화하게 되었다. 이에 수익은 실현주의에 의해, 비용은 수익비용대응의 원칙에 의해 인식한다. 여기서 실현주의는 수익이 실현되었을 때 비로소 수익을 인식하는 것으로, 그 실현이란 판매기준 또는 진행기준 등과 같은 것을 말한다.

그러면   1차 회계원칙으로서 발생주의(Accrual Basis)에 대해 살펴보자.

(2) 발생주의(Accrual Basis)

① 현금주의와 발생주의의 개념

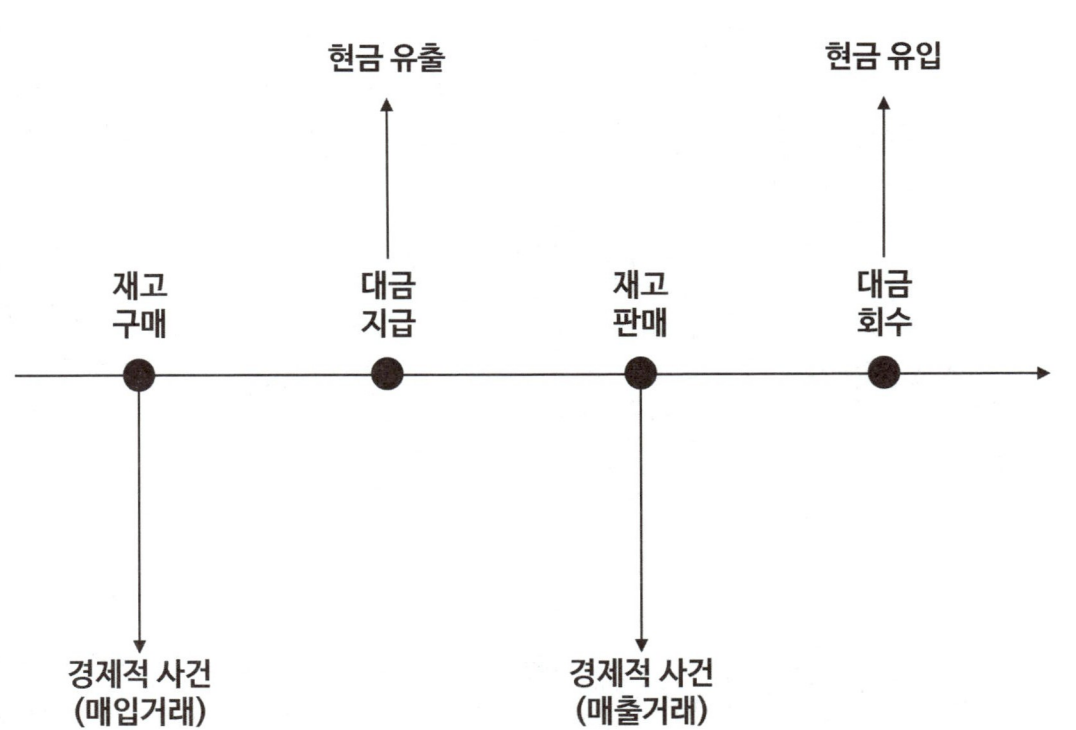

1차 회계원칙에는 발생주의(Accrual Basis)와 현금주의(Cash Basis)가 있는데, 현행 회계에서는 발생주의(Accrual Basis)를 채택하고 있다.

현금주의 현금주의(Cash Basis)란 어떠한 경제적 사건을 현금이 회수되거나 지급되는 기간에 인식하는 것을 말한다. 즉, 돈이 들어오는 기간에 수익을 인식하고, 돈이 나가는 기간에 비용을 인식한다는 것이다.

발생주의 반면에 발생주의(Accrual Basis)란 현금주의와 상반된 개념으로, 어떠한 경제적 사건이 발생한 기간에 수익과 비용을 인식하는 것을 말한다. 즉, 돈이 실제 들어오고 나가는 것과는 무관하게, 돈을 들어오게 하는 어떠한 경제적 사건이 발생하는 기간에 수익을 인식하고, 돈을 나가게 하는 어떠한 경제적 사건이 발생하는 기간에 비용을 인식한다는 것이다.

비교 회사의 정상적인 영업활동 과정은 먼저 재고자산을 구매한 후에 구매대금을 지급하고, 그 재고자산에 이윤을 더하여 판매한 후에 그 판매대금을 회수하는 순으로 이루어진다.

우선, 현금주의에 의하면,
- 현금이 유출되는 대금지급 시점에 비용을 인식하고,
- 현금이 유입되는 대금회수 시점에 수익을 인식한다.

반면에, 발생주의에 의하면,
- 현금의 유출과는 무관하게, 경제적 사건(매입거래)이 발생하는 재고구매 시점에 비용을 인식하고,
- 현금의 유입과는 무관하게, 경제적 사건(매출거래)이 발생하는 재고판매 시점에 수익을 인식한다.

이러한 발생주의는 현금거래 또는 외상거래와 같은 거래조건에 따라 연도별 경영성과가 달라지지 않게 하는 것을 그 목적으로 한다.

그러면 현금주의와 발생주의의 차이를 구체적인 사례를 통해 알아보자.

(2) 발생주의(Accrual Basis)

② 사례: 외상거래

구분	금액	영업사이클 Y0	영업사이클 Y1	항목	현금주의 Y0	현금주의 Y1	발생주의 Y0	발생주의 Y1
매출	1,000	판매	회수	매출액	-	1,000	1,000	-
매입	(300)	구매 → 지급 → 판매		매출원가	(300)	-	(300)	-
기타비용	(200)	청구	지급	판매관리비	-	(200)	(200)	-
이익	**500**			**영업이익**	**(300)**	**800**	**500**	**-**

기간손익 왜곡 (현금주의 Y0, Y1)

Y0에 재고자산을 구매한 후에 대금을 지급하고 판매까지 하였으며, Y1에는 그 판매대금을 회수하였다. 그리고, 기타비용은 Y0에 청구되어 Y1에 지급하였다고 가정하자.

현금주의 현금주의에 의할 경우, 다음과 같이 연도별 경영성과가 왜곡되어 표시된다.
- Y0에 지급한 구매대금 (300)을 비용으로 인식하고,
- Y1에 회수한 판매대금 1,000을 수익으로, 지급한 기타비용 (200)을 비용으로 인식한다.
- 결과, Y0의 손실 (300)과 Y1의 이익 800은 경영성과가 아니라 현금의 유출과 유입을 나타내는 자금수지이다.

발생주의 반면에 발생주의에 의할 경우에는, 다음과 같이 연도별 경영성과가 합리적으로 표시된다.
- Y0에 판매한 1,000을 수익으로, 판매된 재고 (300) 및 청구된 기타비용 (200)을 비용으로 인식하고,
- Y1에는 대금의 회수와 지급만 존재하므로 수익과 비용을 인식하지 않는다.
- 결과, Y0의 이익 500과 Y1의 손익 0이 경영성과로 표시되는데, 이는 현금거래 또는 외상거래와 같은 거래조건에 따라 달라지지 않는다.

위의 사례와 같이, 재고구매 및 재고판매와 같은 '경제적 사건의 발생'과 대금지급 및 대금회수와 같은 '현금의 유출과 유입' 간에는 상당한 시점 차이가 존재한다. 따라서, 발생주의에 의한 손익계산서상의 손익과 현금주의에 의한 현금흐름표상의 현금증감은 서로 일치하지 않는 것이 일반적이다.

그러면 2차 회계원칙으로서 수익비용대응의 원칙(Matching Principle)에 대해 살펴보자.

(3) 수익비용대응의 원칙(Matching Principle)

① 수익비용대응의 개념

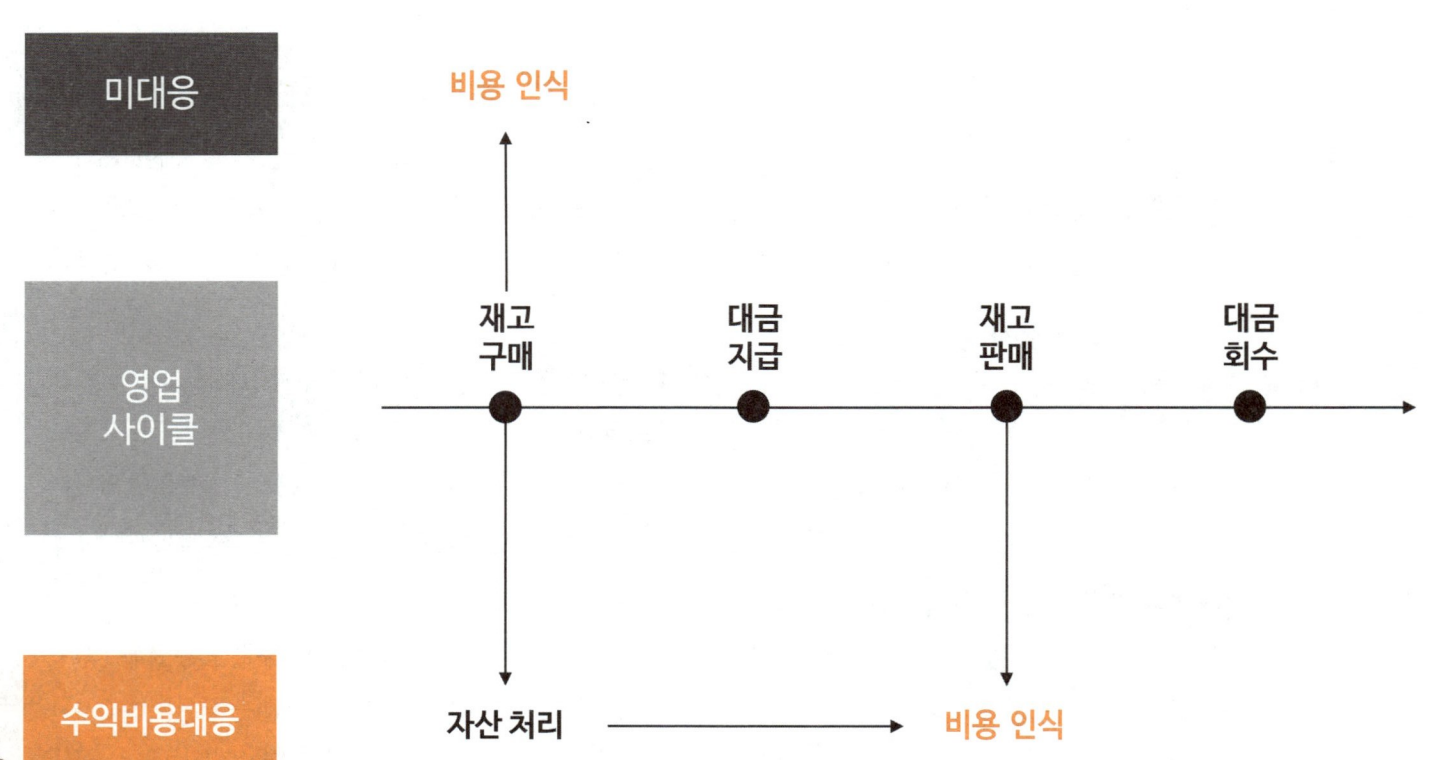

현행 회계는 발생주의(Accrual Basis)를 채택하여 수익과 비용을 인식하는 기간을 정의하였다. 특히, 그 비용을 언제 그리고 어떻게 인식해야 하는가에 대해서는 수익비용대응의 원칙(Matching Principle)으로 구체화하였다.

대응 수익비용대응의 원칙(Matching Principle)이란, 비용을 그 비용이 기여하여 창출된 수익과 동일한 기간에 인식하는 것을 말하며, 그 대표적인 회계처리의 유형은 다음과 같다.
- 구매원가를 '재고자산'으로 이연처리한 후, 판매 시점에 '매출원가'로 인식
- 취득원가를 '유형자산'으로 이연처리한 후, 경제적 내용연수 동안에 '감가상각비'로 인식

미대응 반면에 수익과 비용이 대응되지 않는 경우에는, 관련 수익이 발생하는 기간과는 무관하게 돈을 나가게 하는 어떠한 경제적 사건이 발생한 기간에 비용을 인식한다.

비교 회사의 정상적인 영업활동 과정은 먼저 재고자산을 구매한 후에 구매대금을 지급하고, 그 재고자산에 이윤을 더하여 판매한 후에 그 판매대금을 회수하는 순으로 이루어진다.

우선, 수익과 비용이 대응되지 않는 경우에는,
- 경제적 사건(매입거래)이 발생하는 재고구매 시점에 비용을 인식하고,
- 관련 수익이 발생하는 재고판매 시점에는 수익만을 인식한다.

반면에, 수익비용대응의 원칙에 의하면,
- 구매 시점에는 자산으로 이연처리하고,
- 관련 수익이 발생하는 재고판매 시점에 수익과 함께 이연처리된 자산을 비용으로 인식한다.

이러한 수익비용대응의 원칙은, 구매 시점과 판매 시점의 상당한 시점 차이가 존재하는 경우에 기간손익을 합리적으로 표시하는 것을 그 목적으로 한다.

그러면 수익비용대응의 원칙을 구체적인 사례를 통해 알아보자.

(3) 수익비용대응의 원칙(Matching Principle)

② 사례: 재고자산과 매출원가

구분	금액	영업사이클		항목	I/S(손익계산서)			
		Y0	Y1		미대응		수익비용대응	
					Y0	Y1	Y0	Y1
매출	1,000		판매 → 회수	매출액	-	1,000	-	1,000
매입	(300)	구매 → 지급	판매	매출원가	(300)	-	-	(300)
이익	**700**			**영업이익**	(300)	1,000	-	700

기간손익 왜곡

우선, 수익비용대응의 원칙 중에서 '재고자산과 매출원가'에 대해 살펴보자.

자산처리 회사의 정상적인 영업활동은 일반적으로 재고구매, 대금지급, 재고판매 및 대금회수의 순서로 이루어지는데, 그 재고구매와 재고판매 간에는 상당한 시점 차이가 존재한다. 따라서, 구매원가를 그 재고가 기여하여 창출된 수익과 동일한 기간에 비용으로 인식하기 위해서, 구매 시점에는 그 구매원가를 일단 재고자산으로 처리하고, 이후 판매 시점에 그 자산처리된 구매원가를 비용으로 인식한다.

사례 Y0에 재고자산을 구매한 후 대금까지 지급하였고, Y1에 그 재고자산을 판매하고 대금까지 회수하였다고 가정하자.

수익비용이 대응되지 않을 경우, 다음과 같이 연도별 경영성과가 왜곡되어 표시된다.
- 수익창출에 기여하는 기간을 고려하지 않고, 구매한 시점인 Y0에 구매원가 (300)을 비용으로 인식하고,
- Y1에는 판매한 1,000을 수익으로 인식한다.
- 결과, Y0에는 손실 (300)이, Y1에는 이익 1,000이 경영성과로 표시된다.

반면에 수익비용이 대응되는 경우에는, 다음과 같이 연도별 경영성과가 합리적으로 표시된다.
- 수익창출에 기여하는 시점까지 구매원가 300을 재고자산으로 처리하고,
- Y1에 재고자산 (300)을 수익 1,000과 함께 비용으로 인식한다.
- 결과, Y0에는 손익이 없으며, Y1에는 이익 700이 경영성과로 표시된다.

그러면 2차 회계원칙으로서 수익비용대응의 원칙 중에서 '유형자산과 감가상각비'에 대해 살펴보자.

(3) 수익비용대응의 원칙(Matching Principle)

③ 사례: 유형자산과 감가상각비

영업사이클						I/S (손익계산서)						
구분	금액	Y0	Y1	Y2	항목	미대응			수익비용대응		
						Y0	Y1	Y2	Y0	Y1	Y2
매출	500 500		판매/회수	판매/회수	매출액	-	500	500	-	500	500
취득	(400)	취득/지급	감가상각	감가상각	매출원가 /판매관리비	(400)	-	-	-	-	-
						-	-	-	-	(200)	(200)
이익	**600**				**영업이익**	**(400)**	**500**	**500**	**-**	**300**	**300**

기간손익 왜곡

B/S	Y0	Y1	Y2
취득원가	400	400	400
감가상각누계액	-	(200)	(400)
유형자산	400	200	-

이번에는 수익비용대응의 원칙 중에서 '유형자산과 감가상각비'에 대해 살펴보자.

자산처리 커피전문점을 개업하면서 고가의 커피머신을 취득했다고 가정하자.
- 1년만 사용할 수 있는 커피머신을 취득한 경우, 그 취득원가를 모두 취득연도의 비용으로 인식한다. 이는 해당 커피머신의 가치가 취득연도의 수익을 창출하는 데에 모두 사용된다고 보기 때문이다.
- 2년 동안 사용할 수 있는 커피머신을 취득한 경우, 그 취득원가를 2년에 걸쳐서 비용으로 인식한다. 이는 해당 커피머신의 가치가 2년간의 수익을 창출하는 데에 나누어 사용된다고 보기 때문이다. 따라서, 그 취득원가는 취득시점에 일단 유형자산으로 처리하고, 이렇게 자산처리된 취득원가를 감가상각을 통해 관련 수익이 인식되는 2년에 나누어 비용으로 인식한다.

사례 Y0에 취득한 설비는 1년간 설치작업을 하고, 그 후 2년간 수익창출에 기여한다고 본다. 그리고, 관련 수익도 Y1과 Y2에 실제로 발생하였다고 가정하자.

수익비용이 대응되지 않을 경우, 다음과 같이 연도별 경영성과가 왜곡되어 표시된다.
- 수익창출에 기여하는 기간을 고려하지 않고, 취득시점인 Y0에 취득원가 (400)을 모두 비용으로 인식하고,
- Y1과 Y2에는 아무런 비용을 인식하지 않고 500을 각각 수익으로 인식한다.
- 결과, Y0에는 손실 (400)이, Y1과 Y2에는 각각 이익 500이 경영성과로 표시된다.

반면에 수익비용이 대응되는 경우에는, 다음과 같이 연도별 경영성과가 합리적으로 표시된다.
- Y0에는 일단 취득원가 400을 유형자산으로 처리하고,
- Y1과 Y2에는 정액법에 의해 계산된 연도별 감가상각비 (200)을 매년 수익 500과 함께 비용으로 인식한다.
- 결과, Y0에는 손익이 없으며, Y1과 Y2에는 각각 이익 300이 경영성과로 표시된다.

I. 재무회계(Financial Accounting)

1 재무비율분석(Financial Ratio Analysis)

1) 분석대상과 해석방법
2) 4개 지표 상세분석
3) ROA와 ROE
4) 효율성 관리
5) 분석사례

2 추정 재무제표의 작성(Pro Forma Financial Statements)

1) 회계원칙
2) 추정 손익계산서와 재무상태표
3) 현금흐름표

(1) 추정 재무제표 작성의 목적

구분	재무제표	과거	현재	미래1	미래2	미래3
실적 재무제표	I/S	OOO	OOO			
	B/S	OOO	OOO			
	CFS	OOO	OOO			
계획 재무제표	I/S			XXX	XXX	XXX
	B/S			XXX	XXX	XXX
	CFS			XXX	XXX	XXX

- 과거/현재에 대한 재무비율분석
- 향후 전망에 대한 재무비율분석 → **1** 좋은 회사인가?
- 잉여현금흐름(FCF) 도출 → **3** 주식가치는 얼마인가?

우선, 추정 재무제표를 왜 작성해야 하는지에 대해 알아보자.

필요성 투자자는 투자할 만한 가치가 있는 좋은 회사인지 여부를 파악하기 위해서, 성장성, 수익성, 안정성 및 효율성이라는 4가지 관점에서 재무제표를 분석한다. 이러한 분석은 과거와 현재뿐만 아니라, 미래에도 좋은 회사인지 여부를 판단해야 한다. 따라서, 투자자는 과거와 현재에 대한 '실적 재무제표'뿐만 아니라, 향후 전망에 대한 미래의 '계획 재무제표'를 필요로 하게 된다.

2가지 활용 이러한 추정 재무제표는 기본적으로는 좋은 회사인지 여부를 판단하는 향후 전망에 대한 '재무비율분석'에 사용된다. 즉, '좋은 회사인가?'라는 투자자의 질문에 대한 답을 찾는 데에 활용된다.

또한, 추정 재무제표는 Ⅲ. 기업재무에서 현금흐름할인법(DCF Method)에 의해 기업가치를 평가하는 과정에서 반드시 필요로 하는 '잉여현금흐름(FCF)'을 도출하는 데에도 사용된다. 즉, '주식가치는 얼마인가?'라는 투자자의 질문에 대한 답을 찾는 데에도 활용된다.

작성방법 과거와 현재에 대한 실적 재무제표는 회계부서가 기업회계기준에 따라 경제적 사건을 인식하고 기록하여 작성하게 된다. 그러나, 향후 전망에 대한 미래의 계획 재무제표는 미래에 발생할 경제적 사건을 직접 인식하고 기록하여 작성하는 것이 아니라, 계정과목 간의 관계를 통해 그 금액을 추정하여 작성하게 된다.

그러면 추정 재무제표를 작성하기 위해 계정과목 간의 관계에 대해 살펴보자.

(2) 손익계산서와 재무상태표의 관계

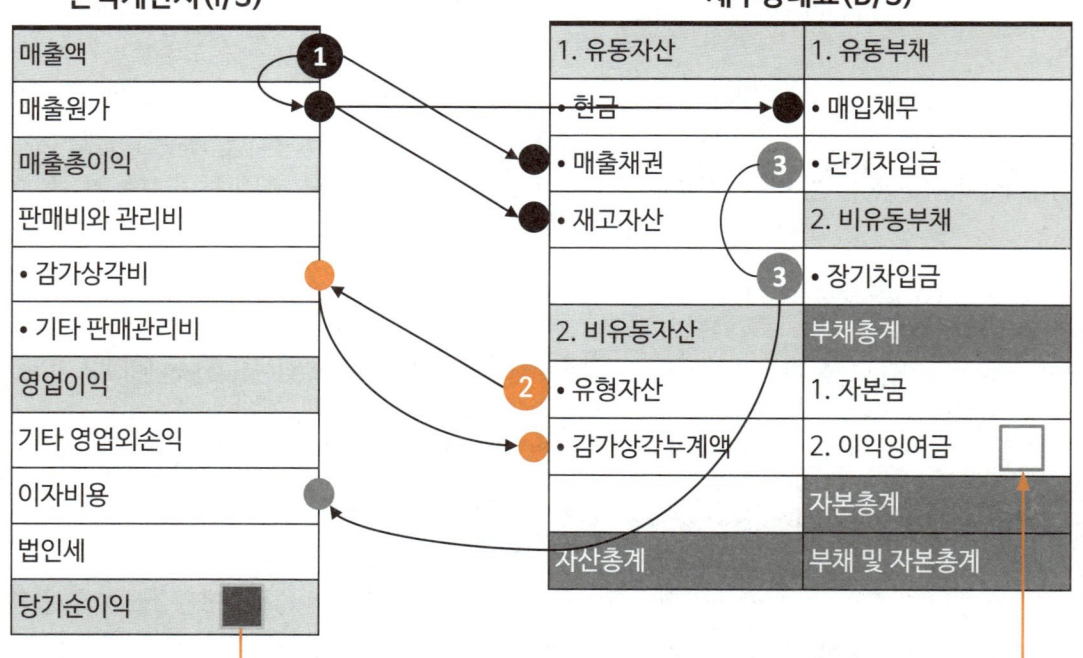

이러한 추정 손익계산서와 재무상태표는 '계정과목 간의 관계'를 이용하여 작성하므로, 이를 위해 먼저 손익계산서와 재무상태표의 관계를 살펴보자.

재무제표 간 배당금의 지급과 같은 이익잉여금의 처분이 없는 한, 손익계산서의 '당기순이익'만큼 재무상태표의 '이익잉여금'이 증가한다. 예를 들어, Y0 시점의 이익잉여금이 1,000이고, 이익잉여금의 처분 없이 Y1의 당기순이익이 400이면, Y1 시점의 이익잉여금은 1,400이 된다.

계정과목 간 손익계산서와 재무상태표를 구성하고 있는 계정과목 간의 관계는 다음의 3가지 활동별로 구분된다.
- **영업활동**: 정상적인 영업활동 또는 주된 수익창출활동 과정에서 발생하는 계정과목
- **투자활동**: 기계 또는 설비와 같은 자산의 취득 및 처분 과정에서 발생하는 계정과목
- **재무활동**: 차입 또는 유상증자와 같은 자금의 조달 및 상환 과정에서 발생하는 계정과목

이러한 3가지 활동별 계정과목 간에는 복식부기원리, 발생주의 및 수익비용대응의 원칙에 따라 다음과 같은 연관관계가 있다.

구분	활동	연관관계	
		From	To
재무제표 간	-	당기순이익	이익잉여금
계정과목 간	영업활동	매출액	매출원가
		매출액	매출채권
		매출원가	재고자산
		매출원가	매입채무
	투자활동	유형자산	감가상각비
	재무활동	장/단기차입금	이자비용

그러면 추정 손익계산서와 재무상태표는 어떤 계정과목부터 작성하는가?

(3) 추정 손익계산서와 재무상태표의 작성 순서

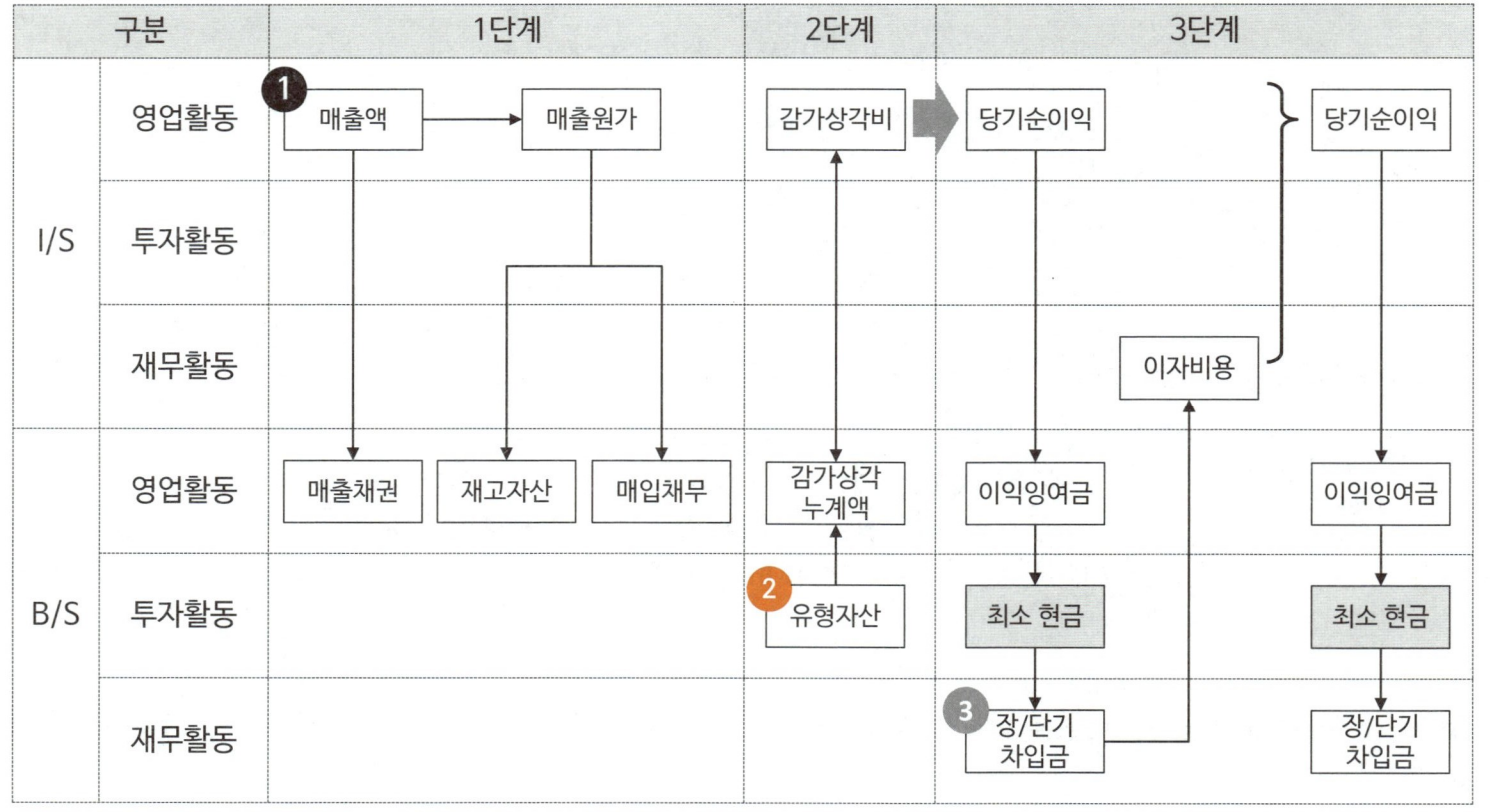

추정 손익계산서와 재무상태표를 만드는 순서는, 우선 계정과목을 영업활동, 투자활동 및 재무활동으로 구분하고, 이를 3단계로 나누어 순차적으로 금액을 추정한다.

1단계 ① 영업활동 계정과목
- I/S → I/S: 매출액에서 매출원가를 추정한다.
- I/S → B/S: 매출액에서 매출채권을 추정한다.
- I/S → B/S: 추정된 매출원가에서 재고자산과 매입채무를 추정한다.

2단계 ② 투자활동 계정과목
- B/S → I/S & B/S: 유형자산에서 감가상각비와 감가상각누계액을 추정한다. 참고로, 유형자산의 증감 자체는 투자활동이지만, 감가상각비의 인식은 수익비용대응의 원칙에 의한 영업활동으로 본다.

3단계 ③ 재무활동 계정과목

[1차 순환]
- I/S → B/S: 추정된 당기순이익에서 이익잉여금을 추정한다.
- B/S → B/S: 운영에 필요한 최소 현금수준을 고려하여 차변과 대변을 일치시켜 장/단기차입금을 추정한다.
- B/S → I/S: 추정된 장/단기차입금이 0보다 클 경우에는 이자비용을 추정하여 2차 순환 과정을 수행한다.

[2차 순환]
- I/S → B/S: 추정된 이자비용으로 인해 수정된 당기순이익에서 다시 이익잉여금을 추정한다.
- B/S → B/S: 운영에 필요한 최소 현금수준을 고려하여 차변과 대변을 일치시켜 장/단기차입금을 추정한다.
- B/S → I/S: 수정된 장/단기차입금에서 다시 이자비용을 추정하며 그 순환을 2~3회 반복한 후에 종료한다.

그러면 각 계정과목의 금액은 어떻게 추정하는가?

(4) 추정 손익계산서와 재무상태표의 금액 추정

단계	활동	From	To	과거비율법	정책기준법
1단계	영업활동	매출액	매출원가	과거 매출원가율(%) (1 - 매출총이익률)	계획 매출원가율(%) (1 - 매출총이익률)
			매출채권	과거 비율(%)	매출채권 회전일수(일)
		매출원가	재고자산	과거 비율(%)	재고자산 회전일수(일)
			매입채무	과거 비율(%)	매입채무 회전일수(일)
2단계	투자활동	유형자산	감가상각비 감가상각누계액	과거 감가상각비율(%)	실제 감가상각계산
3단계	재무활동	이익잉여금	장/단기차입금	운영상 필요한 최소 현금을 고려하여 차액을 장/단기차입금으로 인식	
		장/단기차입금	이자비용	과거 이자비율(%)	계약상 차입이자율(%)

추정 손익계산서와 재무상태표의 금액을 추정하는 방법에는 다음과 같이 2가지가 존재한다.

과거비율법 과거비율법은 연관관계가 있는 계정과목 간의 전년도 비율을 이용하여 계산하는 방법이다.
- 과거의 실적을 기준으로 추정하는 방법으로서,
- 실적에 의하므로 회사의 경영환경 및 정책에 특별한 변화가 없는 한 매우 현실적인 방법이며,
- 계정과목의 연관관계에 대한 이해만으로 간단하게 추정할 수 있으나 그 정교함은 다소 떨어진다.
- 그리고, 외부공시정보만으로 추정할 수 있다.

정책기준법 한편, 정책기준법은 회사의 정책에 따라 계정과목 간의 관계를 고려하여 계산하는 방법이다.
- 목표로 설정한 회사의 정책을 기준으로 추정하는 방법으로서,
- 회사의 경영환경 또는 정책의 변화가 존재하는 경우에 적합한 방법이며,
- 계정과목의 연관관계뿐만 아니라 다음과 같은 계산식에 대한 이해가 필요하므로 복잡하나 비교적 정교하다.
- 그리고, 외부공시정보뿐만 아니라 내부정보도 필요로 한다.

#	정책기준	계산식	참고
1	매출원가율	매출원가 ÷ 매출액	수익성 지표
2	매출채권 회전일수	365일 ÷ (매출액 ÷ 평균매출채권)	효율성 지표
3	재고자산 회전일수	365일 ÷ (매출원가 ÷ 평균재고자산)	효율성 지표
4	매입채무 회전일수	365일 ÷ (매출원가 ÷ 평균매입채무)	효율성 지표
5	감가상각방법	정액법 및 정률법	수익비용대응의 원칙
6	이자계산방법	평균장/단기차입금 × 이자율	-

그러면 사례를 통해 각 활동을 3단계로 나누어서 추정 손익계산서와 재무상태표를 작성해 보자.

(5) 추정 손익계산서와 재무상태표의 작성 사례

① 1단계 - 영업활동

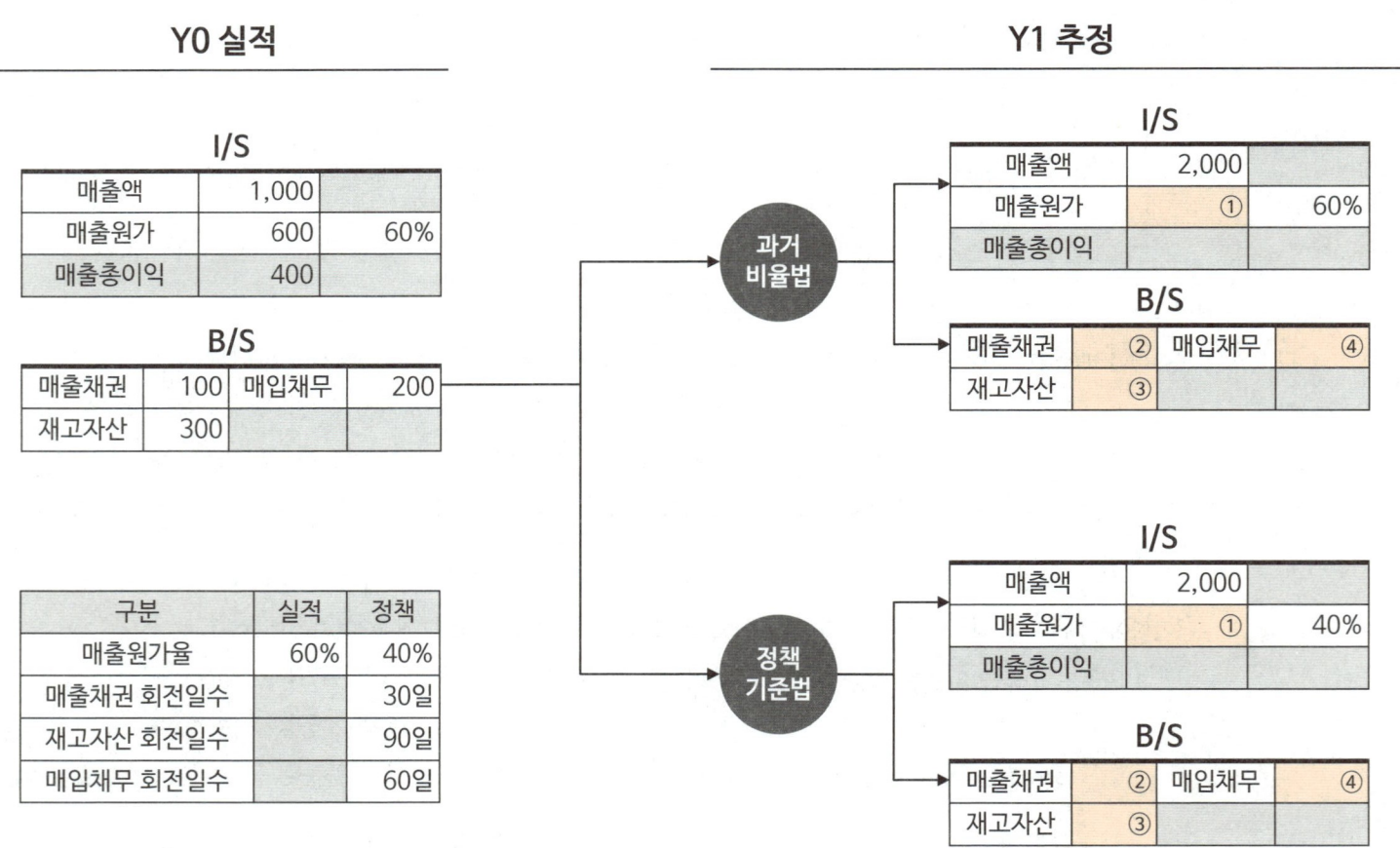

영업활동 우선, 영업활동과 관련한 계정과목의 추정은 계획단계에서 이미 설정한 '추정 매출액'에서 시작한다.

- **과거비율법**

전년도의 매출액과 매출원가의 비율, 매출액과 매출채권의 비율, 매출원가와 재고자산의 비율 및 매출원가와 매입채무의 비율을 이용하여 추정한다.

#	계정과목	Y0 과거비율	Y1 계산식	Y1 추정값
①	매출원가	매출액의 60%(= 600 ÷ 1,000)	2,000 × 60% =	1,200
②	매출채권	매출액의 10%(= 100 ÷ 1,000)	2,000 × 10% =	200
③	재고자산	매출원가의 50%(= 300 ÷ 600)	1,200 × 50% =	600
④	매입채무	매출원가의 33.33%(= 200 ÷ 600)	1,200 × 33.33% =	400

- **정책기준법**

회사가 설정한 매출원가율, 매출채권 회전일수, 재고자산 회전일수 및 매입채무 회전일수에 대한 정책에 따라 추정한다.

#	계정과목	정책기준 및 Y1 계산식	Y1 추정값
①	매출원가	40% = Y1 매출원가 ÷ 2,000	800
②	매출채권	30일 = 365일 ÷ [2,000 ÷ {(100 + Y1 매출채권) ÷ 2}]	228.8
③	재고자산	90일 = 365일 ÷ [800 ÷ {(300 + Y1 재고자산) ÷ 2}]	94.5
④	매입채무	60일 = 365일 ÷ [800 ÷ {(200 + Y1 매입채무) ÷ 2}]	63.0

그러면 2단계로 투자활동과 관련한 계정과목의 금액을 추정해 보자.

(5) 추정 손익계산서와 재무상태표의 작성 사례

② 2단계 - 투자활동

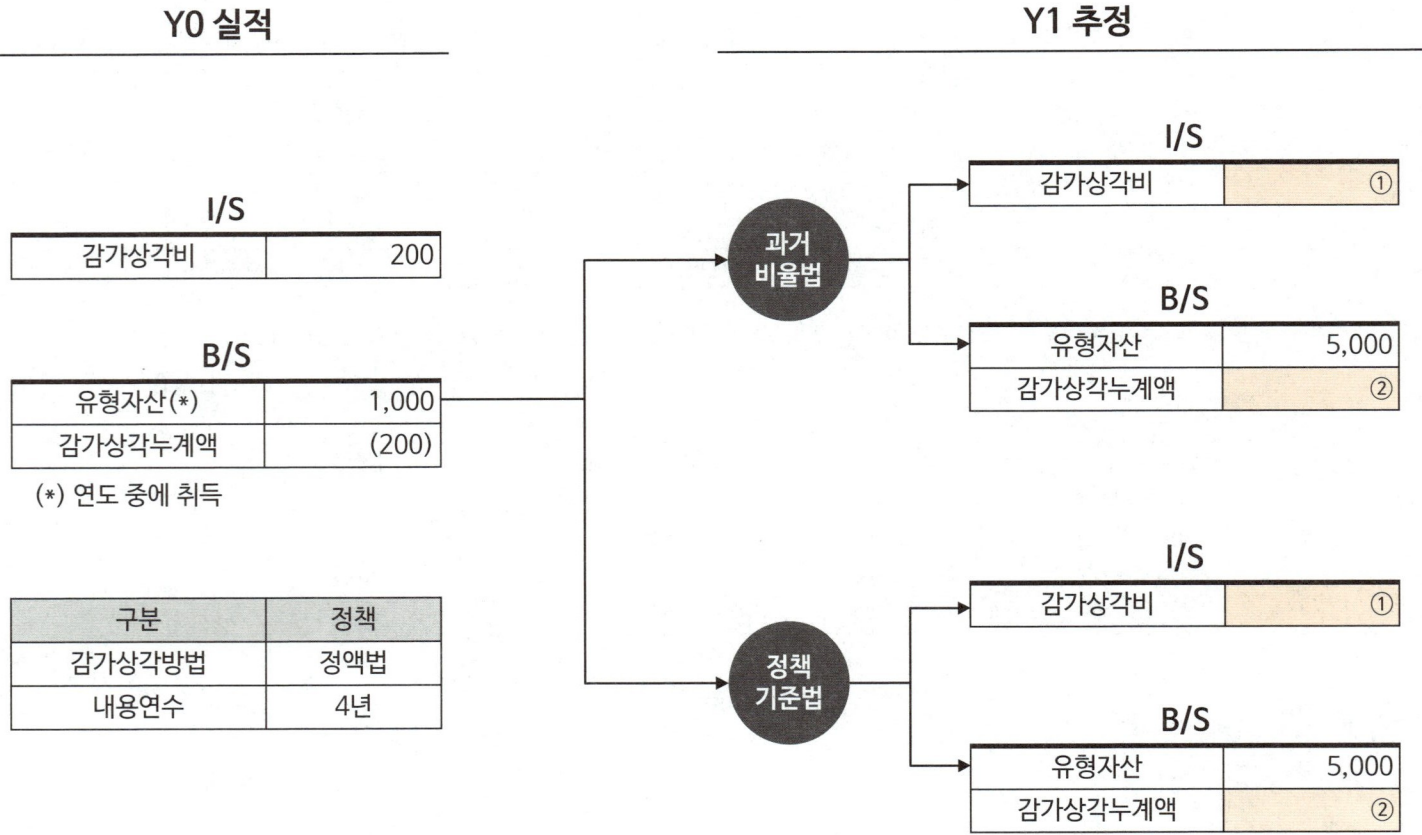

투자활동 투자활동과 관련한 계정과목의 추정은 계획단계에서 이미 설정한 '유형자산의 투자예산'에서 시작한다.

- **과거비율법**

취득원가에 대한 감가상각비의 전년도 비율을 이용하여 추정한다.

#	계정과목	Y0 과거비율	Y1 계산식	Y1 추정값
①	감가상각비	취득원가의 20%(= 200 ÷ 1,000)	5,000 × 20% =	1,000
②	감가상각누계액	기초금액 (200) + Y1 감가상각비	(200) + (1,000) =	(1,200)

- **정책기준법**

취득원가를 추정하여 회사가 설정한 감가상각방법 및 감가상각 내용연수를 기준으로 직접 계산한다.

#	계정과목	정책기준 및 Y1 계산식	Y1 추정값
①	감가상각비	Y0 취득원가 1,000 ÷ 4년 + Y1 취득원가(5,000 − 1,000) ÷ 4년 =	1,250
②	감가상각누계액	기초금액 (200) + Y1 감가상각비 = (200) + (1,250) =	(1,450)

그러면 3단계로 재무활동과 관련한 계정과목의 금액을 추정해 보자.

(5) 추정 손익계산서와 재무상태표의 작성 사례

③ 3단계 - 재무활동

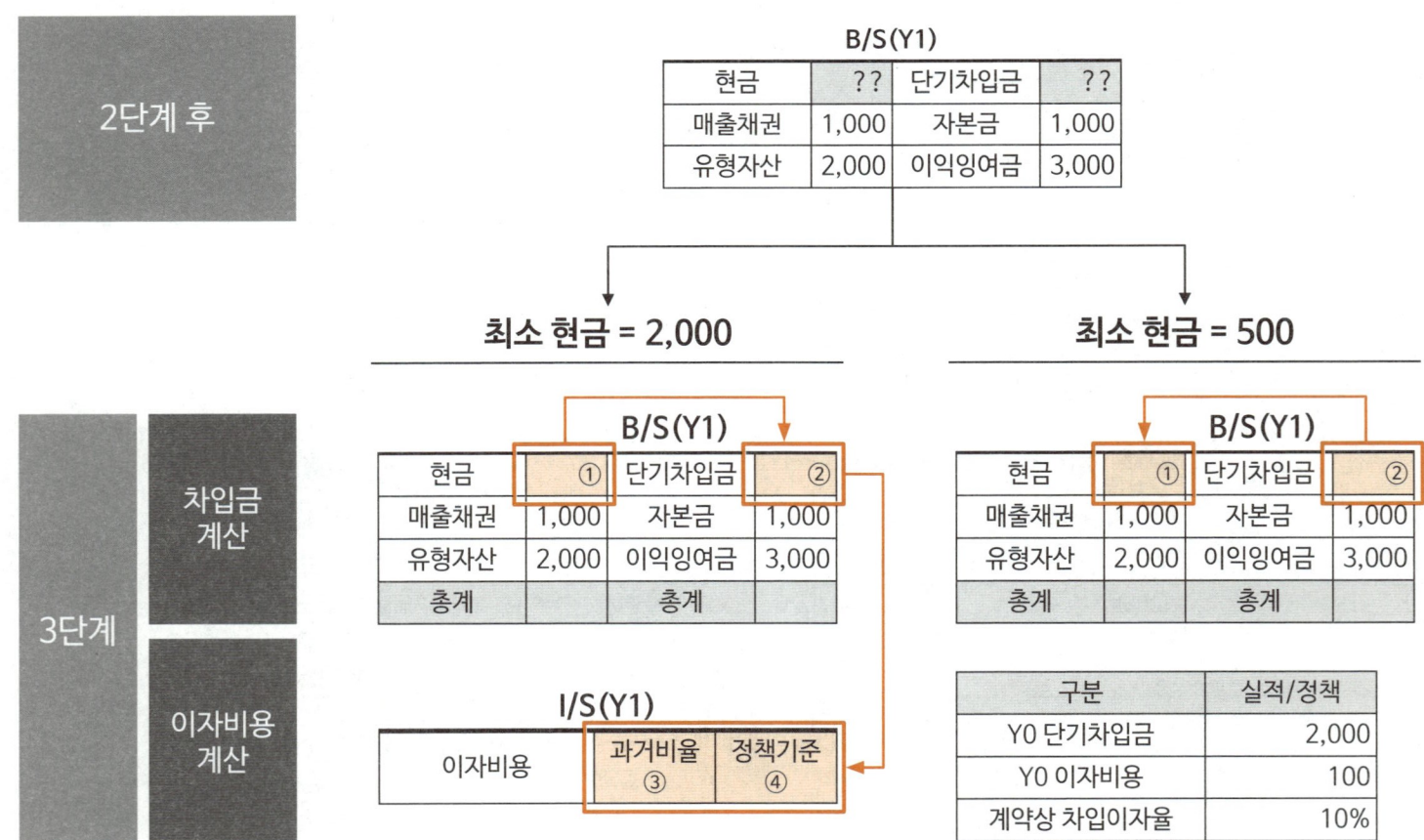

차입금   재무활동과 관련한 계정과목 중에서 장/단기차입금은 다음과 같이 추정한다.

#	계정과목	최소 현금 = 2,000 정책	최소 현금 = 500 정책
①	현금	2,000	500
②	단기차입금	자산총계 − 자본금 − 이익잉여금 = 5,000 − 1,000 − 3,000 = 1,000	자산총계 − 자본금 − 이익잉여금 = 3,500 − 1,000 − 3,000 = (500) (−) 단기차입금은 현금으로 추가인식
	Y1추정값	• Y1 현금 = 2,000 • Y1 단기차입금 = 1,000	• Y1 현금 = 1,000 • Y1 단기차입금 = 0

이자비용   재무활동과 관련한 계정과목 중에서 이자비용은 다음과 같이 추정한다. 이때에 '최소 현금 = 500' 정책의 경우에는 Y1 시점의 단기차입금이 존재하지 않으므로 이자비용을 추정하지 않고, Y1 시점의 단기차입금이 존재하는 '최소 현금 = 2,000' 정책의 경우에만 이자비용을 추정한다.

• **과거비율법**

#	계정과목	Y0 과거비율	Y1 계산식	Y1 추정값
③	이자비용	평균단기차입금의 5%(= 100 ÷ 2,000)	[(2,000 + 1,000) ÷ 2] × 5% =	75

• **정책기준법**

#	계정과목	정책기준 및 Y1 계산식	Y1 추정값
④	이자비용	평균단기차입금 [(2,000 + 1,000) ÷ 2] × 차입이자율(10%) =	150

I. 재무회계(Financial Accounting)

1 재무비율분석(Financial Ratio Analysis)

1) 분석대상과 해석방법
2) 4개 지표 상세분석
3) ROA와 ROE
4) 효율성 관리
5) 분석사례

2 추정 재무제표의 작성(Pro Forma Financial Statements)

1) 회계원칙
2) 추정 손익계산서와 재무상태표
3) **현금흐름표**

(1) 현금흐름표의 필요성

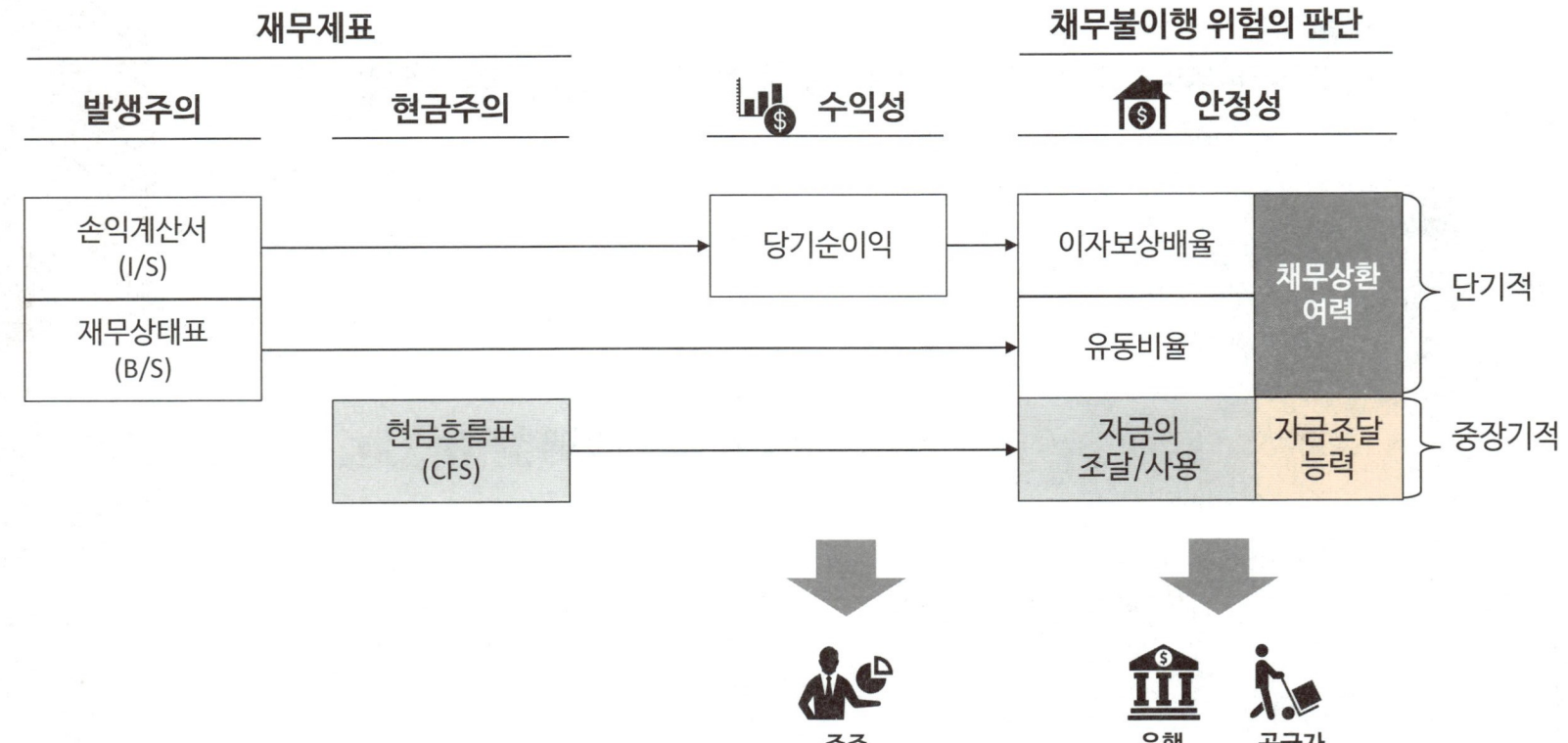

발생주의   현행 회계는 발생주의(Accrual Basis)에 기반하여 손익계산서와 재무상태표를 작성하고 있다. 이는 경제적 사건을 현금이 회수되거나 지급되는 기간에 인식하는 것이 아니라, 그 경제적 사건이 발생한 기간에 수익과 비용을 인식한다는 것을 말한다. 그러나, 이러한 발생주의에 의한 손익계산서의 이익 규모와 재무상태표의 현금 규모만으로는 회사의 안정성을 파악하기에 충분하지 않은데, 그 이유는 다음과 같다.

- 일정 '기간'의 채무상환에 소요되는 자금여력은 손익계산서의 당기순이익과 금액상 차이를 보이고,
- 일정 '시점'의 채무상환에 소요되는 자금여력은 재무상태표의 현금과 시점상 차이를 보인다.
- 그리고, 중장기적인 자금조달능력은 손익계산서와 재무상태표로는 파악하기 힘들다.

실제로 손익계산서에서는 이익이 나는데도 채무상환여력 및 자금조달능력이 부족하여 흑자도산이 발생하기도 한다.

현금주의   따라서, 이러한 채무불이행 위험은 주주 배당의 재원이 되는 손익계산서의 이익 관점이 아니라, 은행 및 공급자와 같은 채권자들에게 지급해야 할 단기적인 채무상환여력 및 중장기적인 자금조달능력 관점에서 종합적으로 분석해야 한다. 여기에서 단기적 관점에서의 채무상환여력은 손익계산서와 재무상태표를 통해 계산한 이자보상배율 및 유동비율과 같은 지표로 파악할 수 있으나, 중장기적인 관점에서의 자금조달능력은 발생주의에 의해 작성된 손익계산서와 재무상태표를 통해서는 파악할 수가 없다. 따라서, 이러한 중장기적인 자금조달능력에 대한 위험을 분석하기 위하여 현금주의(Cash Basis)에 기반한 현금흐름표가 필요하게 되었다.

참고로, Ⅲ. 기업재무에서 나오는 잉여현금흐름(FCF)의 개념을 완벽하게 이해하기 위해서는 여기 Ⅰ. 재무회계에서 설명하는 현금흐름표에 대한 내용을 반드시 알아야 한다.

그러면   현금흐름표는 어떻게 구성되어 있나?

(2) 현금흐름표의 구성과 의미

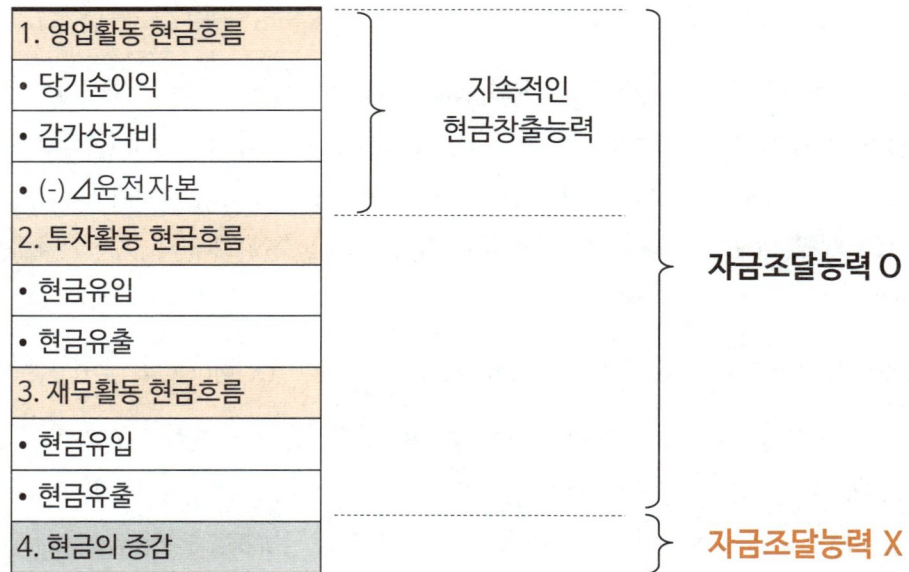

구성 현금흐름표는 회사의 현금흐름을 영업활동, 투자활동 및 재무활동으로 구분하여, 회사가 어디에서 얼마의 자금을 조달하였고 또한 어디에 얼마를 사용하였는지를 구분하여 나타낸다.
- 영업활동 현금흐름: 정상적인 영업활동 또는 주된 수익창출활동 과정에서 발생하는 현금의 유입과 유출
- 투자활동 현금흐름: 기계 또는 설비와 같은 자산의 취득 및 처분 과정에서 발생하는 현금의 유입과 유출
- 재무활동 현금흐름: 차입 또는 유상증자와 같은 자금의 조달 및 상환 과정에서 발생하는 현금의 유입과 유출

의미 현금흐름표는 총 현금이 증가 또는 감소했는지 그리고 얼마나 증가했는지라는 관점에서 분석하는 것이 아니다. 왜냐하면, 현금흐름표는 중장기적인 자금조달능력을 파악하는 것을 목적으로 하는데, 총 현금이 증가했다는 것이 자금조달능력을 나타내는 것이 아니기 때문이다.

대신에 현금흐름표는 각 활동별 현금흐름의 부호가 무엇이냐라고 하는 관점에서 주로 분석한다. 그중에서도 지속적인 현금창출 능력을 나타내는 영업활동 현금흐름의 + 부호와 그 금액의 크기를 중심으로 분석한다.

각 활동별 현금흐름의 + 부호와 - 부호의 의미는 다음과 같다.

현금흐름	+ 부호	- 부호
영업활동 현금흐름	팔아서 돈을 벌었다.	팔아도 운영자금이 부족했다.
투자활동 현금흐름	보유하던 자산을 처분했다.	투자하여 자산을 취득했다.
재무활동 현금흐름	돈을 빌렸다.	빌린 돈을 갚았다.

그러면 현금흐름표를 어떻게 해석해야 하는가?

(3) 현금흐름표의 해석

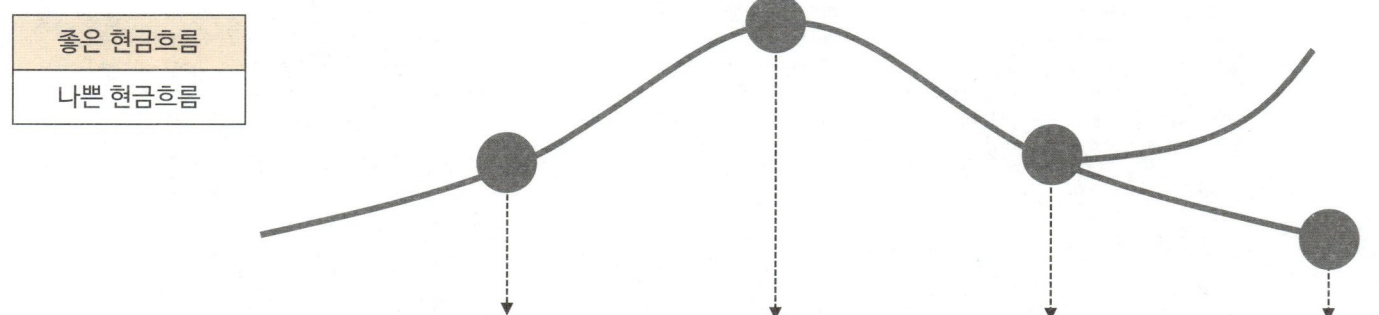

좋은 현금흐름
나쁜 현금흐름

구성	현금흐름	성장기	성숙기	전환기	도산기
구성	① 영업활동	+	+	-	-
	② 투자활동	-	-	-	+
	③ 재무활동	+	-	+	+
해석		① 팔아서 번 돈과 ③ 빌린 돈으로, ② 추가투자를 한다.	① 팔아서 번 돈으로, ② 추가/신규투자를 하고 ③ 빌린 돈도 갚는다.	③ 빌린 돈으로, ① 운영자금을 메꾸면서 ② 신규로 투자한다.	② 자산을 처분한 돈과 ③ 빌린 돈으로, ① 운영자금을 메꾼다.

자금조달능력이 좋은 회사는 어떠한 현금흐름을 가지는지에 대해 알아보자.

성숙기   안정성 관점에서 좋은 회사인지 여부를 판단하는 기본 요건은 '+ 부호의 영업활동 현금흐름'이다. 그리고, 자금조달능력 관점에서 가장 바람직한 현금흐름은 주된 수익창출활동에서 돈을 벌고, 미래를 위해서 투자를 해서 사업을 확장하고, 빌린 돈을 갚을 수 있을 만큼 충분한 자금이 있는 경우인데, 이는 주로 성숙기에 들어선 회사의 현금흐름에 해당된다.

따라서, 중장기적인 자금조달능력 관점에서 다음과 같은 현금흐름이 가장 바람직하다고 볼 수 있다.
- \+ 부호의 영업활동: 안정적인 주된 사업에서 번 돈으로,
- \- 부호의 투자활동: 추가투자 또는 신규투자를 통해 사업을 확장하고,
- \- 부호의 재무활동: 빌린 돈도 갚는다.

3가지 활동별 현금흐름의 부호에 따라 사업의 단계를 다음과 같이 추가적으로 정의할 수 있다.

성장기   성장기의 경우에는 사업의 성장을 위해서 많은 투자를 한다. 따라서, 팔아서 번 돈과 빌린 돈으로 추가투자를 하는 현금흐름을 보이게 된다.

전환기   전환기의 경우에는 현재의 사업에서는 돈을 벌지 못하므로, 구조조정을 통해 다른 사업에 투자를 한다. 따라서, 빌린 돈으로 운영자금을 메꾸면서, 신규로 투자하는 현금흐름을 보이게 된다.

도산기   그리고, 도산기에는 당장 도래하는 채무를 상환하기 위해서, 보유하고 있는 자산도 팔고 추가로 돈도 빌린다. 따라서, 자산을 처분한 돈과 빌린 돈으로 운영자금을 메꾸는 현금흐름을 보인다.

이처럼 과거 3년 정도의 현금흐름표를 분석하면, 회사의 중장기적인 자금조달능력과 사업의 단계를 파악할 수 있다.

그러면   이러한 현금흐름표는 어떻게 작성하는가?

(4) 현금흐름표의 작성방법

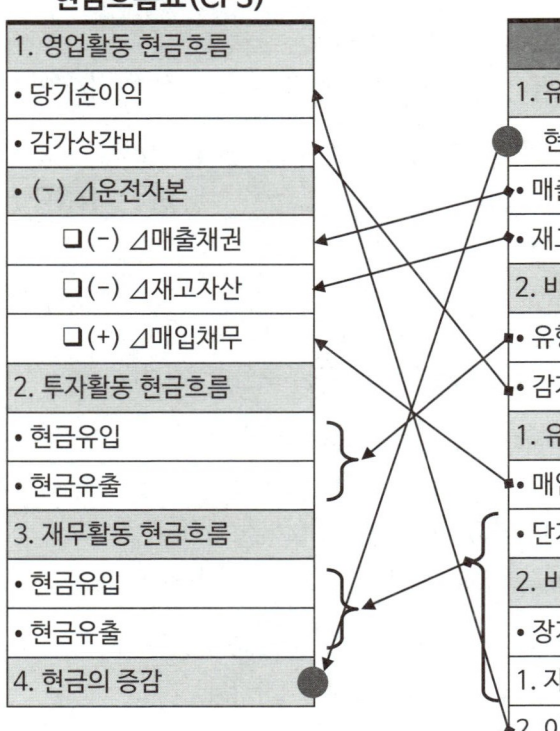

필요자료 배당금의 지급과 같은 이익잉여금의 처분이 없는 한, 복식부기원리에 의해 손익계산서의 당기순이익은 재무상태표의 이익잉여금에 자동으로 반영된다. 따라서, 현금흐름표는 기본적으로 비교연도와 대상연도의 2개 연도 재무상태표만으로 작성할 수 있다. 다만, 보다 정교한 현금흐름표를 작성하기 위해서는 손익계산서도 필요로 한다.

작성방법 현금흐름표를 작성하는 방법은 우선 재무상태표의 계정과목을 영업활동, 투자활동 및 재무활동으로 구분한 후에, 대차평균원리에 의해 그 증감액을 다음과 같이 현금의 증가 또는 감소로 표시한다.

자산의 증가(감소)는 현금의 감소(증가)
- 재고자산이 증가했다면, 재고자산을 구매하면서 현금이 나갔다는 것이고,
- 유형자산이 감소했다면, 유형자산을 처분하면서 현금이 들어왔다는 것이다.

부채 및 자본의 증가(감소)는 현금의 증가(감소)
- 차입금이 감소했다면, 차입금을 상환하여 현금이 나갔다는 것이고,
- 자본금이 증가했다면, 유상증자를 하여 현금이 들어왔다는 것이다.

구체적으로, 우선 '영업활동 현금흐름'은 전부 현금거래였다고 가정한 당기순이익에서 발생주의 및 수익비용대응의 원칙에 의해 조정된 금액을 위의 대차평균원리에 따라 반대로 재조정하여 현금주의에 의한 금액으로 표시한다.
- 발생주의에 의한 조정 항목: 매출채권(현금의 미회수) 및 매입채무(현금의 미지급)
- 수익비용대응의 원칙에 의한 조정 항목: 감가상각비(현금유출이 없는 비용) 및 재고자산(비용의 미인식)

또한, '투자활동 현금흐름'과 '재무활동 현금흐름'은 재무상태표에서 관련 계정과목의 증감액을 위의 대차평균원리에 따라 각각 총액으로 계산하여 현금주의에 의한 금액으로 표시한다.

그러면 사례를 통해 우선 영업활동 현금흐름을 작성해 보자.

(5) 현금흐름표의 작성 사례

① 영업활동 현금흐름

현금흐름표(CFS)

계정과목	Y1
1. 영업활동 현금흐름	
• 당기순이익	500
• (-) ⊿운전자본	
☐ (-) ⊿매출채권	(1,000)
☐ (-) ⊿재고자산	(600)
☐ (+) ⊿매입채무	200
2. 투자활동 현금흐름	
3. 재무활동 현금흐름	
4. 현금의 증감	(900)

재무상태표(B/S)

계정과목	Y0	Y1	Y1-Y0
• 현금	1,000	100	(900)
• 매출채권	2,000	3,000	1,000
• 재고자산	-	600	600
자산총계	3,000	3,700	700
• 매입채무	-	200	200
• 자본금	1,000	1,000	-
• 이익잉여금	2,000	2,500	500
부채 및 자본총계	3,000	3,700	700

손익계산서(I/S)

계정과목	Y1
매출액	1,000
매출원가	(400)
매출총이익	600
판매비와 관리비	(100)
당기순이익	500

영업활동
- 당기순이익 500

배당금의 지급과 같은 이익잉여금의 처분이 없는 한, 손익계산서의 당기순이익은 재무상태표상에서 이익잉여금이 증가한 금액과 일치한다. 이러한 이익잉여금의 증가액인 당기순이익 500이 전부 현금거래(현금의 증가)였다고 가정하고 시작한다.

- 매출채권 (1,000)

매출채권 1,000이 증가했다는 것은, 발생주의에 의해 매출 1,000을 인식하였지만 현금을 아직 받지 못했다는 것을 의미한다. 따라서, 전부 현금거래였다고 가정한 당기순이익에서 현금유입 1,000을 취소한다.

- 재고자산 (600)

재고자산 600이 증가했다는 것은, 재고자산을 구매하면서 현금유출이 발생했다는 것을 의미한다. 그러나, 수익비용대응의 원칙에 의해 그 판매 시점까지는 아직 비용으로 인식되지 않았다. 따라서, 전부 현금거래였다고 가정한 당기순이익에서 그 누락된 현금유출 (600)을 인식한다.

- 매입채무 200

매입채무 200이 증가했다는 것은, 발생주의에 의해 위에서 구매한 재고자산 600 중에 현금 200을 아직 지급하지 않았다는 것을 의미한다. 따라서, 재고자산에서 누락되어 인식한 현금유출 (600) 중에 아직 지급하지 않은 현금유출 (200)을 다시 취소한다.

결론
- 현금 (900) = 500 + (1,000) + (600) + 200

당기순이익 500이 모두 현금거래였다고 가정하였으나, 매출채권 1,000만큼 현금이 덜 유입되었고, 재고자산 600만큼 현금이 더 유출되었으며, 매입채무 200만큼 현금이 덜 유출되어, 영업활동 현금유출은 (900)이 된다. 이러한 현금의 증감은, 계정과목을 3가지 활동으로 구분한 후에 대차평균원리에 의해 자산의 증가(감소)는 현금의 감소(증가)로, 부채와 자본의 증가(감소)는 현금의 증가(감소)로 간단히 처리한 것과 같은 결과가 나온다.

그러면 두 번째로 투자활동 현금흐름을 작성해 보자.

(5) 현금흐름표의 작성 사례

② 투자활동 현금흐름

현금흐름표(CFS)

계정과목	Y1
1. 영업활동 현금흐름	
• 당기순손실	(100)
• 감가상각비	100
2. 투자활동 현금흐름	
• 현금유입	-
• 현금유출	(400)
3. 재무활동 현금흐름	
4. 현금의 증감	(400)

재무상태표(B/S)

계정과목	Y0	Y1	Y1-Y0
• 현금	1,000	600	(400)
• 유형자산	2,000	2,400	400
• 감가상각누계액	-	(100)	(100)
자산총계	3,000	2,900	(100)
• 자본금	1,000	1,000	-
• 이익잉여금	2,000	1,900	(100)
부채 및 자본총계	3,000	2,900	(100)

손익계산서(I/S)

계정과목	Y1
매출액	-
매출원가	-
매출총이익	-
감가상각비	(100)
당기순손실	(100)

영업활동 • 당기순손실 (100)

배당금의 지급과 같은 이익잉여금의 처분이 없는 한, 손익계산서의 당기순손실은 재무상태표상에서 이익잉여금이 감소한 금액과 일치한다. 이러한 이익잉여금의 감소액인 당기순손실 (100)이 전부 현금거래(현금의 감소)였다고 가정하고 시작한다.

• 감가상각비 100

감가상각누계액 100이 증가했다는 것은, 감가상각비로 100을 인식했다는 것을 의미한다. 감가상각비는 수익비용대응의 원칙에 의해 과거의 투자활동 현금유출을 일단 유형자산으로 처리한 후 미래의 경제적 내용연수에 걸쳐 비용으로 인식한 현금유출이 없는 비용이다. 따라서, 전부 현금거래였다고 가정한 당기순손실에서 현금유출 (100)을 취소한다.

투자활동 • 투자활동 현금유출 (400)

유형자산이 400 증가했다는 것은, 유형자산을 취득하면서 현금유출이 발생했다는 것을 의미한다. 따라서, 총액 (400)을 투자활동 현금유출로 분류한다.

결론 • 현금 (400) = (100) + 100 + (400)

당기순손실 (100)이 모두 현금거래였다고 가정하였으나, 현금유출이 없는 비용 (100)을 취소하여 영업활동 현금유출과 현금유입은 없게 된다. 그리고, 유형자산 400을 취득하여 투자활동 현금유출은 (400)이 된다. 이러한 활동별 현금의 증감은, 계정과목을 3가지 활동으로 구분한 후에 대차평균원리에 의해 자산의 증가(감소)는 현금의 감소(증가)로, 부채와 자본의 증가(감소)는 현금의 증가(감소)로 간단히 처리한 것과 같은 결과가 나온다.

그러면 마지막으로 재무활동 현금흐름을 작성해 보자.

(5) 현금흐름표의 작성 사례

③ 재무활동 현금흐름

현금흐름표(CFS)

계정과목	Y1
1. 영업활동 현금흐름	
• 당기순손실	(200)
2. 투자활동 현금흐름	
3. 재무활동 현금흐름	
• 현금유입	700
• 현금유출	-
4. 현금의 증감	500

재무상태표(B/S)

계정과목	Y0	Y1	Y1-Y0
• 현금	3,000	3,500	500
자산총계	3,000	3,500	500
• 단기차입금	-	700	700
• 자본금	1,000	1,000	-
• 이익잉여금	2,000	1,800	(200)
부채 및 자본총계	3,000	3,500	500

손익계산서(I/S)

계정과목	Y1
매출액	-
매출원가	-
매출총이익	-
이자비용	(200)
당기순손실	(200)

영업활동   • 당기순손실 (200)

배당금의 지급과 같은 이익잉여금의 처분이 없는 한, 손익계산서의 당기순손실은 재무상태표상에서 이익잉여금이 감소한 금액과 일치한다. 이러한 이익잉여금의 감소액인 당기순손실 (200)이 전부 현금거래(현금의 감소)였다고 가정하고 시작한다.

손익계산서의 이자비용은 실질적으로 장/단기차입금과 관련한 재무활동 현금흐름이므로, 영업활동 현금유출에서 취소하고 재무활동 현금유출로 분류해야 하는 것이 원칙이다. 그러나, 실무에서는 현금흐름표를 정확하게 작성하는 것보다 작성의 편의가 주는 효익이 더 크므로 이자비용을 그냥 영업활동 현금흐름으로 분류한다.

재무활동   • 단기차입금 700

단기차입금 700이 증가했다는 것은, 은행으로부터 차입하여 현금유입이 발생했다는 것을 의미한다. 따라서, 총액 700을 재무활동 현금유입으로 분류한다.

결론   • 현금 500 = (200) + 700

당기순손실 (200)이 모두 현금거래였다고 가정하였으며, 실제로도 모두 현금거래였으므로 영업활동 현금유출은 (200)이 된다. 그리고 단기차입금 700을 차입하여 재무활동 현금유입은 700이 된다. 이러한 활동별 현금의 증감은, 계정과목을 3가지 활동으로 구분한 후에 대차평균원리에 의해 자산의 증가(감소)는 현금의 감소(증가)로, 부채와 자본의 증가(감소)는 현금의 증가(감소)로 간단히 처리한 것과 같은 결과가 나온다.

그러면   현금흐름표는 중장기적 자금조달능력만을 알려 주는가?

(6) 영업활동 현금흐름과 이익의 질

손익계산서(I/S)

매출액	3,000
매출원가	(1,200)
매출총이익	1,800
감가상각비	(300)
당기순이익	1,500

이익의 질이 좋음

영업활동 현금흐름 > 당기순이익

1. 영업활동 현금흐름	1,800
• 당기순이익	1,500
• 감가상각비	300
• (−) ⊿운전자본	
(−) ⊿매출채권	−
(−) ⊿재고자산	−
(+) ⊿매입채무	−

이익의 질이 나쁨

영업활동 현금흐름 < 당기순이익

1. 영업활동 현금흐름	(1,200)
• 당기순이익	1,500
• 감가상각비	300
• (−) ⊿운전자본	
(−) ⊿매출채권	(3,000)
(−) ⊿재고자산	−
(+) ⊿매입채무	−

이익의 질   지금까지 현금흐름표는 안정성 관점에서 좋은 회사인지 여부를 판단하기 위해 중장기적 자금조달능력을 파악하는 것을 그 목적으로 하였다. 특히, 지속적인 현금창출능력을 나타내는 + 부호의 영업활동 현금흐름을 중심으로 현금흐름표를 분석하였다.

하지만, 현금흐름표는 손익계산서상의 경영성과를 보다 의미 있게 해석할 수 있게도 해 준다. 즉, 현금흐름표는 손익계산서상 이익의 질(Quality of Earnings)에 대한 정보를 제공해 준다. 여기에서 이익의 질(Quality of Earnings)이란, 발생주의에 의해 인식한 당기순이익이 얼마나 현금으로 유입되었는가를 의미한다.

사례   예를 들어, 1,200의 재고를 3,000에 판매하였고, 관련 유형자산의 감가상각비가 300만큼 발생하여, 1,500의 당기순이익이 발생하였다고 가정해 보자.

이익의 질이 좋음
영업활동 현금흐름이 당기순이익보다 큰 경우에는, 이익이 났는데 그 이익의 질도 좋다고 본다. 왜냐하면, 현금유출이 발생하지 않는 감가상각비 또는 유가증권평가손실 등으로 발생주의에 의해 인식한 비용이 아직 현금으로 유출되지 않은 상태이기 때문이다. 위의 사례에서, 판매대금 3,000은 모두 회수되었으며, 감가상각비 300만큼의 현금이 실제로 유출되지도 않았다. 따라서, 그 이익의 질이 좋다고 할 수 있다.

이익의 질이 나쁨
영업활동 현금흐름이 당기순이익보다 작은 경우에는, 이익은 났지만 그 이익의 질이 나쁘다고 본다. 왜냐하면, 매출채권의 증가 또는 유가증권평가이익 등으로 발생주의에 의해 인식한 수익이 아직 현금으로 유입되지 않은 상태이기 때문이다. 위의 사례에서, 판매대금 3,000이 아직 회수되지 못한 상태이기 때문에 비록 이익은 났지만 (-) 현금흐름을 보인다. 따라서, 그 이익의 질이 나쁘다고 할 수 있다.

결론   이처럼 당기순이익은 현금흐름표에 따라 그 의미가 상당히 달라지게 된다. 따라서, 손익계산서상의 당기순이익은 현금흐름표상의 영업활동 현금흐름과 반드시 비교하여, 그 이익의 질(Quality of Earnings)을 판단해야 한다.

II. 관리회계 (Managerial Accounting)

1 목표달성관리 (PDCA)

II. 관리회계(Managerial Accounting)

영역		질문	가치	대상					다루는 내용
좋은 회사	상태	1 좋은 회사인가? (재무회계)	장부 가치	구분	재무제표	과거	현재	미래	I.1. 재무비율분석
				실적	I/S	ooo	ooo	xxx	I.2. 추정 재무제표의 작성
					B/S	ooo	ooo		
					CFS	ooo	ooo		
	방법	2 어떻게 좋은 회사를 만들 수 있을까? (관리회계)		계획	I/S			xxx	
					B/S			xxx	II. 1. 목표달성관리 (PDCA)
					CFS		xxx	xxx	
주식가치 (기업재무)	상태	3 주식가치는 얼마인가?	존속 가치	$NPV = \sum_{n=0}^{N} \frac{FCF_n}{(1+r)^n}$ 기업가치 / 주식가치					III.1.1) 현금흐름할인법 (DCF Method) III.1.2) 배수법 (Multiple Method)
	방법	4 어떻게 주식가치를 올릴 수 있을까?							III.2.1) 자본구조의 변경 III.2.2) 신규투자 의사결정

2 어떻게 좋은 회사를 만들 수 있을까?

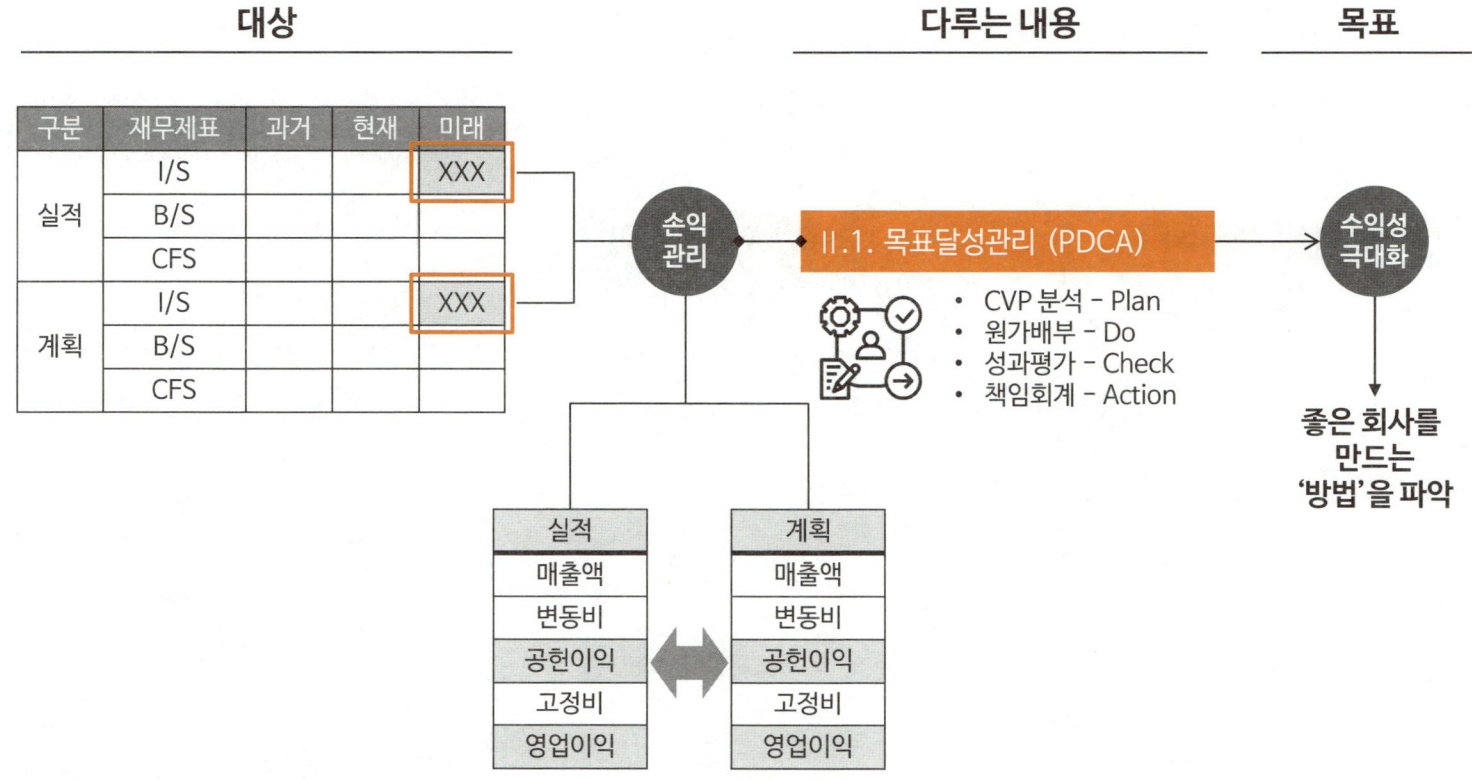

II. 관리회계(Managerial Accounting)

1 목표달성관리(PDCA)

1) 수익성 극대화
2) PDCA별 관리방법
   (1) CVP 분석 – Plan
   (2) 원가배부 – Do
   (3) 성과평가 – Check
   (4) 책임회계 – Action

(1) 수익성 극대화의 의미

항목	수익 극대화	현재	비용/원가 최소화
수익	1,200	1,000	1,000
비용	(600)	(600)	(400)
이익	600	400	600
수익성 (이익률)	50% >	40%	< 60%

우선 관리회계(Managerial Accounting)에서 궁극적으로 달성하고자 하는 '수익성 극대화'란 무엇인지에 대해 알아보자.

수익성   수익성(Profitability)이란, 일정 기간에 얼마나 많은 이익을 창출하였는가를 나타내는 지표로서, 매출액에 대비해서 창출한 이익의 정도를 말한다. 즉, 수익성은 이익률의 개념이다. 따라서, 회사의 수익성이 높다는 것은 수익 또는 이익의 절대적 금액 규모가 크다는 것이 아니라, 수익과 이익의 비율인 이익률이 높다는 것을 의미한다.

수익성 극대화   이러한 수익성을 극대화하는 방법에는 2가지가 있다.

예를 들어, 현재의 수익과 비용이 각각 1,000과 600으로 400만큼의 이익이 발생하여, 그 수익성(이익률)이 40%(= 400 ÷ 1,000)인 한 회사가 있다고 가정해 보자.

첫 번째는 '수익 극대화'이다.
비용은 600으로 변화가 없지만, 수익을 200만큼 늘려 1,200으로 증가시키면 이익은 600이 된다. 따라서, 이익률은 현재의 40%보다 10% 증가한 50%(= 600 ÷ 1,200)가 되어 수익성은 증가하게 된다.

두 번째는 '비용 최소화'이다.
수익은 1,000으로 변화가 없지만, 비용을 200만큼 줄여 400으로 감소시키면 이익은 600이 된다. 따라서, 이익률은 현재의 40%보다 20% 증가한 60%(= 600 ÷ 1,000)가 되어 수익성은 증가하게 된다.

따라서, 관리회계에서 달성하고자 하는 '수익성 극대화'는 수익의 규모를 극대화하거나, 비용의 규모를 최소화하는 것을 의미한다. 참고로, 이 책에서는 비용 최소화와 원가 최소화를 같은 의미로 사용한다.

그러면   수익성 극대화를 위한 구체적인 방법에 대해 알아보자.

(2) 관리회계에서의 PDCA

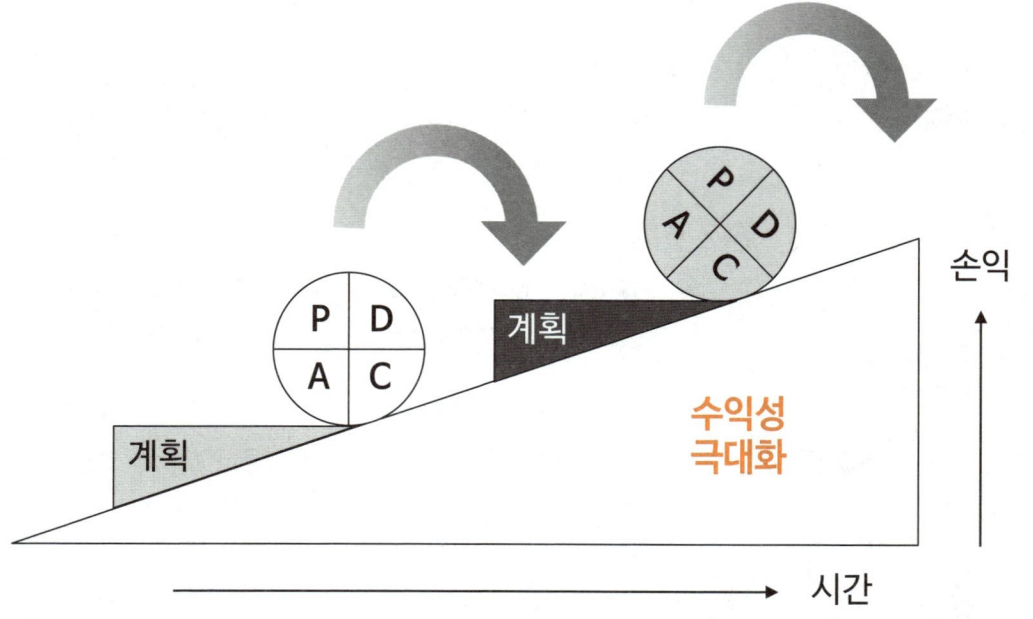

PDCA는 생산 및 품질관리에 있어서, 계획(Plan), 실행(Do), 평가(Check) 및 개선(Act)의 4단계를 반복함으로써 업무효율을 지속적으로 향상시키고자 하는 방법이다. 이를 데밍 사이클(Deming Cycle)이라고도 한다.

구체적으로, PDCA는 다음과 같은 피드백을 통해 문제점을 개선해 나아감으로써 더 높은 목표에 접근하도록 하는 관리방법을 말한다.
- 계획(Plan) 단계에서 목표를 세우고,
- 실행(Do) 단계에서 목표를 달성하기 위한 구체적인 활동을 수행하며,
- 평가(Check) 단계에서는 계획대로 되었는지 점검하여 그 차이의 원인을 파악하여,
- 개선(Action) 단계에서 문제점을 개선하여 다음 목표에 반영하게 한다.

관리회계 생산 및 품질관리에 국한되어 있었던 PDCA의 개념은 경영관리 전반으로 확대되어, 관리회계도 이를 근간으로 그 체계를 정립하게 되었다. 구체적으로, 관리회계에서의 PDCA는 '수익성 극대화'를 목적으로 다음의 4단계를 반복함으로서, 손익 관점에서 '어떻게 좋은 회사를 만들 수 있을까?'에 대한 방법을 제공해 주고 있다.
- 계획(Plan) 단계에서 목표이익을 설정하고,
- 실행(Do) 단계에서 공통원가를 배부하고 실적을 집계하며,
- 평가(Check) 단계에서는 실적과 계획을 비교하여 그 차이의 원인과 개선사항을 파악하고,
- 개선(Action) 단계에서 문제점을 개선하여 더 높은 목표이익을 설정하게 한다.

그러면 관리회계 PDCA의 각 단계에서는 구체적으로 무엇을 하는가?

(3) PDCA의 단계별 과제

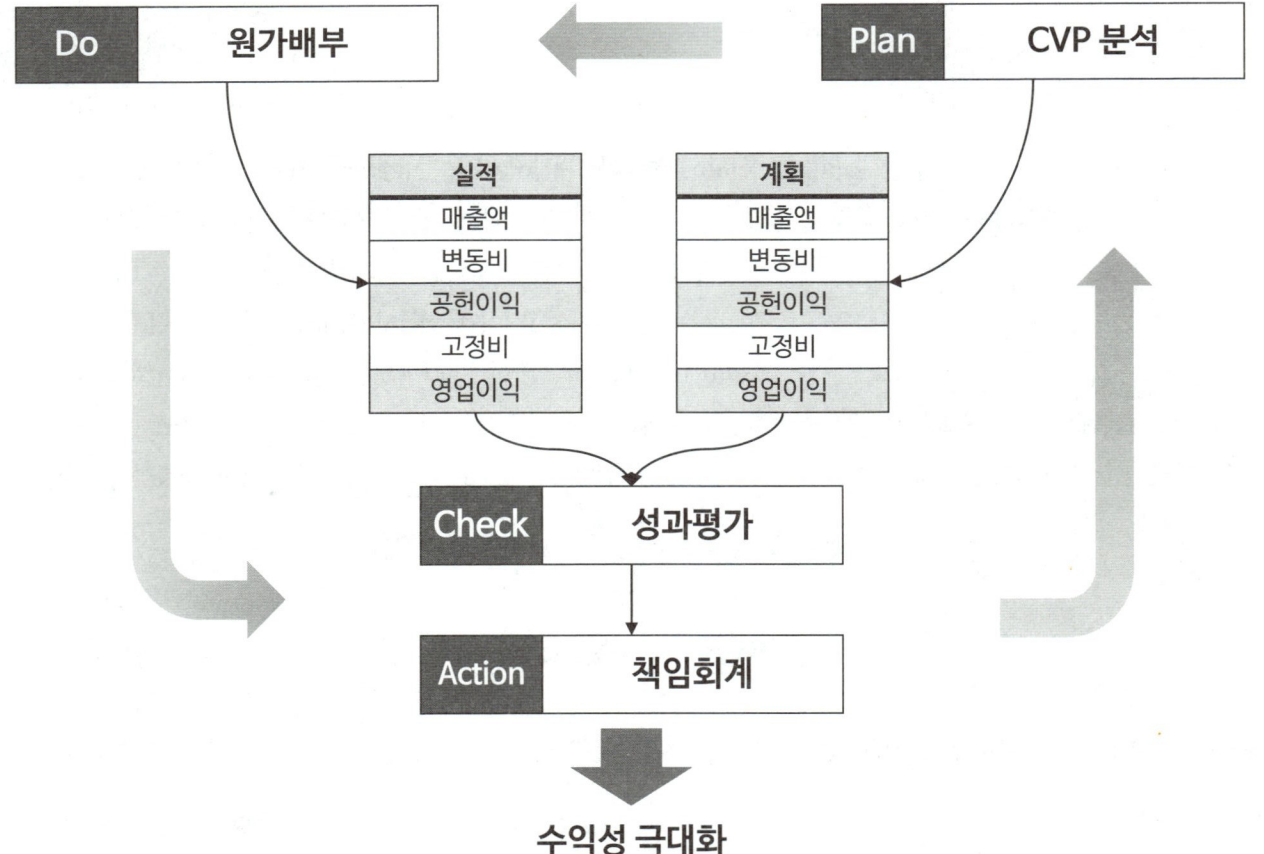

관리회계에서의 PDCA는 '수익성 극대화'를 위해 손익을 관리하는 방법이라 할 수 있다. 즉, PDCA에서 관리하고자 하는 궁극적인 대상은 공헌이익계산서의 손익이며, 이는 실적과 계획의 형태로 관리된다. 따라서, 관리회계에서는 공헌이익계산서를 대상으로 PDCA 각 단계별로 다음과 같은 과제를 반복적으로 수행한다.

과제 계획(Plan): CVP 분석
- 원가(Cost), 조업도(Volume) 및 이익(Profit)의 관계를 분석하여 목표이익을 설정하고,
- 그 설정된 목표이익에 따라 계획 공헌이익계산서를 작성한다.

실행(Do): 원가배부
- 활동기준원가계산(ABC)과 같은 원가배부방법을 통해 부문별로 공통원가를 배부하여 실적을 집계하고,
- 그 집계된 실적에 따라 부문별 실적 공헌이익계산서를 작성한다.

평가(Check): 성과평가
- 실적 공헌이익계산서와 계획 공헌이익계산서를 비교하여,
- 변동예산 성과분석에 의해 목표달성 여부와 그 차이의 원인 및 개선사항을 파악한다.

개선(Action): 책임회계
- 실적 공헌이익계산서와 계획 공헌이익계산서의 차이에 대해 책임주체를 설정하여,
- 그 책임중심점 단위로 문제점을 개선하고 더 높은 목표를 설정하게 한다.

그러면 우선, PDCA의 계획(Plan) 과제로서 CVP 분석에 대해 살펴보자.

II. 관리회계(Managerial Accounting)

1 목표달성관리(PDCA)

1) 수익성 극대화

2) PDCA별 관리방법
   (1) CVP 분석 – Plan
   (2) 원가배부 – Do
   (3) 성과평가 – Check
   (4) 책임회계 – Action

(1) CVP 분석 - Plan

① CVP 분석의 목적

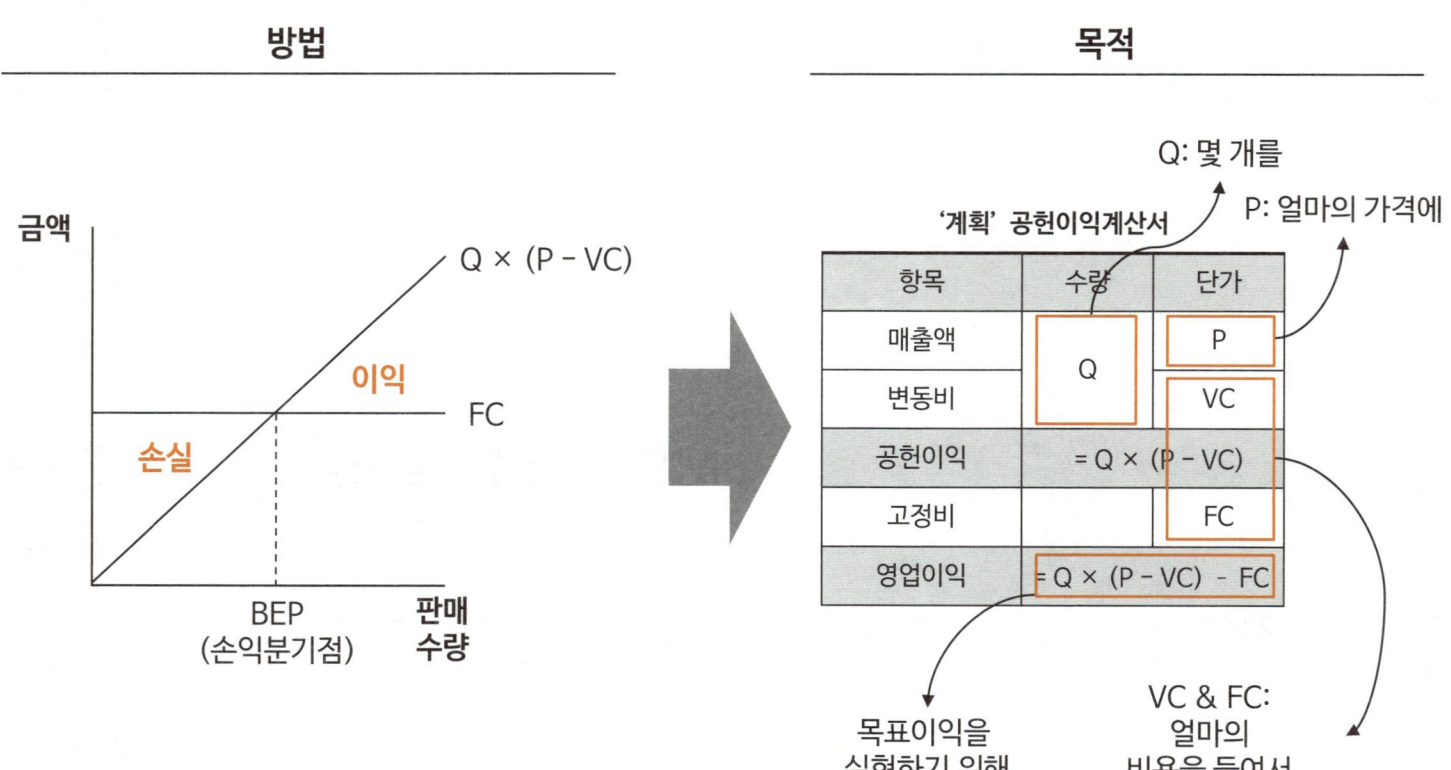

목적 CVP 분석이란 원가(Cost), 조업도(Volume) 및 이익(Profit)의 관계를 파악하여, 판매수량과 같은 조업도의 단기적인 변동이 수익, 원가 및 이익에 미치는 영향을 분석하는 것을 말한다. 구체적으로, PDCA의 계획(Plan) 과제로서 CVP 분석은, 목표판매수량(Q), 목표판매단가(P), 목표원가(VC, FC) 및 목표이익을 다음과 같이 설정하여, 궁극적으로 '계획 공헌이익계산서'를 작성하는 것을 그 목적으로 한다.

- 목표이익을 실현하기 위해
- 얼마의 비용(VC, FC)을 들여서
- 얼마의 가격(P)에
- 몇 개(Q)를 팔아야 하는가?

가정 이러한 CVP 분석은 단기적 계획을 수립하는 것으로서, 다음과 같은 가정을 필요로 한다.

- **모든 원가는 변동비와 고정비로 분류할 수 있다.**

  비용은 판매수량에 따라 변동하는 변동비와 판매수량과는 상관없이 일정하게 발생하는 고정비로 모두 분류된다고 가정한다. 예를 들어, 판매수량(Q)이 10인 경우에 A와 B의 비용은 각각 100과 500이고, 판매수량(Q)이 100으로 증가한 경우에 A와 B의 비용이 각각 1,000과 500이라면, A는 변동비 그리고 B는 고정비라고 하는 것이다.

- **구매수량과 판매수량은 같다.**

  재고자산의 변동으로 인해 손익에 미치는 영향이 없도록, 재고자산의 변동은 없다고 가정한다. 예를 들어, 기초재고가 100개인 경우에 구입한 재고와 판매한 재고가 같아서 기말재고도 100개라는 것이다.

- **수익과 비용의 행태는 관련범위 내에 선형이다.**

  판매수량과 상관없이 판매단가(P)와 변동비단가(VC)는 일정하다고 가정한다. 예를 들어, 10개를 구매하는 경우에 변동비단가(VC)가 5이면, 1,000개를 구매하는 경우에도 규모에 따른 할인(Volume Discount) 없이 변동비단가(VC)가 동일하게 5라는 것이다.

그러면 CVP 분석에서 흔히 범하는 오류는 무엇인가?

(1) CVP 분석 - Plan

② CVP 분석의 오류

재무회계

손익계산서(I/S)

항목	수량	단가	금액
매출액	100	10	1,000
매출원가			(600)
매출총이익	매출총이익률 40%		400
판매관리비			(300)
영업이익	영업이익률 10%		100

관리회계

공헌이익계산서

항목	수량	단가	금액
매출액	100	10	1,000
변동비		(5)	(500)
공헌이익		5	500
고정비		(400)	(400)
영업이익			100

현재 영업이익 100

↓

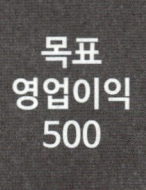

목표 영업이익 500

손익계산서(I/S)

항목	수량	단가	금액
매출액	500	10	5,000
매출원가			(3,000)
매출총이익	매출총이익률 40%		2,000
판매관리비			(1,500)
영업이익	영업이익률 10%		500

공헌이익계산서

항목	수량	단가	금액
매출액	180	10	1,800
변동비		(5)	(900)
공헌이익		5	900
고정비		(400)	(400)
영업이익			500

현재의 영업이익은 100이나, 내년의 목표영업이익을 500으로 설정하였다. 이를 실현하기 위한 판매수량을 계획하려고 하는데, 그 계산 방법은 2가지가 있다.

재무회계 영업이익이 100인 현재의 '손익계산서'가 제공하는 정보는 다음과 같다.
- 매출액이 1,000이므로, 영업이익은 매출액의 10%이다.
- 판매단가(P)가 10이므로, 판매수량(Q)은 100개이다.

영업이익 500을 달성하기 위한 목표판매수량은 다음과 같이 계산한다.
- 영업이익이 매출액의 10%이므로, 영업이익 500을 실현하기 위해서 매출액은 5,000이 되어야 한다.
- 판매단가(P)가 10이므로, 목표판매수량(Q)은 500개가 되어야 한다.

관리회계 반면에, 영업이익이 100인 현재의 '공헌이익계산서'가 제공하는 정보는 다음과 같다.
- 공헌이익이 500이므로, 고정비(FC)는 400이다.
- 단위공헌이익은 5이므로, 판매수량(Q)은 100개이다.

영업이익 500을 달성하기 위한 목표판매수량은 다음과 같이 계산한다.
- 고정비(FC)가 400이므로, 영업이익 500을 실현하기 위해서 공헌이익은 900이 되어야 한다.
- 단위공헌이익이 5이므로, 목표판매수량(Q)은 180개가 되어야 한다.

오류 CVP 분석은 공헌이익계산서의 양식에 의해 변동비와 고정비로 명확히 구분하여, 판매수량의 변동과 상관없이 일정하게 발생하는 고정비 400을 분리하여 분석해야 한다. 그러나, 재무회계에서는 영업이익과 매출액의 비율만을 활용하므로, 판매수량의 변동과 상관없이 일정하게 발생하는 고정비를 판매수량에 따라 변동하는 변동비와 동일하게 처리하는 오류를 범하게 된다.

그러면 관리회계의 공헌이익계산서와 재무회계의 손익계산서는 어떻게 다른가?

(1) CVP 분석 - Plan

③ CVP 분석의 수단 - 공헌이익계산서

재무회계

손익계산서(I/S)

항목	구성	수량	단가
매출액		Q	P
매출원가	변동비	Q	VC
	고정비		FC
매출총이익			
판매관리비	변동비	Q	VC
	고정비		FC
영업이익			

%

사후적 보고

주주

관리회계

공헌이익계산서

항목	구성	수량	단가
매출액		Q	P
변동비	변동매출원가		VC
	변동판매관리비		
공헌이익		= Q × (P - VC)	
고정비	고정매출원가		FC
	고정판매관리비		
영업이익	= Q × (P - VC) - FC		

$

사전적 의사결정

경영자

재무회계   재무회계에서의 수익성 분석은 '손익계산서'의 양식을 활용하며, 이는 비용항목을 '매출에 대한 기능'에 따라 분류하여 표시한다.

- **매출원가**: 매출액에 직접 대응되는 원가는 얼마인가?
- **판매비와 관리비**: 판매와 관리 활동에 소요되는 비용은 얼마인가?

따라서, 재무회계의 손익계산서는 다음과 같은 특성을 가진다.

- 사후적으로 집계하고 분류하는 형식이다.
- 주주와 같은 외부 이해관계자가 회사의 매출액에 대응 및 소요되는 비용의 유형을 파악하여 회사의 손익구조를 이해하는 데에 적합하다.
- 계정과목 간의 관계를 상대적 비율(%) 개념으로 나타낸다. (예: 영업이익은 매출액의 10%)

관리회계   반면에, 관리회계에서의 수익성 분석은 '공헌이익계산서'의 양식을 활용하며, 이는 비용항목을 '판매수량에 따른 변동 여부'에 따라 분류하여 표시한다.

- **변동비**: 매출액 또는 판매수량에 따라 변동하는 비용은 얼마인가?
- **고정비**: 매출액 또는 판매수량의 변동과는 상관없이 일정하게 발생하는 비용은 얼마인가?

따라서, 관리회계의 공헌이익계산서는 다음과 같은 특성을 가진다.

- 사전적으로 계획하고 분석하는 형식이다.
- 경영자와 같은 내부 이해관계자가 판매수량(Q), 판매단가(P) 및 원가(VC, FC)에 대한 경영의사결정을 내리는 데에 적합하다.
- 계정과목 간의 관계를 주로 절대적 금액($) 개념으로 나타낸다. (예: 고정비는 400, 단위공헌이익은 5)

그러면   공헌이익계산서의 공헌이익이란 무엇인가?

(1) CVP 분석 - Plan

④ CVP 분석의 기준 - 손익분기점(BEP)

손실	손익분기점(BEP)	이익

공헌이익 < 고정비   공헌이익 = 고정비   공헌이익 > 고정비

공헌이익 공헌이익(Contribution Margin)은 매출액에서 변동비를 제외한 금액으로, 고정비를 회수하고 나서 이익실현에 공헌하는 금액을 말한다. 따라서, 고정비 대비 공헌이익의 크기에 따라 이익 또는 손실이 결정되는데, 고정비와 공헌이익이 같아서 이익도 손실도 발생하지 않는 경우의 매출액을 손익분기점(BEP: Break-even Point)이라고 한다.

이러한 공헌이익과 손익분기점(BEP)의 개념을 사례를 통해 설명하면 다음과 같다.
- 판매단가(P)가 100이고,
- 변동비단가(VC)는 60이며,
- 고정비(FC)는 2,000이라 가정하자.

손실 판매수량(Q)이 30인 경우,
- 공헌이익 1,200[= 30 × (100 - 60)]이 고정비 2,000보다 작다.
- 공헌이익이 고정비를 회수하지 못하므로 손실 (800)이 발생한다.

BEP 판매수량(Q)이 50인 경우,
- 공헌이익 2,000[= 50 × (100 - 60)]이 고정비 2,000과 같다.
- 공헌이익이 고정비를 모두 회수하나, 이익실현에 공헌하는 금액이 없으므로 손익이 0이 된다.

이익 판매수량(Q)이 80인 경우,
- 공헌이익 3,200[= 80 × (100 - 60)]이 고정비 2,000보다 크다.
- 공헌이익이 고정비를 모두 회수하고도, 이익실현에 공헌하는 금액이 남아 있으므로 이익 1,200이 발생한다.

그러면 CVP 분석을 어떻게 활용하는가?

(1) CVP 분석 – Plan

⑤ CVP 분석의 활용

목표이익 계획 ⬅ **민감도 분석**

공헌이익계산서

항목	수량	단가
매출액	Q	P
변동비		VC
공헌이익	= Q × (P − VC)	
고정비		FC
영업이익	= Q × (P − VC) − FC	

공헌이익계산서

항목	수량	단가
매출액	Q	P
변동비		VC
공헌이익	= Q × (P − VC)	
고정비		FC
영업이익	= Q × (P − VC) − FC	

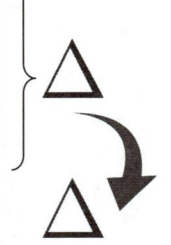

목표이익을 달성하기 위한
목표 Q, P, VC, FC를 설정

목표 Q, P, VC, FC의 변동에 따른
목표이익을 시뮬레이션

PDCA의 계획(Plan) 과제로서 CVP 분석은 궁극적으로 계획 공헌이익계산서를 작성하기 위해서 다음과 같이 2가지 용도로 활용된다.

첫째 **목표이익 계획**

CVP 분석은 계획된 목표이익을 실현하기 위해서 목표판매수량(Q), 목표판매단가(P) 및 목표원가(VC, FC)와 같은 목표값들을 설정하는 데에 활용된다. 예를 들어, 손익분기점(BEP) 분석은 목표값들을 설정하는 하나의 방법으로서, 목표이익이 0인 경우의 목표판매수량(Q), 목표판매단가(P) 및 목표원가(VC, FC)를 설정하는 것을 말한다. 따라서, 목표이익 계획을 통해 목표값들을 다음과 같이 설정할 수 있다.
- 특정 목표이익을 실현하기 위해서, 변동비단가(VC)를 얼마나 더 낮추어야 하는가?
- 특정 목표이익을 실현하기 위해서, 작년보다 몇 개(Q)를 더 팔아야 하는가?

둘째 **민감도 분석**

CVP 분석은 목표판매수량(Q), 목표판매단가(P) 및 목표원가(VC, FC)와 같은 목표값들의 변동에 따라 목표이익이 변동하는 정도를 파악하는 데에 활용된다. 예를 들어, 영업레버리지도(DOL: Degree of Operating Leverage)는 민감도 분석의 하나로서, 매출액이 변동할 때 영업이익은 얼마나 변동하는가를 나타내는 지표이다. 따라서, 민감도 분석을 통해 다음과 같이 목표이익에 대한 시뮬레이션을 할 수 있다.
- 가격경쟁으로 인해 판매단가(P)를 1% 낮추면, 목표이익은 얼마나 낮아질까?
- 판매수량(Q)이 10% 많아지면, 목표이익은 얼마나 높아질까?
- 환율변동으로 변동비단가(VC)가 5% 높아지면, 목표이익은 얼마나 낮아질까?

즉, '목표이익 계획'을 통해 특정 목표이익을 실현하기 위한 목표값들(Q, P, VC, FC)을 설정한 후에, '민감도 분석'을 통해 목표값들(Q, P, VC, FC)의 변동에 따른 목표이익의 변동을 시뮬레이션한다. 이렇게 목표이익과 목표값들을 수정하는 과정을 반복하여 최종적인 계획 공헌이익계산서를 작성하게 된다.

그러면 영업레버리지도(DOL)란 구체적으로 무엇을 의미하는가?

(1) CVP 분석 - Plan

⑥ 민감도 분석 - 영업레버리지

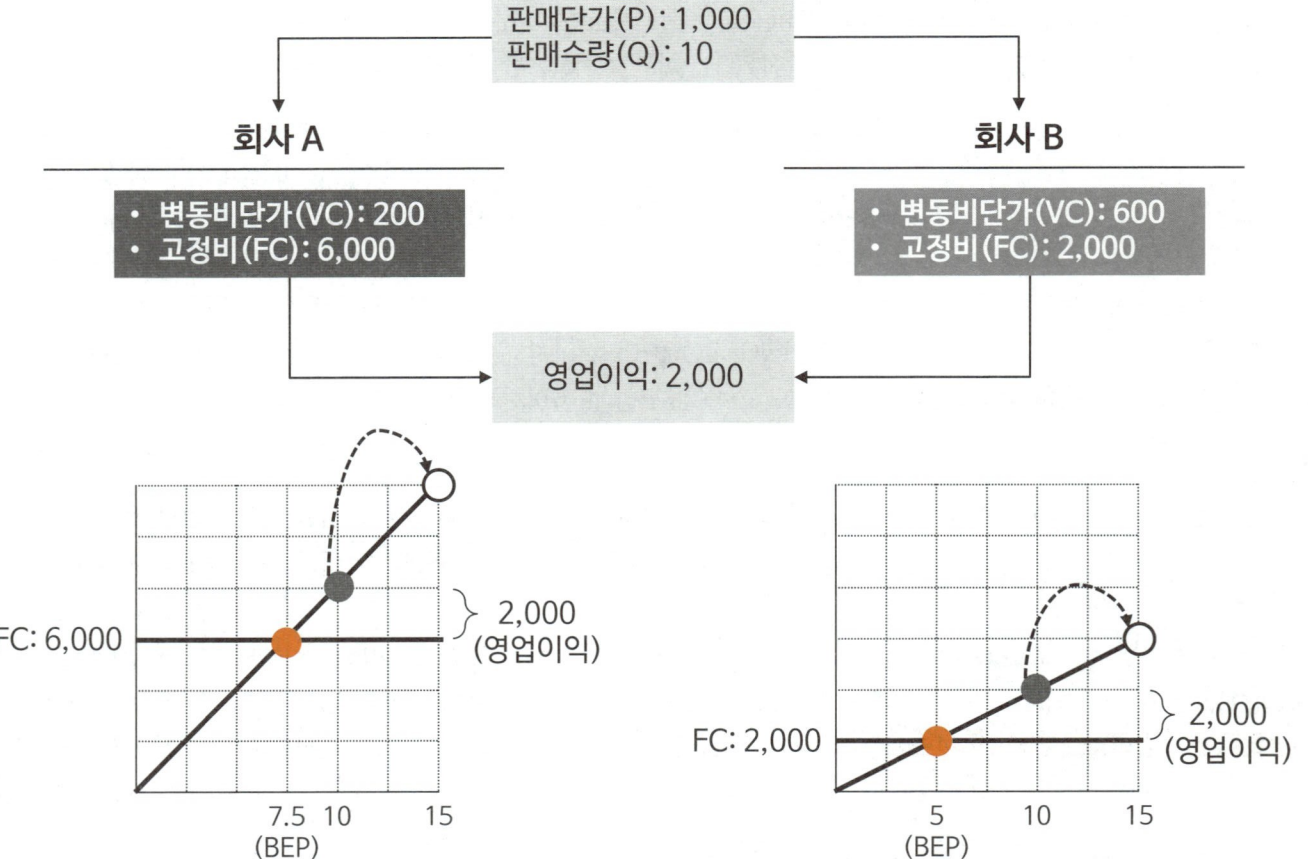

영업레버리지란 회사의 영업비용 중에서 고정비(FC)가 차지하는 비중을 말하며, 이를 수치화한 지표를 영업레버리지도(DOL)라고 한다. 이는 매출액이 1% 변동할 때 영업이익은 몇 % 변동하는가를 나타내는 지표로서, 공헌이익 ÷ 영업이익으로 계산한다. 고정비가 클수록 그 영업레버리지도(DOL)가 커지는데, 이를 명확하게 이해하기 위해서 원가구조가 상이한 2개 회사를 비교해 보자.

사례 회사 A와 B는 판매단가(P), 판매수량(Q) 및 영업이익은 동일하나, 변동비단가(VC) 및 고정비(FC)의 구성이 상이하다.
- 회사 A의 경우, 변동비단가(VC)는 낮으나 고정비(FC)가 높은 원가구조를
- 회사 B의 경우, 변동비단가(VC)는 높으나 고정비(FC)가 낮은 원가구조를 가지고 있다.

#	구분	회사 A	회사 B
1	원가구조	고정비의 비중이 높다. → 영업레버리지가 높다.	고정비의 비중이 낮다. → 영업레버리지가 낮다.
2	현재의 영업레버리지도 (DOL)	[10 × (1,000 − 200) ÷ 2,000 = 4배] 매출액이 1% 변동할 때 영업이익이 4% 변동한다.	[10 × (1,000 − 600) ÷ 2,000 = 2배] 매출액이 1% 변동할 때 영업이익이 2% 변동한다.
3	손익분기점 (BEP)	[Q = 7.5] 영업레버리지가 높으면, 이익을 내기 위한 최소 판매수량이 많다.	[Q = 5] 영업레버리지가 낮으면, 이익을 내기 위한 최소 판매수량이 적다.
4	이익변동	판매수량(Q)이 10 → 15(⊿50%)로 증가하면, 영업이익은 2,000 → 6,000(⊿200%)으로 증가 [50% × 4배 = 200%]	판매수량(Q)이 10 → 15(⊿50%)로 증가하면, 영업이익은 2,000 → 4,000(⊿100%)으로 증가 [50% × 2배 = 100%]

시사점 고정비의 비중이 높아서 영업레버리지가 높은 회사의 경우에는, 다음과 같이 영업위험이 크다.
- 손익분기점(BEP)을 넘기려면 판매수량이 상대적으로 많아야 하지만,
- 일단 손익분기점(BEP)을 넘기면 판매수량이 증가함에 따라 그 이익이 증가하는 정도가 매우 크다.
- 반면에, 경영환경이 악화되어 판매수량이 감소하면 그 이익이 감소하는 또는 손실이 증가하는 정도도 매우 크다.

II. 관리회계(Managerial Accounting)

1 목표달성관리(PDCA)

1) 수익성 극대화

2) **PDCA별 관리방법**
   (1) CVP 분석 – Plan
   (2) 원가배부 – Do
   (3) 성과평가 – Check
   (4) 책임회계 – Action

(2) 원가배부 - Do

① 원가배부의 목적

방법

직접원가 집계   공통원가 배부

목적

원가요소	직접비		간접비
	A 부문	B 부문	
변동비			공통원가
고정비			공통원가

원가요소	직접비		간접비	
	A 부문	B 부문	A 부문	B 부문
변동비				
고정비				

⬇

부문별
'실적' 공헌이익계산서

목적 PDCA의 실행(Do) 과제로서 원가배부는, 공통원가를 합리적인 기준에 따라 배부하여 부문별 실적을 정확히 집계하는 것을 말하며, 이렇게 집계된 실적에 따라 부문별 '실적 공헌이익계산서'를 작성하는 것을 그 목적으로 한다. 구체적으로, 부문별로 추적할 수 있는 직접원가(직접비, Direct Cost)는 각 부문에 직접 집계되나, 부문별로 추적할 수 없는 공통원가(간접비, Overhead Cost)는 인위적인 배부 과정을 통해 각 부문에 배부하여 집계해야 한다. 공통원가의 비중이 증가되고 있는 최근의 경영환경에서는 이러한 공통원가의 배부가 부문별 수익성 평가에 큰 영향을 미치므로, 원가배부는 관리회계에서 그 중요성이 점점 커지고 있다.

참고로, '재무회계'에서는 직접원가 및 공통원가를 회계장부에 기록하고, '관리회계'에서는 이렇게 회계장부에 기록된 원가를 부문별로 배부하여 실적을 집계한다. 그리고, '원가회계'에서는 이렇게 집계된 원가정보를 활용하여 부문별 재고자산의 단가를 계산하게 된다.

조건 원가배부란 공통원가를 부문별로 배부하는 것으로, 이는 다음의 2가지 조건을 모두 만족하는 경우에만 필요로 하는 과제이다.
- 2개 이상의 부문(사업, 지역, 상품 등)이 존재한다. 즉, 단일 부문만 존재하는 경우에는 모든 원가가 추적 가능한 직접원가이므로, 배부해야 할 공통원가가 없게 된다.
- 공통원가가 존재한다. 부문별로 추적 가능한 직접원가만 존재하는 경우, 배부해야 할 공통원가가 없게 된다.

실제로 부문별로 '실적 공헌이익계산서'를 작성한 것과 마찬가지로, PDCA의 평가(Check) 단계에서 부문별로 목표이익이 달성되었는지 여부를 파악하기 위해서는 '계획 공헌이익계산서'도 부문별로 작성해야 한다. 따라서, 위의 2가지 조건을 모두 만족하는 경우에는 PDCA의 계획(Plan) 단계에서도 계획된 공통원가를 배부하여 부문별 '계획 공헌이익계산서'를 작성해야 한다.

그러면 변동비와 고정비의 구분, 그리고 직접비(직접원가)와 간접비(공통원가)의 구분은 어떻게 다른가?

(2) 원가배부 - Do

② 원가요소의 분류

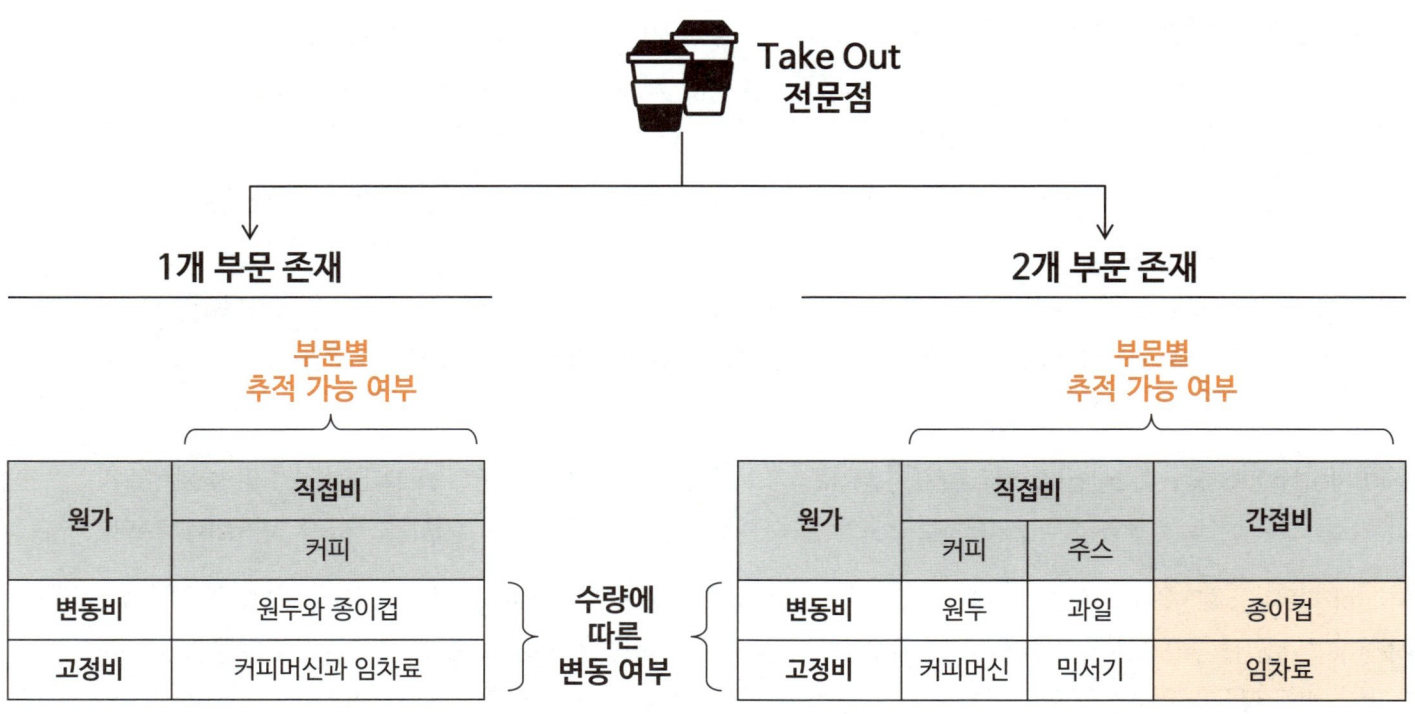

원가요소 원가요소는 일반적으로 다음과 같이 3가지로 분류되나, 이 책에서는 비제조업을 가정하므로 생산 및 제조에 투입되는 형태에 의한 분류는 다루지 않는다.

정보	수량에 따른 변동 여부	부문별 추적 가능 여부	생산 및 제조의 투입 형태
원가요소	변동비 및 고정비	직접비 및 간접비	재료비, 노무비 및 경비
영역	관리회계	관리회계	원가회계

사례 Take Out 전문점이 커피만 판매한다고 가정하면,
- **변동비와 고정비**: 판매수량에 따라 변동하는 원두와 종이컵은 변동비로, 판매수량과는 상관없이 일정하게 발생하는 커피머신의 감가상각비와 매장 임차료는 고정비로 분류된다.
- **직접비와 간접비**: 1개의 부문만 존재하므로, 모든 원가는 단일 부문으로 직접 집계되어 모두 직접비(직접원가)로 분류된다. 따라서, 배부해야 할 간접비(공통원가)는 없다.

Take Out 전문점이 커피와 과일 주스를 함께 판매한다고 가정하면,
- **변동비와 고정비**: 판매수량에 따라 변동하는 원두, 과일 및 종이컵은 변동비로, 판매수량과는 상관없이 일정하게 발생하는 커피머신 및 믹서기의 감가상각비와 매장 임차료는 고정비로 분류된다.
- **직접비와 간접비**: 원두, 과일, 커피머신 및 믹서기의 감가상각비는 직접비(직접원가)로, 커피와 과일 주스에 공통으로 사용되는 종이컵과 매장 임차료는 간접비(공통원가)로 분류된다. 이렇게 ① 2개 이상의 부문이 존재하고 ② 공통원가가 존재하는 경우에는 간접비(공통원가)인 종이컵(변동비)과 임차료(고정비)를 부문별로 배부해야 한다.

그러면 원가배부에서 흔히 범하는 오류는 무엇인가?

(2) 원가배부 - Do

③ 원가배부의 오류

실적 집계

회사 전체

매출액	1,000
변동비	(300)
고정비	(700)
영업이익	0

원가	직접비		간접비
	A	B	
변동비	10	90	200
고정비	20	280	400

구분	A 부문	B 부문
Q	20	30
P	5	30
매출액	100	900
점유면적	5m²	5m²

원가배부

원가동인 미고려

원가	직접비		간접비	
	A	B	A	B
변동비	10	90	20	180
고정비	20	280	40	360

원가동인 고려

원가	직접비		간접비	
	A	B	A	B
변동비	10	90	80	120
고정비	20	280	200	200

부문별 수익성

실적 공헌이익계산서

항목	A 부문	B 부문
매출액	100	900
변동비	10+20	90+180
공헌이익	70	630
고정비	20+40	280+360
영업이익	10	(10)

B 손실

실적 공헌이익계산서

항목	A 부문	B 부문
매출액	100	900
변동비	10+80	90+120
공헌이익	10	690
고정비	20+200	280+200
영업이익	(210)	210

A 손실

사례 커피와 과일 주스를 함께 판매하는 Take Out 전문점이 현재 손익분기점(BEP)에 있다고 가정하자. 커피 부문(A)과 과일 주스 부문(B)의 수익성을 각각 분석하여 손실이 나는 부문을 개선하려고 한다. 배부해야 할 간접비(공통원가) 600 중에 변동비 200은 종이컵이고 고정비 400은 임차료이다. 그리고, 배부기준별 공통원가의 배부비율은 다음과 같이 계산된다.

배부기준	실적		배부비율	
	A	B	A	B
판매수량(Q)	20	30	40%	60%
판매단가(P)	5	30	14%	86%
매출액	100	900	10%	90%
점유면적	5m²	5m²	50%	50%

공통원가의 동인(Driver)을 고려하지 않고 간접비 600(변동비 200과 고정비 400)을 단순히 매출액 기준으로 배부하면, A 부문과 B 부문에 각각 10%와 90%로 배부된다. 그 결과, A 부문에 이익 10이, B 부문에는 손실 (10)이 발생한다.

한편, 공통원가의 동인(Driver)을 고려하여 간접비 600(변동비 200과 고정비 400)을 다음과 같이 배부하면, 반대로 A 부문에 손실 (210)이, B 부문에는 이익 210이 발생한다.
- 종이컵인 변동비 200을 판매수량 기준으로 배부하면, A 부문과 B 부문에 각각 40%와 60%로 배부된다.
- 임차료인 고정비 400을 점유면적 기준으로 배부하면, A 부문과 B 부문에 각각 50%씩 배부된다.

오류 위의 사례와 같이, 배부기준의 선택에 따라 부문별 수익성에 대한 평가결과가 완전히 반대로 나와서 잘못된 경영의사결정을 할 수 있다. 따라서, 합리적인 배부기준을 설정하여 공통원가를 배부하는 것이 매우 중요하다.

그러면 공통원가에 대한 합리적인 배부기준은 무엇인가?

(2) 원가배부 - Do

④ 원가배부의 수단 - 활동기준원가계산(ABC)

전통적 원가배부

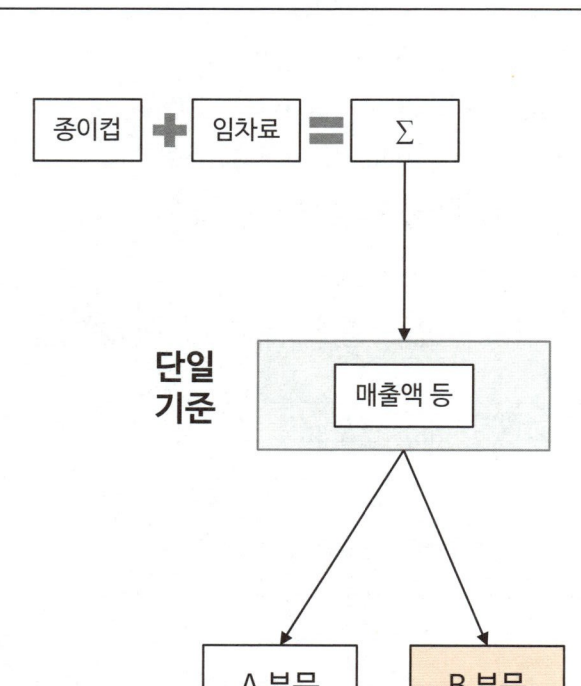

ABC 원가배부

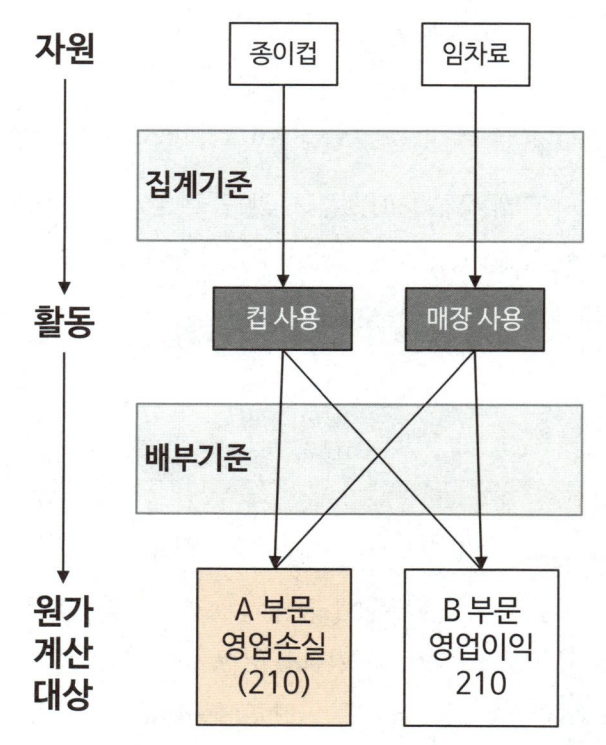

전통적 다음과 같은 전통적 원가배부방식은 원가동인(Cost Driver)을 고려하지 않으므로, 부문별 수익성을 왜곡할 가능성이 매우 높다.
- 공통원가를 단순히 합산한 후에, (예: 변동비 200과 고정비 400을 합산)
- 그 합산된 공통원가를 원가동인과는 무관하게 단일기준으로 배부한다. (예: 매출액 기준으로 배부)

ABC 이러한 전통적 원가배부방식으로 인하여 발생할 수 있는 경영의사결정의 오류를 최소화하기 위해서 좀 더 정교화된 원가배부방식이 고안되었다. 활동기준원가계산(ABC: Activity Based Costing)이란 정교화된 원가배부방식의 하나로서, 그 원가배부의 절차는 다음과 같이 2단계로 구성되어 있다.

첫째, 공통원가를 활동별로 집계한다.
- 논리적 인과관계를 기준으로 투입된 원가를 활동별로 집계한다. 즉, 종이컵인 변동비 200은 '컵 사용'이라는 활동으로, 임차료인 고정비 400은 '매장 사용'이라는 활동으로 집계한다.
- 이러한 집계기준을 자원동인(Resource Driver)이라고 하며, 컵을 사용했기 때문에 종이컵 원가가 발생했고, 매장을 사용했기 때문에 임차료가 발생했다고 보는 것이다.

둘째, 집계된 원가를 원가계산대상으로 배부한다.
- 논리적 인과관계를 기준으로 활동별로 집계된 원가를 원가계산대상으로 배부한다. 즉, '컵 사용'이라는 활동으로 집계된 200을 판매수량 기준으로, '매장 사용'이라는 활동으로 집계된 400은 점유면적 기준으로 배부한다.
- 이러한 배부기준을 활동동인(Activity Driver)이라고 하며, 판매수량만큼 종이컵을 사용했고, 점유한 면적만큼 매장을 사용했다고 보는 것이다.

한계 활동기준원가계산(ABC)은 이론적으로는 우수하나, 실무적으로 다음과 같은 한계가 존재하여 대체적인 원가배부방식이 계속적으로 고안되고 있다.
- '활동'을 분석하고 측정하는 데에 매우 많은 비용과 노력이 들며,
- '배부'라는 근본적인 한계가 존재하여 여전히 많은 자의적인 배부가 이루어진다.

Ⅱ. 관리회계(Managerial Accounting)

1 목표달성관리(PDCA)

1) 수익성 극대화
2) PDCA별 관리방법
   (1) CVP 분석 – Plan
   (2) 원가배부 – Do
   (3) 성과평가 – Check
   (4) 책임회계 – Action

(3) 성과평가 - Check

① 성과평가의 목적

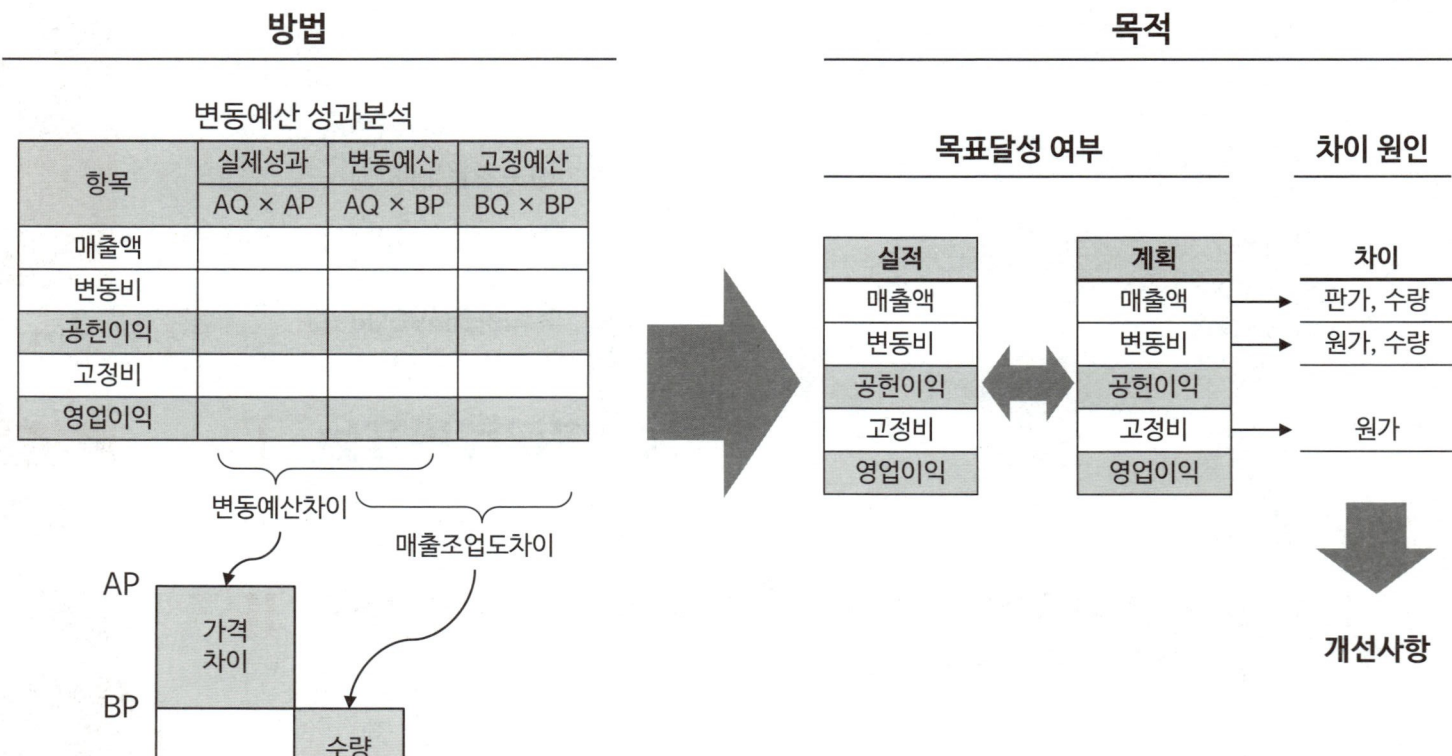

목적 PDCA의 평가(Check) 과제로서 성과평가는, 공통원가를 부문별로 배부한 후에 집계된 '실적 공헌이익계산서'와 CVP 분석을 통해 작성된 '계획 공헌이익계산서'를 비교하여 그 성과를 분석하는 것을 말하며, 다음의 3개 정보를 제공하는 것을 그 목적으로 한다.

- 목표를 달성했는가?
- 그 차이의 원인은 무엇인가?
- 무엇을 개선해야 하는가?

실적과 계획의 비교는 공헌이익계산서의 계정과목 수준에서 단순히 그 차이 총액을 비교하여 목표달성 여부만을 파악하는 것이 아니라, 그 차이의 원인과 개선사항까지 파악할 수 있도록 해야 한다. 따라서, 실적과 계획의 차이 총액을 가격차이(P, VC, FC)와 수량차이(Q)로 구분해야 한다.

변동예산 변동예산(Flexible Budget)이란, 실제판매수량이 계획판매수량과 상이할 경우 실제판매수량을 기준으로 수량을 조정하여 편성한 계획을 말한다. 이러한 변동예산을 실제성과(=실적)와 고정예산(=계획) 사이에 추가하여 실적과 계획의 차이 총액을 가격차이(P, VC, FC)와 수량차이(Q)로 구분할 수 있게 한다. 그 결과, 차이의 원인과 개선사항까지 파악할 수 있게 되는 것이다.

- 실제성과: 실제판매수량(AQ) × 실제가격(AP)
- 변동예산: 실제판매수량(AQ) × 예산가격(BP)
- 고정예산: 예산판매수량(BQ) × 예산가격(BP)

실제성과와 변동예산의 차이를 '변동예산차이'라고 한다. 이는 실제판매수량(AQ)을 기준으로 비교한 실제가격(AP)과 예산가격(BP)의 차이로서, 이 책에서는 '가격차이'라고 부른다. 또한, 변동예산과 고정예산의 차이를 '매출조업도차이'라고 한다. 이는 예산가격(BP)을 기준으로 비교한 실제판매수량(AQ)과 예산판매수량(BQ)의 차이로서, 이 책에서는 '수량차이'라고 부른다.

그러면 사례를 통해서 매출액에 대한 실적과 계획을 비교해 보자.

(3) 성과평가 - Check

② 성과평가의 수단 - 변동예산(매출액)

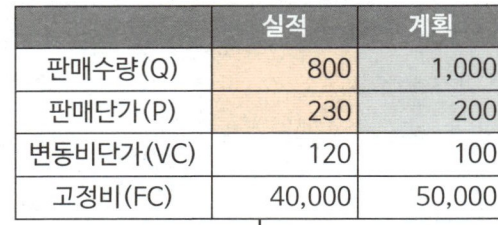

	실적	계획
판매수량(Q)	800	1,000
판매단가(P)	230	200
변동비단가(VC)	120	100
고정비(FC)	40,000	50,000

총액분석(고정예산 성과분석)

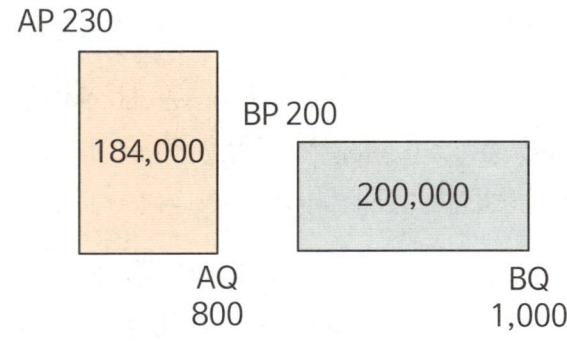

차이	금액	책임부서
총액차이	U 16,000	판매부서

상세분석(변동예산 성과분석)

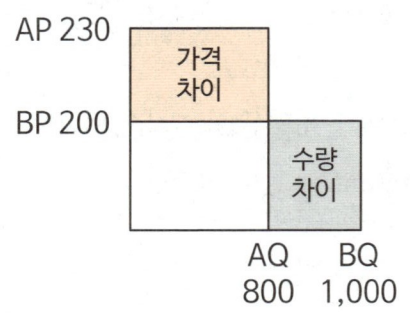

차이	금액	책임부서
가격차이	F 24,000	판매부서
수량차이	U 40,000	판매부서

총액분석   총액분석은 '고정예산 성과분석'이라고 하며, 실제성과와 고정예산을 직접 비교분석하는 방식이다.
- 실제성과: 실제판매수량(AQ) × 실제가격(AP)
- 고정예산: 예산판매수량(BQ) × 예산가격(BP)

총액분석에 의하면 목표달성 여부는 충분히 파악할 수 있으나, 그 구체적인 차이의 원인까지는 파악할 수가 없어서 PDCA의 다음 단계에서 어떠한 개선 또는 후속조치를 취해야 하는지 알 수 없다. 위의 사례에서, 매출액의 실적이 계획보다 U16,000(불리)만큼 미달하였으나, 이것이 판매수량의 미달로 인한 것인지 아니면 판매단가를 낮추어서 그런 것인지 파악할 수 없다. 따라서, 매출액에 대해 책임지고 있는 판매부서는 향후 판매수량을 늘려야 하는지 아니면 판매단가를 올려야 하는지와 같은 개선 또는 후속조치를 취할 수 없게 된다.

상세분석   반면에, 상세분석은 '변동예산 성과분석'이라고 하며, 실제성과와 고정예산의 사이에 변동예산을 추가하여 실적과 계획을 가격차이와 수량차이 관점에서 비교분석하는 방식이다.
- 실제성과: 실제판매수량(AQ) × 실제가격(AP)
- 변동예산: 실제판매수량(AQ) × 예산가격(BP)
- 고정예산: 예산판매수량(BQ) × 예산가격(BP)

상세분석에 의하면 목표달성 여부뿐만 아니라 차이의 원인까지 파악할 수 있어서, PDCA의 다음 단계에서 어떠한 개선 또는 후속조치를 취해야 하는지 알 수 있다. 위의 사례에서, 매출액의 실적이 계획보다 U16,000(불리)만큼 미달한 것은, 높은 판매단가로 인한 가격차이 F24,000(유리)[= AQ × (AP - BP) = 800 × (230 - 200)]과 판매수량의 미달로 인한 수량차이 U40,000(불리)[= (AQ - BQ) × BP = (800 - 1,000) × 200]으로 구분된다. 따라서, 매출액에 대해 책임지고 있는 판매부서는 PDCA의 다음 단계에서 판매수량을 늘리기 위해 판매단가를 어느 정도 낮추는 후속조치를 고려해야 한다.

그러면   이번에는 변동비에 대한 실적과 계획을 비교해 보자.

(3) 성과평가 - Check

③ 성과평가의 수단 - 변동예산(변동비)

	실적	계획
판매수량(Q)	800	1,000
판매단가(P)	230	200
변동비단가(VC)	120	100
고정비(FC)	40,000	50,000

총액분석(고정예산 성과분석)

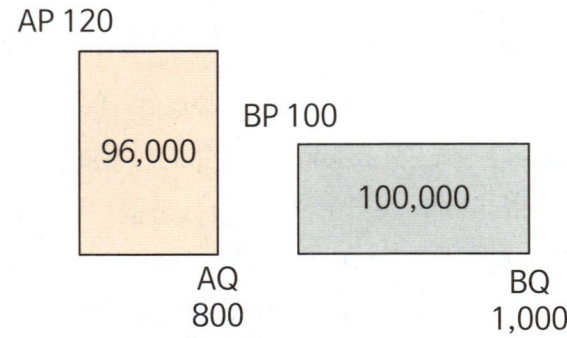

차이	금액	책임부서
총액차이	F 4,000	구매부서

상세분석(변동예산 성과분석)

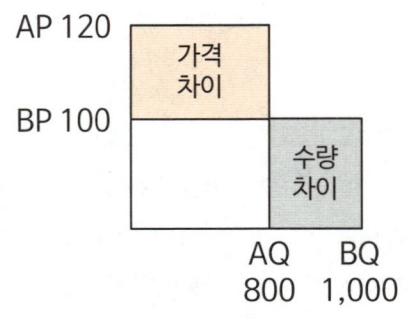

차이	금액	책임부서
가격차이	U 16,000	구매부서
수량차이	F 20,000	판매부서

총액분석 변동비도 마찬가지로, 총액분석에 의하면 목표달성 여부는 충분히 파악할 수 있으나, 그 구체적인 차이의 원인을 파악할 수 없어서 PDCA의 다음 단계에서 어떠한 개선 또는 후속조치를 취해야 하는지는 알 수 없다.

위의 사례에서, 변동비의 실적이 계획보다 F4,000(유리)만큼 저렴한 것은 일단 구매부서의 성과로 간주되나, 이것이 판매수량의 미달로 인한 것인지 아니면 변동비단가를 낮추어서 그런 것인지 제대로 파악할 수가 없다. 따라서, 변동비에 대해 책임을 지고 있는 구매부서는 향후에 변동비단가를 낮추어야 하는지 아니면 어느 정도 올려도 되는지와 같은 후속조치를 취할 수가 없다.

상세분석 반면에, 상세분석에 의하면 목표달성 여부뿐만 아니라 차이의 원인까지 파악할 수 있어서, PDCA의 다음 단계에서 어떠한 개선 또는 후속조치를 취해야 하는지 알 수 있다.

즉, 변동비의 실적이 계획보다 F4,000(유리)만큼 저렴한 것은, 판매수량의 미달로 인한 수량차이 F20,000(유리)[= (AQ − BQ) × BP = (800 − 1,000) × 100]과 높은 변동비단가로 인한 가격차이 U16,000(불리)[= AQ × (AP − BP) = 800 × (120 − 100)]으로 구분된다. 따라서, 구매부서는 판매수량의 미달로 인한 수량차이 F20,000(유리)을 제외한 가격차이 U16,000(불리)만큼에 대해 책임을 지고, PDCA의 다음 단계에서 변동비단가를 낮추는 후속조치를 고려해야 한다. 한편, 판매부서는 판매수량의 미달로 인해 절감된 변동비의 수량차이 F20,000(유리)을 매출액의 수량차이 U40,000(불리)과 함께 책임지게 된다.

따라서, 차이분석에 있어서 변동예산 성과분석은 고정예산 성과분석에 비해 다음과 같은 장점이 있다.
- 차이의 원인과 개선사항을 파악할 수 있을 뿐만 아니라,
- 부서별 성과를 공정하게 평가할 수 있다.

그러면 매출액, 변동비 및 고정비를 모두 대상으로 하여 실적과 계획을 비교해 보자.

(3) 성과평가 - Check

④ 성과평가의 오류

고정예산 성과분석

항목	실제성과 AQ × AP	차이	고정예산 BQ × BP
매출액	800 × 230 =184,000	U16,000	1,000 × 200 =200,000
변동비	800 × 120 =(96,000)	F4,000	1,000 × 100 =(100,000)
공헌이익	88,000	U12,000	100,000
고정비	(40,000)	F10,000	(50,000)
영업이익	48,000	U2,000	50,000

책임부서	총차이
판매부서	U16,000
구매부서	F4,000
관리부서	F10,000

변동예산 성과분석

항목	실제성과 AQ × AP	가격차이	변동예산 AQ × BP	수량차이	고정예산 BQ × BP
매출액	800 × 230 =184,000	F24,000	800 × 200 =160,000	U40,000	1,000 × 200 =200,000
변동비	800 × 120 =(96,000)	U16,000	800 × 100 =(80,000)	F20,000	1,000 × 100 =(100,000)
공헌이익	88,000	F8,000	80,000	U20,000	100,000
고정비	(40,000)	F10,000	(50,000)		(50,000)
영업이익	48,000	F18,000	40,000	U20,000	50,000

책임부서	가격차이	수량차이	총차이
판매부서	F24,000	U20,000	F4,000
구매부서	U16,000	-	U16,000
관리부서	F10,000	-	F10,000

매출액과 변동비에 대한 이전의 사례를 종합하여, 차이금액을 총액으로 분석하는 '고정예산 성과분석'과 차이금액을 상세하게 가격차이와 수량차이로 나누어 분석하는 '변동예산 성과분석'을 각각 작성하였다. 여기서, 계획 고정비 50,000은 판매수량과는 상관없이 일정하게 발생하는 비용이므로 변동예산과 고정예산에 모두 동일하게 적용되었다.

비교 총액분석의 고정예산 성과분석과 상세분석의 변동예산 성과분석의 차이점은 다음과 같으며, 변동예산 성과분석이 PDCA 관점에서 더 합리적인 정보를 제공한다고 할 수 있다. 즉, 변동예산 성과분석은 차이의 원인과 개선사항을 파악할 수 있을 뿐만 아니라 부서별 성과를 공정하게 평가할 수 있다.

#	구분		총액분석(고정예산)	비교	상세분석(변동예산)
1	목표달성 여부		파악 가능 → U2,000(불리)	=	파악 가능 → U2,000(불리)
2	차이 원인의 파악 여부		차이 총액만 파악 → 원인 파악 불가	≠	• 판매단가(P): 비싸게 잘 팔았다. (F24,000) • 변동비단가(VC): 비싸게 구매했다. (U16,000) • 고정비(FC): 싸게 잘 구매했다. (F10,000) • 판매수량(Q): 적게 팔았다. (U20,000)
3	개선 과제의 파악 여부		원인 파악 불가 → 개선 과제 파악 불가	≠	• 판매단가(P): 판매수량을 늘리기 위한 가격인하를 검토 • 변동비단가(VC): 구매단가를 인하 • 고정비(FC): 비용을 유지 또는 추가 절감 • 판매수량(Q): 수량을 늘리기 위한 다양한 방안을 검토
4	공정한 평가 여부	판매부서	U16,000(불리)	≠	F4,000(유리)
		구매부서	F4,000(유리)	≠	U16,000(불리)
		관리부서	F10,000(유리)	=	F10,000(유리)
		회사 전체	U2,000(불리)	=	U2,000(불리)

II. 관리회계(Managerial Accounting)

1 목표달성관리(PDCA)

1) 수익성 극대화
2) PDCA별 관리방법
   (1) CVP 분석 – Plan
   (2) 원가배부 – Do
   (3) 성과평가 – Check
   (4) 책임회계 – Action

(4) 책임회계 - Action

① 책임회계의 목적

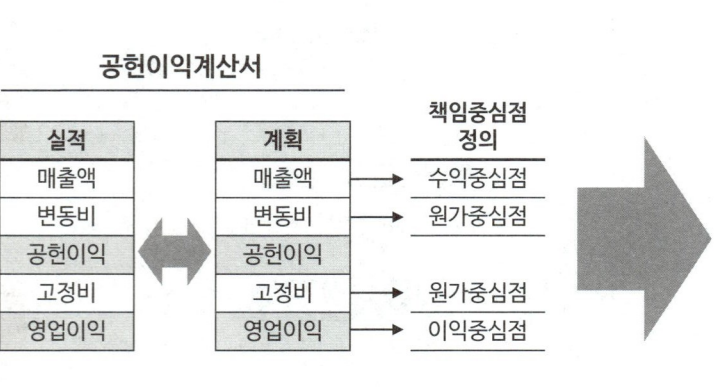
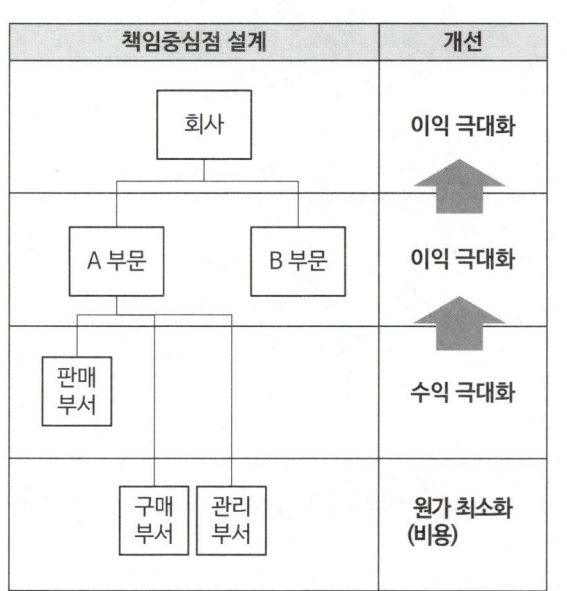

목적　PDCA의 개선(Action) 과제로서 책임회계(Responsibility Accounting)란, '회사 전체의 이익극대화'라는 목적을 달성하기 위하여 수행하는 다음과 같은 일련의 절차를 말한다.

- 공헌이익계산서의 계정과목 수준에서 여러 종류의 책임중심점을 정의하고,
- 이렇게 정의한 책임중심점을 조직 내에 설계하며,
- 그 책임중심점별로 실적과 계획을 집계, 비교 및 분석해서,
- 해당 책임중심점 단위로 문제점을 개선하게 한다.

책임중심점　책임중심점(Responsibility Center)이란 회사의 조직 내에서 특정 관리자가 직접 통제하고 권한을 행사할 수 있는 조직단위를 말하며, 이는 목표이익의 설정(Plan), 공통원가의 배부 및 실적의 집계(Do), 성과의 분석(Check)과 문제점의 개선(Action)이라는 일련의 과제를 수행하는 PDCA의 기본 단위이다. 일반적으로 책임중심점의 설계는 사업별, 지역별, 상품별 및 부서별 등과 같은 '조직의 구분'과, 수익중심점, 원가중심점, 이익중심점 및 투자중심점과 같은 '책임기준의 설정'의 조합으로 구성된다.

이러한 책임중심점은 책임기준에 따라 다음과 같이 4가지로 분류된다.

- **수익중심점(Revenue Center)**: 오직 수익의 발생에 대해서만 책임을 질 뿐 원가 및 이익에 대해서는 책임을 지지 않으며, 주로 판매부서에 해당된다.
- **원가중심점(Cost Center)**: 오직 원가의 발생에 대해서만 책임을 질 뿐 수익에 대해서는 책임을 지지 않으며, 주로 구매, 생산 및 관리와 같은 부서에 해당된다.
- **이익중심점(Profit Center)**: 수익 및 원가 모두에 대해 책임을 지며, 주로 부서보다 상위 수준인 사업, 지역 및 상품과 같은 부문에 해당된다.
- **투자중심점(Investment Center)**: 손익계산서상의 수익 및 원가뿐만 아니라 재무상태표상의 투자금액에 대해서도 함께 책임을 지며, 주로 투자의사결정을 내리는 부문에 해당된다.

그러면　책임중심점은 구체적으로 어떻게 설계하는가?

(4) 책임회계 - Action

② 책임회계의 설계 - 책임중심점

회사

회사	책임중심점
매출액	
변동비	
공헌이익	
고정비	
영업이익	**이익중심점**

부문

A 부문	책임중심점
매출액	
변동비	
공헌이익	
고정비	
영업이익	**이익중심점**

B 부문	책임중심점
매출액	
변동비	
공헌이익	
고정비	
영업이익	**이익중심점**

부서

부서	책임중심점
판매부서	**수익중심점**
구매부서	**원가중심점**
관리부서	**원가중심점**

이익 극대화
(대표이사)
← ∑ **이익 극대화**
(각 부문장)
← **수익 극대화 원가 최소화**
(각 부서장)

책임중심점은 '회사 전체의 이익을 극대화'하는 방향으로 설계되어야 하며, 그 설계 절차는 다음과 같다.
- 첫 번째, 사내조직을 책임 단위로 구분한다.
- 두 번째, 그 책임 단위별로 책임기준을 설정한다.

한 회사가 2개의 독립된 A와 B 부문으로 구성되어 있으며, 각 부문에는 판매부서, 구매부서 및 관리부서가 존재한다고 가정하자.

첫 번째 **사내조직을 책임 단위로 구분한다.**
- 이익극대화를 위한 궁극적인 단위인 '회사'가 존재하고,
- 회사 내에는 2개의 독립된 A와 B 사업 '부문'이 존재하며,
- 각 부문 내에는 3개의 판매, 구매 및 관리 '부서'가 존재한다.

두 번째 **그 책임 단위별로 책임기준을 설정한다.**
- 회사 전체의 이익을 극대화하기 위해서 그 회사를 '이익중심점(영업이익)'으로 설정하고,
- 회사 전체의 이익은 독립된 부문의 이익을 단순히 합산한 금액이므로, 각 부문도 '이익중심점(영업이익)'으로 설정한다.
- 또한, 각 부문을 기능적으로 담당하고 있는 부서는 각각의 본질적인 역할에 기반하여 '수익중심점(매출액)' 또는 '원가중심점(변동비 및 고정비)'으로 설정한다.

이렇게 설계된 책임중심점은 다음과 같이 운영된다.
- 판매부서가 수익을 극대화하고, 구매부서와 관리부서가 비용을 최소화하면,
- 각 부문의 이익이 극대화된다.
- 이렇게 극대화된 독립된 부문의 이익 합계는 회사 전체의 이익을 극대화시킨다.

만약 부문 간에 사내거래가 존재하는 경우에는 어떻게 설계하는가?

(4) 책임회계 - Action

③ 책임회계의 설계 - 대체가격/이전가격

생산법인(A 부문) ➕ **판매법인(B 부문)** ＝ **회사 전체(A + B)**

공헌이익계산서

매출액	A
변동비	A
공헌이익	
고정비	A
영업이익	

공헌이익계산서

매출액	B
변동비	B
공헌이익	
고정비	B
영업이익	

공헌이익계산서

매출액	B
변동비	A
공헌이익	
고정비	A + B
영업이익	

원가중심점 → 원가중심점

수익중심점

이익중심점

어느 회사(연결실체)가 지배종속관계가 있는 A 부문(생산법인)과 B 부문(판매법인)으로 구성되어 있으며, A 부문의 모든 매출은 B 부문에 제공하는 사내거래라고 가정하자.

첫 번째 **사내조직을 책임 단위로 구분한다.**
- 이익극대화를 위한 궁극적인 단위인 '회사 전체'가 하나의 경제적 실체로 존재하고,
- 회사 내에는 사내거래를 하고 있는 생산법인 A와 판매법인 B라는 '부문'이 존재하며,
- 각 부문 내에는 3개의 판매, 구매 및 관리 '부서'가 존재한다.

두 번째 **그 책임 단위별로 책임기준을 설정한다.**
- 회사 전체의 이익을 극대화하기 위해서 그 회사 전체는 당연히 '이익중심점(영업이익)'으로 설정한다.
- 여기서, 회사 전체 기준의 공헌이익계산서를 작성할 때, 내부거래인 A 부문의 매출액과 B 부문의 변동비를 단순 합산하게 되면, 회사 전체 기준의 매출액과 변동비는 그 내부거래만큼 과대 표시된다. 따라서, 이를 방지하기 위하여 내부거래를 서로 상계하게 되는데, 이로 인해 A 부문 매출액과 B 부문 변동비의 크기는 회사 이익에 전혀 영향을 주지 못하게 된다. 따라서, A 부문은 이익중심점이 아니라 변동비와 고정비의 원가를 책임지는 원가중심점으로 설계하며, B 부문은 매출액을 책임지는 수익중심점과 고정비를 책임지는 원가중심점으로 설정한다.
- 또한, 각 부문을 기능적으로 담당하고 있는 부서는 각각의 본질적인 역할에 기반하여 '수익중심점(매출액)' 또는 '원가중심점(변동비 및 고정비)'으로 설정한다.

즉, 사내거래가 있는 경우에는 사내거래가격의 결정에 소요되는 역량낭비를 최소화하기 위하여 각 부문을 이익중심점으로 설계하지 않는 것이 일반적이다. 그러나, 대외경쟁력의 향상 등을 위해 사내거래가격을 부문 간에 협상하는 경우도 존재한다. 또한, 해외 지점 또는 해외 자회사와의 국제거래에 있어서 국가간 법인세율의 차이를 활용한 전략적 절세를 위하여 각 부문을 이익중심점으로 설계하지 않는 경우도 존재한다. 이는 세율이 낮은 국가에 전략적으로 이익을 많이 인식하는 경우에, 회사 전체로는 세금을 절감할 수 있기 때문이다. 이를 위해 사내거래가 있는 A 부문의 판매부서와 B 부문의 구매부서를 총괄하는 대체가격/이전가격 팀을 별도로 운영하기도 한다.

그러면 이렇게 공헌이익계산서에 기초한 책임중심점의 설계와 운영만으로 수익성을 극대화할 수 있을까?

(4) 책임회계 – Action

④ 전통적 책임회계의 문제점

전통적 성과지표	➕ 추가된 성과지표	➡ BSC 성과지표
재무적 (Financial)	비재무적 (Non-Financial)	재무적 + 비재무적
결과 (Result)	원인 (Cause)	결과 + 원인
과거중심 (Past)	미래중심 (Future)	과거중심 + 미래중심
단기적 (Short-term)	장기적 (Long-term)	단기적 + 장기적
외부적 (External)	내부적 (Internal)	외부적 + 내부적

전통적 지금까지 살펴본 PDCA의 전 과정은, '수익성 극대화'라는 목적을 달성하기 위하여 공헌이익계산서상에 책임중심점을 설정하여 이익, 수익 및 원가와 같은 '재무적(Financial)' 성과지표만을 고려하였다. 따라서, 숫자로 표현되는 과거(Past)의 재무적(Financial)인 결과(Result)에만 관심을 가지게 되었고, 그 목표 미달의 원인과 개선사항을 단기적(Short-term)인 관점에서 당장 해결할 수 있는 외부(External)에서만 찾으려 하였다. 그 결과, 목표 미달의 문제점이 근본적으로 해결되지 못하는 한계에 부딪히게 되었다.

예를 들어, 공헌이익계산서상의 매출액, 변동비, 고정비 및 영업이익의 실적이 계획에 미달한 경우에, 그 원인 및 개선사항을 외부 이해관계자인 고객과 공급자에게 돌려서, 판매단가의 인상 또는 구매단가의 인하로만 문제를 해결하려고 하였다. 즉, 다음과 같은 관점에서 원인을 찾아 그 문제를 해결하려고 노력하지 않았다는 것이다.

- 직원의 전문성에는 문제가 없었는지?
- 고객에 대응하는 직원의 업무처리속도에는 문제가 없었는지?
- 고객유지율을 떨어뜨리는 고객만족도에는 문제가 없었는지?

개선책 이에 대한 개선책으로, 직원역량의 강화, 내부프로세스의 개선 및 고객의 감동 등과 같이 숫자로 표현되지 않는 비재무적(Non-financial)인 성과에 대한 지표를 추가하고, 문제의 원인(Cause)을 내부(Internal)에서부터 파악하고 개선하여, 장기적(Long-term)인 관점에서 미래(Future) 성과를 향상시킬 필요성이 제기되었다. 그 결과, 균형성과표(BSC)가 고안되었다.

그러면 균형성과표(BSC)란 무엇인가?

(4) 책임회계 - Action

⑤ 책임회계의 개선 - 균형성과표(BSC)

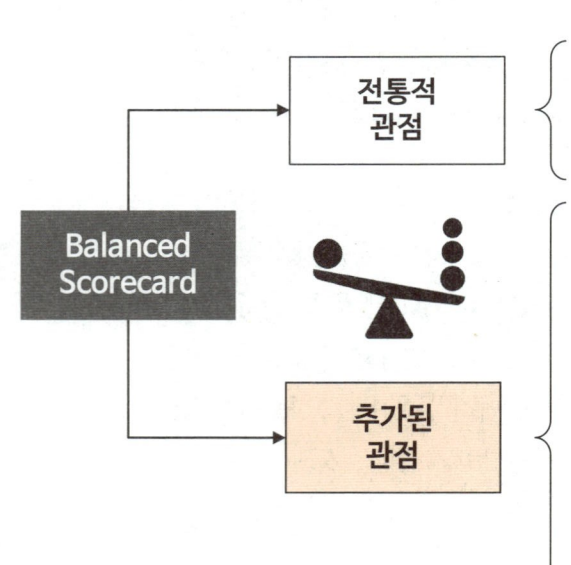

(예: 매출) **BSC Strategy Map**

관점	CSF	KPI	목표
재무 Financial	매출 증대	매출증가율	10% 성장
고객 Customer	고객유지율	재주문율	90%
내부프로세스 Internal Process	처리속도	주문부터 배달까지 소요시간	30분
학습과 성장 Learning & Growth	직원 전문성	정기교육	월 3시간

BSC   균형성과표(BSC: Balanced Scorecard)는 이러한 한계에 직면한 전통적인 성과지표에 비재무적, 내부적, 원인, 장기적 및 미래 중심적인 다양한 성과지표를 추가하여, 그 성과지표 간에 균형을 이루도록 하는 방법을 말한다. 이러한 5가지 성과지표 간에 균형을 유지하기 위해서 BSC 전략지도(BSC Strategy Map)라는 Framework를 만들어 활용한다. 이를 통해 전통적인 공헌이익계산서 중심의 재무적인 관점뿐만 아니라, 고객 관점, 내부프로세스 관점 및 학습과 성장 관점에서 핵심성공요소(CSF) 및 핵심성과지표(KPI)를 관리하게 한다.

예를 들어, 매출증대는 높은 고객유지율로 뒷받침되고, 그 고객유지율은 빠른 업무처리속도를 통해 지원이 되며, 그 업무처리의 속도는 직원의 전문성을 통해 확보된다. 즉, 재무적 성과를 내기 위해서 고객관계와 내부프로세스를 개선해야 하며, 장기적으로는 직원의 학습능력을 길러야 한다는 것을 의미한다. 따라서, 핵심성과지표(KPI)를 공헌이익계산서 중심의 재무적 관점에서만 설정하여 관리하는 것이 아니라, 인과관계에 의해 도출된 고객 관점, 내부프로세스 관점 및 학습과 성장 관점에서도 계량화하여 관리해야 한다는 것을 말한다.

한계   균형성과표(BSC)는 이론적으로는 우수하나, 실무적으로 다음과 같은 한계가 존재한다.

- **인과관계를 파악하기 쉽지 않다.**
    업무성과는 인과관계만으로 모두 설명되는 것이 아니며, 오히려 인과관계로 설명되지 않는 경우가 더 많다. 예를 들어, 직원에 대한 정기교육이 실제로 업무처리의 속도를 얼마나 높이는지, 그리고 업무처리속도의 증가가 실제로 직원에 대한 정기교육에 의해서인지 여부가 불명확하다. 즉, 핵심성과지표(KPI)로 계량화할 수 없는 많은 요인들이 존재한다는 것이다.

- **시간 차이가 존재한다.**
    인과관계가 존재한다고 하더라도, 4가지 관점에서의 성과가 시점의 차이를 두고 순차적으로 나타난다. 예를 들어, 직원의 전문성을 키워서 업무처리속도를 높이고, 이렇게 빨라진 업무처리속도가 고객을 감동시켜서 매출이 증가하기까지는 상당한 시간이 걸린다. 즉, 1년이라는 회계기간을 단위로 그 업무성과를 평가하는 것이 적절하지 않을 수 있다는 것이다.

III. 기업재무(Corporate Finance)

1 기업재무 – 주식가치의 평가(Valuation)

1) 현금흐름할인법(DCF Method)
2) 배수법(Multiple Method)

2 기업재무 – 주식가치의 극대화(Shareholder Wealth Maximization)

1) 자본구조의 변경
2) 신규투자 의사결정

III.1. 기업재무 – 주식가치의 평가(Valuation)

영역		질문	가치	대상	다루는 내용
좋은 회사	상태	**1** 좋은 회사인가? (재무회계)	장부 가치	실적/계획 I/S, B/S, CFS (과거·현재·미래)	I.1. 재무비율분석
	방법	**2** 어떻게 좋은 회사를 만들 수 있을까? (관리회계)			I.2. 추정 재무제표의 작성
					II.1. 목표달성관리 (PDCA)
주식가치 (기업재무)	상태	**3** 주식가치는 얼마인가?	존속 가치	$NPV = \sum_{n=0}^{N} \frac{FCF_n}{(1+r)^n}$ ← FCF, WACC / 기업가치, 주식가치	III.1.1) 현금흐름할인법 (DCF Method)
					III.1.2) 배수법 (Multiple Method)
	방법	**4** 어떻게 주식가치를 올릴 수 있을까?			III.2.1) 자본구조의 변경
					III.2.2) 신규투자 의사결정

3 주식가치는 얼마인가?

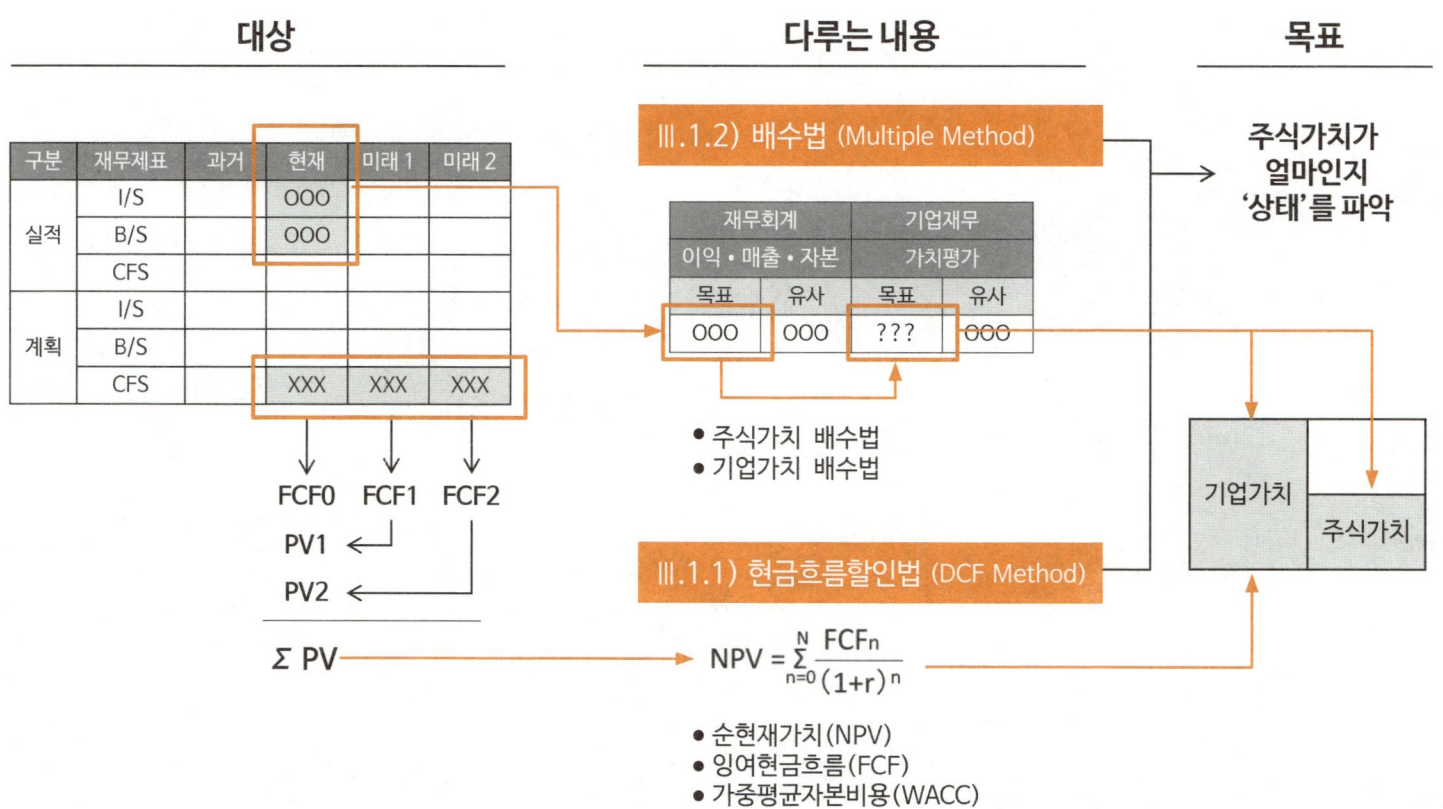

Ⅲ. 기업재무(Corporate Finance)

1 기업재무 – 주식가치의 평가(Valuation)

1) 현금흐름할인법(DCF Method)
   (1) 순현재가치(NPV)
   (2) 잉여현금흐름(FCF)
   (3) 가중평균자본비용(WACC)
   (4) 기업가치와 스타트업의 투자유치
2) 배수법(Multiple Method)

2 기업재무 – 주식가치의 극대화(Shareholder Wealth Maximization)

1) 자본구조의 변경
2) 신규투자 의사결정

(1) 순현재가치(NPV)

① 현금흐름과 시간가치

미래가치화
- Y0 차입: 1,000 (이자율 = 10%)
- Y1 상환: 원금 1,000 + 이자 100

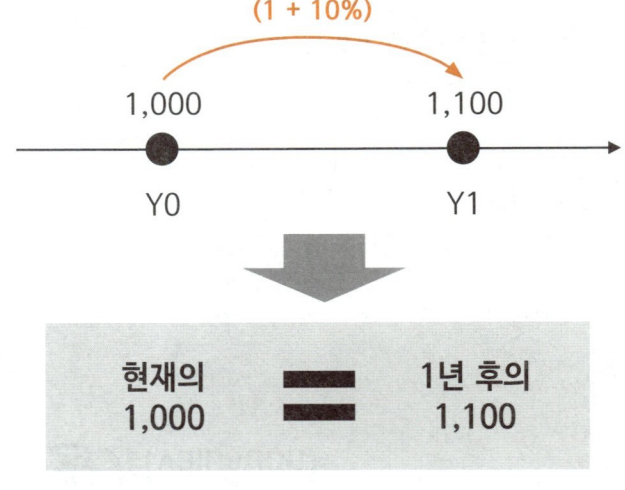

현재의 1,000 = 1년 후의 1,100

현재가치화
- Y1 가치: 1,100
- Y0 가치: 1,000

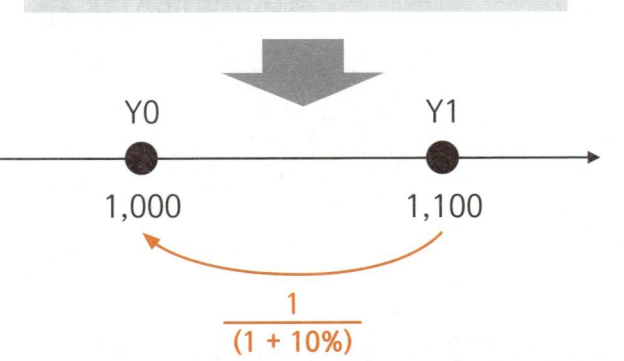

기업재무와 재무회계 간에는 다음과 같은 2가지 차이점이 존재한다.

첫째 **기업재무는 손익 대신에 현금흐름(Cash Flow)을 다룬다.**

재무회계에서는 발생주의 및 수익비용대응과 같은 회계원칙을 적용하여 연도별로 합리적인 경영성과를 도출하고자 한다. 따라서, 현금의 유출과 유입 시점과는 무관하게 '발생주의에 의한 손익'을 기록하고 분석한다. 그러나, 기업재무에서는 모든 계정과목이 결국 현금으로 수렴되며, 자의적 회계처리를 배제한 현금만이 기업의 실체를 제대로 반영한다고 봐서 '현금주의에 의한 현금흐름'을 활용하고 관리한다.

둘째 **기업재무는 시간가치(Time Value)를 고려한다.**

재무회계에서는 과거와 현재에 발생한 경제적 사건을 역사적 금액으로 회계장부에 기록하여, 그 장부가치를 기준으로 회사를 평가한다. 그러나, 기업재무에서는 현재와 미래에 발생하는 경제적 사건을 현재 시점의 가치로 환산하여, 그 존속가치를 기준으로 기업을 평가한다.

예를 들어, Y0(현재)에 은행으로부터 1,000을 10%의 이자율로 차입하면, Y1(미래)에 원금 1,000에 이자 100(= 1,000 * 10%)을 가산하여 1,100을 은행에게 상환해야 한다. 시간가치를 고려하여 현재와 미래의 경제적 사건을 모두 미래 시점의 가치로 환산하면, Y0(현재)의 1,000은 Y1(미래)의 1,100과 동일하다는 것을 알 수 있다. 이와는 반대로, 현재 시점의 가치로 환산하면 Y1(미래)의 1,100은 Y0(현재)의 1,000과 동일하게 되는데, 이렇게 현재와 미래의 경제적 사건을 현재 시점의 가치로 환산하는 것을 '할인(Discount)'이라고 한다. 기업재무에서는 일반적으로 미래 시점의 가치로 환산하지 않고 할인을 통해 현재 시점의 가치로 환산한다. 이는 현재와 미래에 발생하는 경제적 사건에 대해 어떠한 의사결정을 하기 위해서는 현재 시점의 정보가 필요하기 때문이다.

그러면 이러한 현금흐름과 시간가치를 모두 고려하는 순현재가치(NPV)에 대해 살펴보자.

(1) 순현재가치(NPV)

② 순현재가치(NPV)

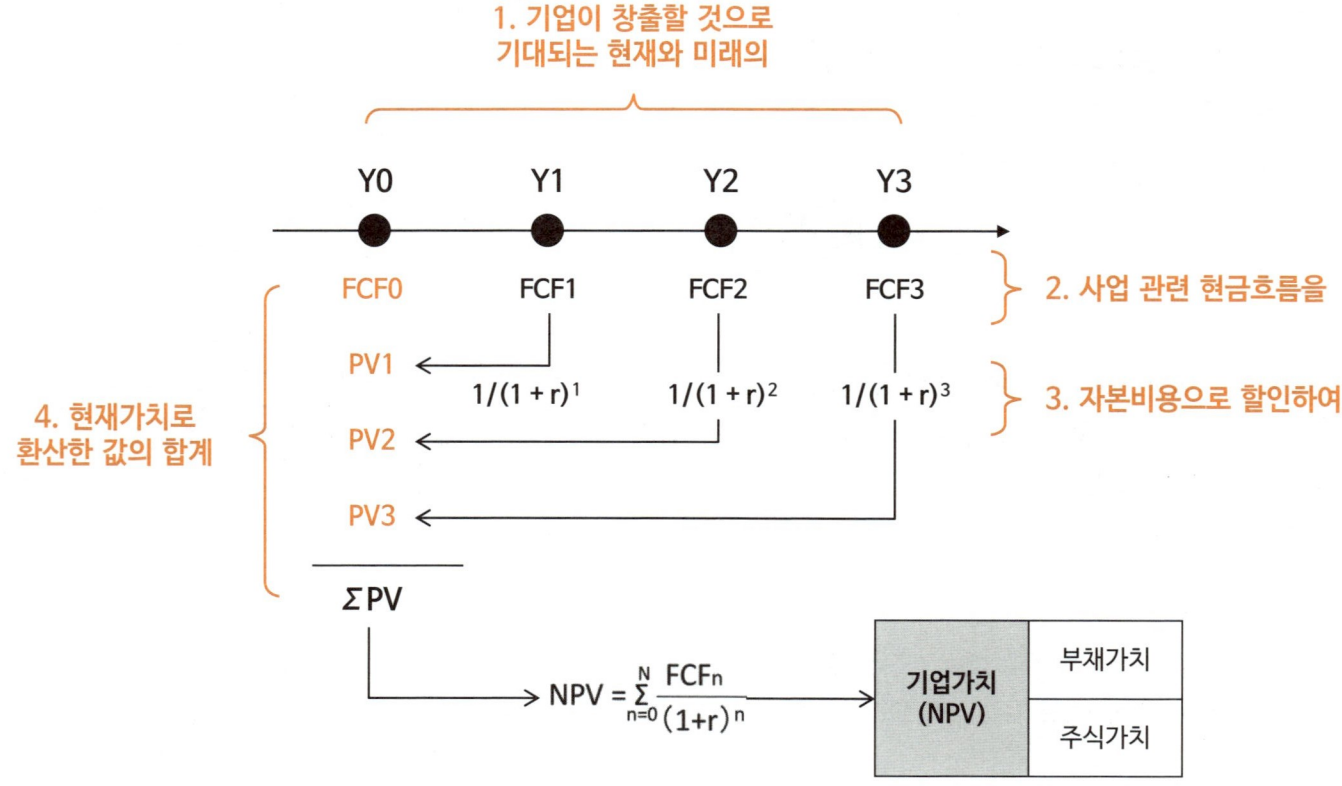

순현재가치(NPV: Net Present Value)의 정의는 다음과 같이 4개로 구성된다.

첫째 '**기업이 창출할 것으로 기대되는 현재와 미래의**'란, 과거를 대상으로 하는 것이 아니라 향후 기대되는 현재와 미래를 대상으로 한다는 것을 말한다. 이는 기업재무에서의 어떤 가치란 '존속가치'를 의미하는데, 그 존속가치는 영업활동을 계속한다는 가정에 의해 현재와 미래만을 반영하기 때문이다.

둘째 '**사업 관련 현금흐름을**'이란, 다음과 같이 2가지로 구분할 수 있다.
- 자금의 조달 및 상환과 같은 재무활동 현금흐름을 대상으로 하는 것이 아니라, 영업활동 및 투자활동과 관련한 현금흐름만을 대상으로 한다는 것을 말한다. 이는 재무활동 현금흐름이 시간가치(Time Value)를 고려하는 과정에서 자본비용이라는 할인율(Discount Rate)의 형태로 반영되기 때문이다.
- 또한, 손익계산서의 손익이 아니라, 현금흐름을 대상으로 한다는 것을 말한다. 이는 손익계산서의 손익이 발생주의 및 수익비용대응과 같은 회계원칙에 의해 조정되어 기업의 객관적인 실체를 제대로 반영하지 못하므로, 기업재무에서는 현금주의를 채택하고 있기 때문이다.

셋째 '**자본비용으로 할인하여**'란, 기업 입장에서 현재 투자하고 있는 투자안에 대해 다시 투자할 경우에 얻을 수 있는 재투자수익률이 아니라 투자자 입장에서 새로운 투자안에 대해 요구하고 있는 기대수익률로 할인한다는 것을 말한다. 이는 은행 또는 주주와 같은 투자자로부터 사업자금을 조달하여 그 사업을 시작하는 것을 가정하기 때문이다. 따라서, 여기에서의 자본비용이란 은행으로부터의 차입이자율과 주주로부터의 요구수익율을 의미한다.

넷째 '**현재가치로 환산한 값의 합계**'란, 미래 시점의 가치가 아니라 시간가치(Time Value)를 고려하여 현재와 미래의 모든 현금흐름을 현재 시점의 가치로 환산한다는 것을 말한다. 이는 1,000에 대한 Y0(현재)과 Y1(미래)의 가치가 서로 상이하기 때문이며, 현재 시점에서 투자 및 경영 의사결정을 하기 위해서는 현재 시점의 가치로 환산한 현재 시점의 정보가 필요하기 때문이다.

그러면 이러한 순현재가치(NPV)를 왜 기업가치라고 부르는가?

(1) 순현재가치(NPV)

③ 기업가치의 정의

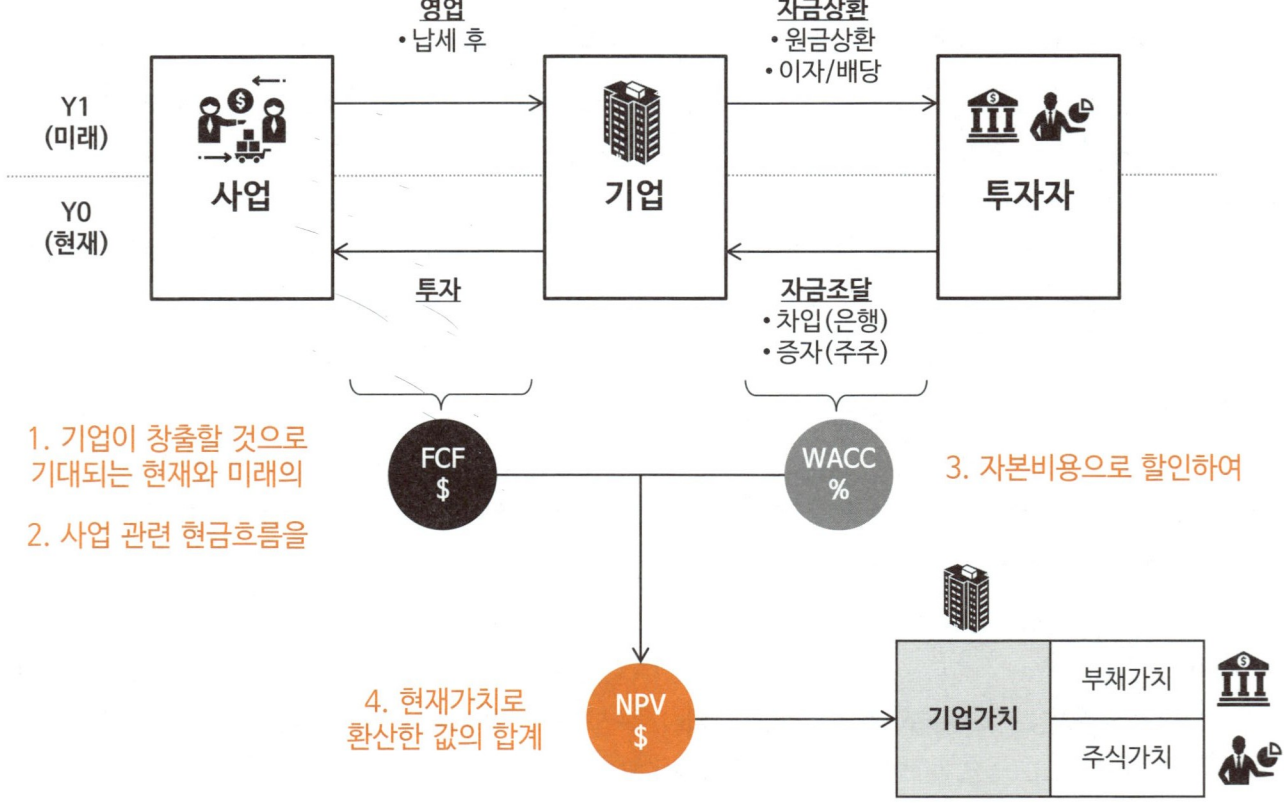

기업활동 어느 한 기업이 1년짜리 사업을 기획하고 있으며, 그 자금흐름은 다음과 같다고 가정하자.

Y0(현재)
- 기업은 사업에 필요한 자금을 조달하기 위하여 차입 또는 유상증자를 한다.
- 기업은 이렇게 조달한 자금을 사업에 투자하여 기계 또는 설비 등을 취득한다.

Y1(미래)
- 기업은 1년간 사업을 하여, 각종 경비 및 세금을 차감한 후의 현금을 벌어들인다.
- 기업은 원금에 이자 또는 배당을 가산하여 투자자에게 상환한다.

기업가치 위의 기업활동을 순현재가치(NPV)의 정의에 대응시켜 보면 다음과 같다.

기업가치	용어	순현재가치(NPV)
Y0(현재) 사업에 투자 Y1(미래) 사업으로부터 회수	잉여현금흐름 FCF($)	1. 기업이 창출할 것으로 기대되는 현재와 미래의 2. 사업 관련 현금흐름을
Y0(현재) 투자자로부터 자금을 조달 Y1(미래) 투자자에게 자금을 상환	가중평균자본비용 WACC(%)	3. 자본비용으로 할인하여
위와 같은 기업활동을 통해, '창출'되는 현재 시점의 가치	순현재가치 NPV($)	4. 현재가치로 환산한 값의 합계

기업가치란 기업활동을 통해 '창출'되는 현재 시점의 가치로 정의되는데, 이는 순현재가치(NPV)의 정의와 정확히 일치한다. 따라서, 잉여현금흐름(FCF)을 가중평균자본비용(WACC)으로 할인하여 현재 시점의 가치로 환산한 순현재가치(NPV)를 '기업가치'라고 부르며, 그 기업가치에서 부채가치를 차감하여 '주식가치'를 추정할 수 있다.

그러면 이러한 기업가치는 어떻게 계산하는가?

(1) 순현재가치(NPV)

④ 기업가치의 계산

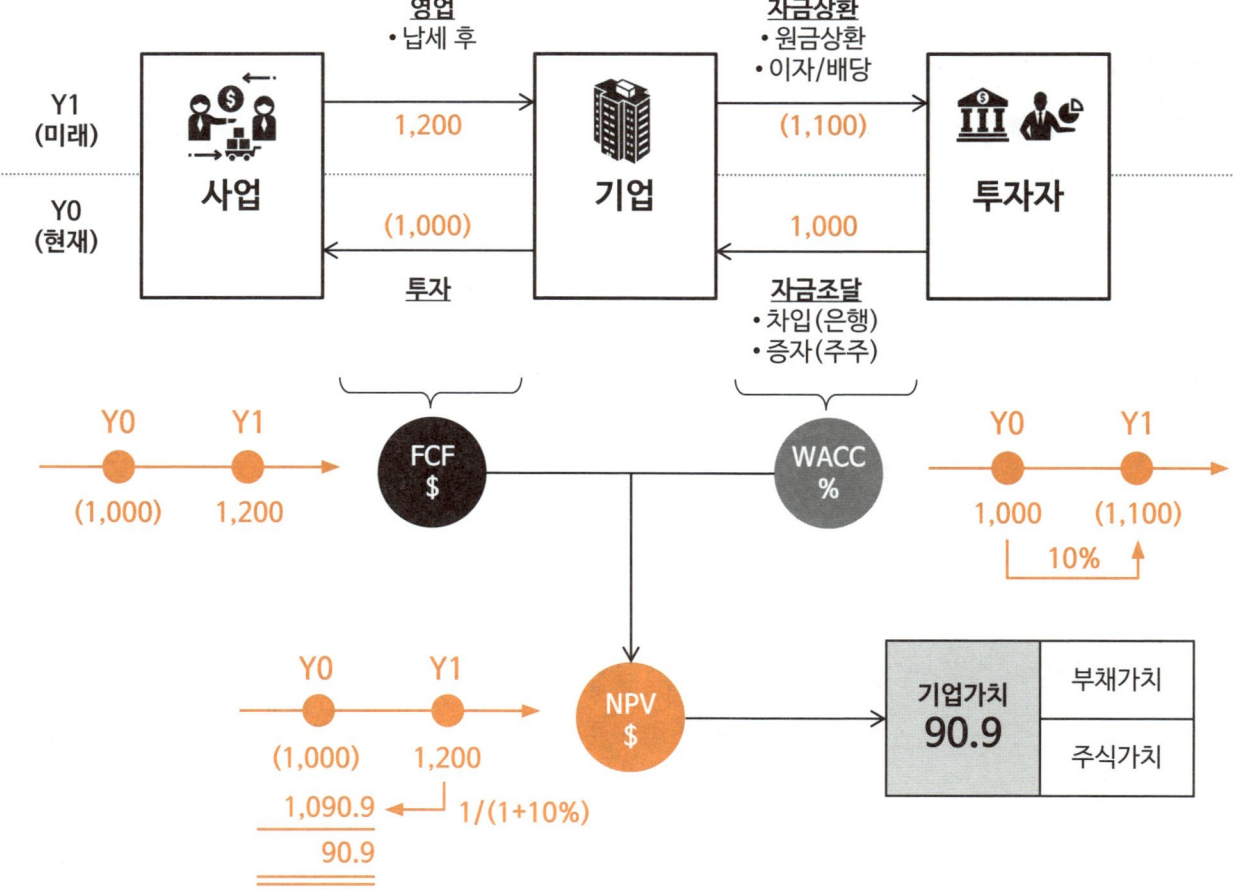

사례 어느 한 기업이 1년짜리 사업을 기획하고 있으며, 그 자금흐름은 다음과 같다고 가정하자.

Y0(현재)
- 기업은 사업에 필요한 자금을 조달하기 위하여 은행으로부터 10%의 이자율로 1,000을 차입한다.
- 기업은 이렇게 조달한 1,000을 모두 사업에 투자하여 기계 또는 설비 등을 취득한다.

Y1(미래)
- 기업은 1년간 사업을 하여, 각종 경비 및 세금을 차감한 후의 현금 1,200을 벌어들인다.
- 기업은 원금 1,000에 이자 100(= 1,000 * 10%)을 가산하여 1,100을 은행에 상환한다.

계산 기업가치인 순현재가치(NPV)를 구하는 방법은 다음과 같다.

기업가치	용어	순현재가치(NPV)
Y0(현재) − 1,000을 사업에 투자 Y1(미래) + 1,200을 사업으로부터 회수	잉여현금흐름 FCF($)	Y0(현재) − 1,000 Y1(미래) + 1,200
Y0(현재) + 1,000을 은행으로부터 조달 Y1(미래) − 1,100을 은행에 상환	가중평균자본비용 WACC(%)	(1,100 − 1,000) ÷ 1,000 = 10%(차입이자율)
위와 같은 기업활동을 통해, '창출'된 현재 시점의 가치	순현재가치 NPV($)	− 1,000 + 1,200 ÷ (1 + 10%) = 90.9

여기서 차입 및 원리금의 상환과 같은 재무활동 현금흐름은 잉여현금흐름(FCF)으로 분류하지 않고, 대신에 시간가치(Time Value)를 고려하는 과정에서 가중평균자본비용(WACC)의 형태로 반영한다. 즉, 자금의 조달 및 상환과 같은 재무활동 현금흐름은 기업재무에서 말하는 현금흐름이 아니라는 것이다.

그러면 비영업용자산이 있는 경우에 기업가치는 어떻게 계산하는가?

(1) 순현재가치(NPV)

⑤ 비영업용자산(NOA)

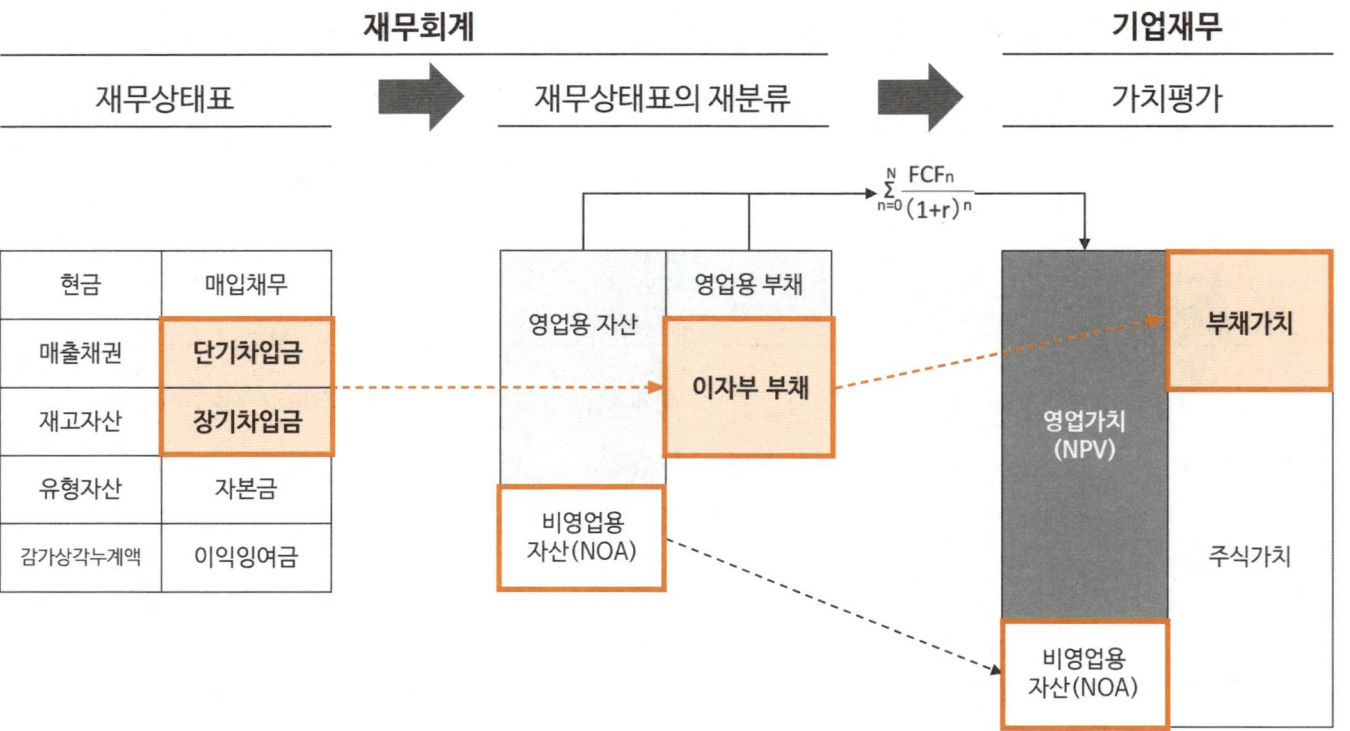

	실제로 기업가치란 기업의 본질적인 활동과 관련한 **영업가치**와 그 영업과 관련 없는 **비영업용자산**으로 구성된다. 지금까지는 영업가치만을 대상으로 기업가치를 평가하였으나, **비영업용자산이 존재하는 경우**에 어떻게 기업가치를 평가하는지에 대해 알아보자.
영업가치	우선, 영업가치는 **기업의 본질적인 활동과 관련한 기업가치**로서, **소득접근법**(Income Approach)인 현금흐름할인법(DCF Method)에 의해서, 현재와 미래에 기대되는 소득을 자본비용으로 할인하여 구한다.
비영업용자산	그리고, 비영업용자산은 **기업의 본질적인 활동과는 관련 없는 기업가치**로서, NOA(Non-Operating Asset)라고 한다. 예를 들어, 과다보유현금, 단기금융상품, 유가증권 및 초과보유부동산 등과 같은 것을 말하는데, 이러한 비영업용자산은 **자산접근법**(Asset Approach)에 의해 개별 자산의 시가로 평가한다.
방법	비영업용자산이 존재하는 경우에 기업가치를 구하는 방법에 대해 알아보자.

우선, 재무상태표의 계정과목을 3가지 유형으로 분류한다.
- 기업의 본질적인 활동과 관련한 **영업용 자산과 영업용 부채**
- 장/단기차입금과 같이 이자를 지급하는 **이자부 부채**
- 그 이외의 **비영업용 자산**

이렇게 분류된 3가지 유형의 계정과목은 각각 다음과 같이 가치평가에 반영된다.
- 영업용 자산과 영업용 부채는 **잉여현금흐름(FCF)에 포함되어 순현재가치(NPV)인 영업가치의 일부로** 평가되고,
- 이자부 부채는 **부채가치로** 평가되며,
- 비영업용 자산은 **기업가치에 추가적으로** 더해진다.

따라서, 기업가치는 **순현재가치(NPV)와 비영업용자산(NOA)의 합계**로서, 그 합계에서 부채가치를 차감하여 주식가치를 추정할 수 있다. 따라서, 비영업용자산이 존재하는 경우에는 그만큼의 주식가치가 증가하게 된다.

그러면	이제 순현재가치(NPV)를 구하는 데 필요한 2개 요소 중에서 잉여현금흐름(FCF)부터 살펴보자.

III. 기업재무(Corporate Finance)

1 기업재무 – 주식가치의 평가(Valuation)

1) 현금흐름할인법(DCF Method)
   (1) 순현재가치(NPV)
   (2) 잉여현금흐름(FCF)
   (3) 가중평균자본비용(WACC)
   (4) 기업가치와 스타트업의 투자유치
2) 배수법(Multiple Method)

2 기업재무 – 주식가치의 극대화(Shareholder Wealth Maximization)

1) 자본구조의 변경
2) 신규투자 의사결정

(2) 잉여현금흐름(FCF)

① 잉여현금흐름(FCF)의 계산식

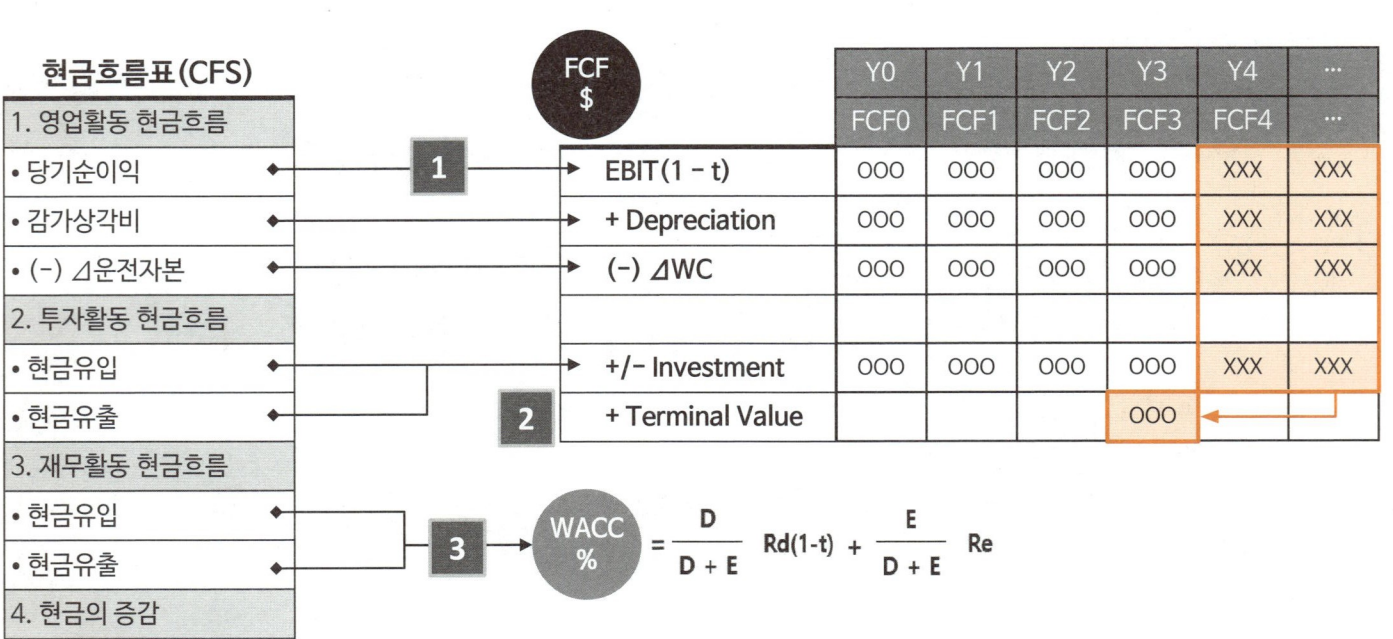

현금흐름 재무회계에서는 발생주의에 의한 손익계산서와 재무상태표뿐만 아니라, 현금주의에 의한 경영성과로서 현금흐름표도 작성한다. 이러한 현금흐름표는 기업의 중장기적인 자금조달능력을 파악하기 위해 모든 현금흐름을 영업활동, 투자활동 및 재무활동으로 구분한다.

FCF 반면에, 기업재무에서의 현금흐름은 '기업이 창출할 것으로 기대되는 현재와 미래의 사업 관련 현금흐름'을 말한다. 이는 사업에 투자하여 벌어들인 소득 중에서 주주 및 은행과 같은 투자자에게 원금과 이자 또는 배당의 형태로 자금을 상환하기 직전에 기업의 내부에 남아 있는 금액을 의미하는데, 이를 잉여현금흐름(FCF: Free Cash Flow)이라고 한다. 이러한 기업재무의 잉여현금흐름(FCF)과 재무회계의 현금흐름 간에는 다음과 같은 3가지 차이점이 존재한다.

첫째 재무회계에서 영업활동 현금흐름을 구성하는 **당기순이익 항목이, 기업재무에서는 EBIT(1-t)가** 된다. 재무회계에서는 주주에게 배당으로 귀속될 당기순이익만을 현금흐름의 대상으로 고려한다. 그러나, 기업재무에서는 주주뿐만 아니라 은행도 모두 투자자로 봐서, 그들 모두에게 귀속될 배당과 이자를 모두 지급하기 직전의 금액에서 세금을 차감한 후의 EBIT(1-t)를 현금흐름의 대상으로 보기 때문이다.

둘째 기업재무에서는 일정 추정기간의 마지막 연도에 **잔여가치(Terminal Value)를 가산**한다. 이는 미래의 현금흐름을 무한대로 추정할 수 없으므로 일정 추정기간 이후에 발생하는 모든 현금흐름을 특정한 가정을 통해 간단하게 계산하여 마지막 추정시점에 가산하기 때문이다.

셋째 재무회계에서의 **재무활동 현금흐름은 기업재무에서 말하는 현금흐름이 아니다.** 이는 재무회계와는 달리 기업재무에서는 시간가치(Time Value)를 고려하는데, 재무활동 현금흐름은 이때 사용되는 자본비용이라는 할인율의 형태로 반영되기 때문이다.

따라서, 기업재무의 잉여현금흐름(FCF) = EBIT(1-t) + Depreciation $-\triangle$WC +/- Investment가 되며, 마지막 추정시점에는 + Terminal Value가 추가된다.

그러면 첫 번째 차이점으로 EBIT이란 무엇인가?

(2) 잉여현금흐름(FCF)

② EBIT의 정의

이 책은 Ⅰ. 재무회계, Ⅱ. 관리회계 및 Ⅲ. 기업재무의 3개 영역을 다루고 있으며, 모든 영역에서 손익계산서를 분석하고 관리하며 활용하고 있다. 하지만, 각 영역에서 다루고 있는 손익계산서 간에는 약간의 차이가 존재하는데, 재무회계의 손익계산서를 기준으로 그 차이점을 설명하면 다음과 같다.

관리회계 관리회계에서 다루는 손익계산서는 '공헌이익계산서'라고 하는데, 그 기본적인 구성 및 항목이 재무회계의 손익계산서와 매우 상이하다.
- 매출액과 영업이익은 재무회계의 손익계산서와 일치하나,
- 비용의 구성과 항목은 매우 상이하다. 구체적으로, 비용항목과 관련하여 재무회계에서는 '매출에 대한 기능'에 따라 매출원가 및 판매비와 관리비로 분류하는 반면에, 관리회계에서는 '판매수량에 따른 변동 여부'에 따라 변동비와 고정비로 분류한다.

기업재무 한편, 기업재무의 손익계산서는 기본적으로 재무회계의 손익계산서와 동일하다.
- 매출액부터 당기순이익까지 그 구성 및 항목이 재무회계의 손익계산서와 모두 일치하나,
- 재무회계에 없는 EBIT(Earnings Before Interest and Taxes) 항목이 기업재무에 추가되었다. 재무회계에서는 주주에게 배당으로 귀속될 당기순이익만을 관리 대상으로 보지만, 기업재무에서는 주주뿐만 아니라 은행도 모두 투자자로 봐서, 그들 모두에게 귀속될 배당과 이자를 지급하기 전 단계의 금액인 EBIT를 관리 대상으로 보기 때문이다.
- 또한, EBIT는 영업이익과 원칙적으로 상이하나, EBIT = 영업이익으로 보기도 한다. 이는 미래의 추정 손익계산서를 작성할 때에 외환차손익, 평가손익 등과 같은 기타 영업외손익은 추정하기 쉽지 않으므로 일반적으로 0으로 가정하기 때문이다.
- 잉여현금흐름(FCF)에서는 기업이 사업을 통해 회수한 소득 중에서 은행과 주주에게 상환하기 직전의 금액인 EBIT에서 세금을 차감한 후의 EBIT(1-t)를 사용한다. 과세관청에 납부되는 법인세는 투자자에게 귀속되는 금액이 아니기 때문이다.

그러면 두 번째 차이점으로 잔여가치(Terminal Value)란 무엇인가?

(2) 잉여현금흐름(FCF)

③ 잔여가치(Terminal Value)의 계산

차이점 1 **2** 3

구분		추정				가정	
		Y0	Y1	Y2	Y3	Y4	…
EBIT(1 − t) + Depreciation − ΔWC		OOO	OOO	OOO	OOO	XXX	XXX
+/− Investment		OOO	OOO	OOO	OOO	XXX	XXX
FCF		FCF0	FCF1	FCF2	FCF3	FCF4	…
+ Terminal Value					OOO		
총 FCF		OOO	OOO	OOO	OOO		

영구 모형(Perpetuity)

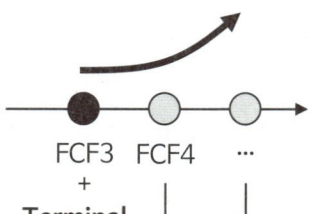

- g: 성장률
- r: 할인율

$$\frac{FCF3 * (1 + g)}{r - g}$$

청산 모형(Liquidation)

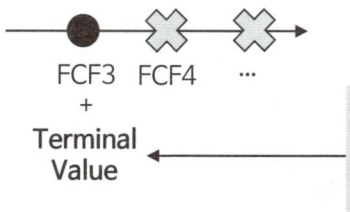

Y3 시점의
- 운전자본 장부가액
- 유형자산 장부가액

기업재무에서의 잉여현금흐름(FCF)은 재무회계에서 작성한 추정 손익계산서와 재무상태표를 기초로 하여 계산한다. 하지만, 미래의 재무제표를 무한대로 추정할 수 없으므로, 일정 추정기간 이후의 모든 현금흐름은 특정한 가정을 통해 도출한다. 이렇게 도출한 현금흐름을 마지막 추정시점의 가치로 간단히 계산하여 가산하는데, 이를 잔여가치(Terminal Value)라고 한다.

계산방법 마지막 추정시점에 잔여가치까지 고려한 총 잉여현금흐름(FCF)은 다음과 같이 계산한다.
- 예를 들어, 재무회계에서 Y3 시점까지만 추정 손익계산서와 재무상태표를 작성하였다고 하자.
- 그 추정 손익계산서와 재무상태표를 통해 Y3 시점까지의 잉여현금흐름(FCF)을 도출한다.
- Y3 시점 이후에는 특정한 가정을 통해 현금흐름을 도출하고, 그 모든 현금흐름을 Y3 시점의 가치로 환산하여 가산한다.
- 따라서, Y3 시점의 총 잉여현금흐름(FCF)은 FCF3 + 잔여가치(Terminal Value)가 된다.

여기서, 추정기간 이후의 현금흐름은 다음의 2가지 가정에 의해 마지막 추정시점의 가치로 간단히 계산한다.

첫째 **영구 모형(Perpetuity)**은, 기업이 영구적으로 존속한다고 가정하는 방법이다.
- 고든의 성장모형(Gordon Growth Model)을 이용하여 미래의 영구적 현금흐름을 마지막 추정시점의 현재가치로 환산하는데, 이 책에서는 공식의 도출 과정은 생략하고 그 활용 방법만을 설명한다.
- $g>0$이면 현금흐름이 매년 $g\%$만큼 성장한다는 항상성장모형이고, $g=0$이면 현금흐름이 매년 일정하다는 제로성장모형이다. 그리고, 할인율인 r은 주로 가중평균자본비용(WACC)을 사용한다.

둘째 **청산 모형(Liquidation)**은, 기업이 마지막 추정시점에 청산한다고 가정하는 방법이다.
- 마지막 추정시점의 운전자본(매출채권 + 재고자산 − 매입채무)을 당장 현금화하고, 유형자산은 장부가액으로 당장 처분한다고 본다. 그리고, 이러한 운전자본과 유형자산 이외의 다른 자산 및 부채는 없다고 본다.

그러면 세 번째 차이점으로 재무활동 현금흐름은 순현재가치(NPV)를 구하는 데 어떻게 활용되는가?

(2) 잉여현금흐름(FCF)

④ 재무활동 현금흐름과 자본비용

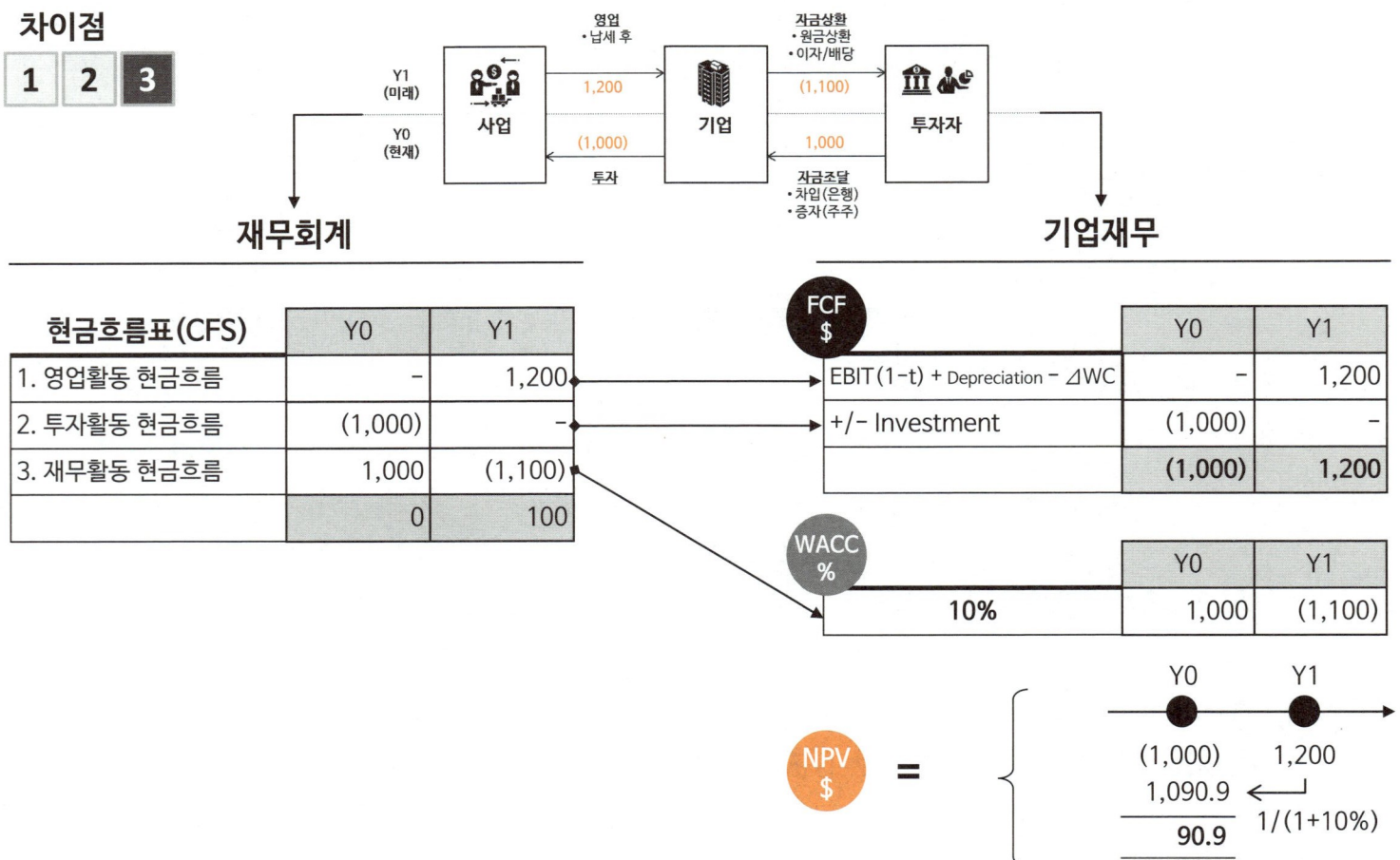

사례 어느 한 기업이 1년짜리 사업을 기획하고 있으며, 그 자금흐름은 다음과 같다고 가정하자.

Y0(현재)
- 기업은 사업에 필요한 자금을 조달하기 위하여 1,000을 유상증자한다.
- 기업은 이렇게 조달한 1,000을 모두 사업에 투자하여 기계 또는 설비 등을 취득한다.

Y1(미래)
- 기업은 1년간 사업을 하여, 각종 경비 및 세금을 차감한 후의 현금 1,200을 벌어들인다.
- 기업은 원금 1,000에 배당 100을 가산하여 1,100을 주주에게 상환한다.

재무회계 재무회계에서의 현금흐름은 영업활동, 투자활동 및 재무활동의 3가지 현금흐름을 모두 대상으로 하고, 시간가치(Time Value)는 고려하지 않는다.
- Y0(현재): 자금조달로 인한 +1,000의 현금유입과 투자로 인한 -1,000의 현금유출이 존재한다.
- Y1(미래): 사업으로부터 +1,200의 현금유입과 자금상환으로 인한 -1,100의 현금유출이 존재한다.

기업재무 한편, 기업재무에서의 잉여현금흐름(FCF)은 영업활동 및 투자활동으로 인한 현금흐름만을 대상으로 하며, 자금의 조달 및 상환과 같은 재무활동 현금흐름은 잉여현금흐름(FCF)으로 보지 않는다.
- Y0(현재): 투자로 인한 -1,000의 현금유출만 존재한다.
- Y1(미래): 사업으로부터 +1,200의 현금유입만 존재한다.

대신에, Y0(현재)의 자금조달 +1,000과 Y1(미래)의 자금상환 -1,100과 같은 재무활동 현금흐름은 시간가치(Time Value)를 고려하는 과정에서 가중평균자본비용(WACC)이라는 할인율 형태로 반영된다. 이러한 자본비용으로 위의 잉여현금흐름(FCF)을 할인하여 순현재가치(NPV)를 구하므로, 기업재무에서도 모든 현금흐름을 반영하여 기업가치인 순현재가치(NPV)를 구한다고 볼 수 있다.

그러면 사례를 통해서 잉여현금흐름(FCF)을 구해 보자.

(2) 잉여현금흐름(FCF)

⑤ 연습문제

추정 손익계산서와 재무상태표

구분	계정과목	추정			
		Y0	Y1	Y2	Y3
I/S	감가상각비	-	100	100	100
	EBIT	-	1,500	2,000	2,500
B/S	매출채권	-	100	200	100
	재고자산	-	300	500	400
	매입채무	-	(200)	(300)	(200)
	WC	-	200	400	300
	취득원가	500	500	500	500
	감가상각누계액	-	(100)	(200)	(300)
	유형자산	500	400	300	200

t = 40%

잉여현금흐름(FCF)

구분	추정				가정
	Y0	Y1	Y2	Y3	Y4
EBIT(1 - t)	-	900	1,200	?	
+ Depreciation	-	100	100	?	
(-) ⊿WC	-	(200)	(200)	?	
+/- Investment	(500)	-	-	?	
FCF	(500)	800	1,100	①	FCF4
+ Terminal Value	-	-	-	②	
총 FCF	(500)	800	1,100	③	

영구 모형		청산 모형
항상성장	제로성장	
• r = 10% • g = 2%	• r = 10% • g = 0%	N/A

한 기업이 어느 사업을 기획하고 있으며, 이에 대한 3년간의 추정 손익계산서와 재무상태표를 작성하였다. 이를 기초로 잉여현금흐름(FCF)을 계산하여 순현재가치(NPV)를 구하려고 한다. 여기에서 마지막 추정시점인 Y3 시점의 총 잉여현금흐름(총 FCF3)을 구해 보자.

총 FCF3
- **Y3 시점의 잉여현금흐름(FCF3)**

    EBIT(1 − t) + Depreciation − ΔWC +/− Investment = 2,500 * (1 − 40%) + 100 − (300 − 400) + 0 = 1,700

- **잔여가치(Terminal Value)**

    Y3 시점 이후에 발생하는 모든 현금흐름을 Y3 시점의 가치로 간단히 계산하여 가산한다.

#	구분	영구 모형 항상성장	영구 모형 제로성장	청산 모형
①	FCF3	1,700	1,700	1,700
②	잔여가치 (Terminal Value)	$\frac{1,700 * (1 + 2\%)}{(10\% - 2\%)}$	$\frac{1,700 * (1 + 0\%)}{(10\% - 0\%)}$	• 운전자본 = 100 + 400 − 200 • 유형자산 = 500 − 300
③	총 FCF3	1,700 + 21,675 = 23,375	1,700 + 17,000 = 18,700	1,700 + 300 + 200 = 2,200

위의 사례와 같이 추정시점 이후의 현금흐름에 대한 3가지 가정에 따라 잉여현금흐름(FCF)의 크기가 매우 달라지게 되며, 이는 결국 기업가치인 순현재가치(NPV)에 큰 영향을 준다. 따라서, 잉여현금흐름(FCF)을 구하는 과정에서 사업의 성격을 충분히 고려하여 잔여가치(Terminal Value)를 가정해야 한다.

그러면 이제 순현재가치(NPV)를 구하는 데 필요한 2개 요소 중에서 가중평균자본비용(WACC)에 대해 살펴보자.

Ⅲ. 기업재무(Corporate Finance)

1 기업재무 – 주식가치의 평가(Valuation)

1) 현금흐름할인법(DCF Method)
   (1) 순현재가치(NPV)
   (2) 잉여현금흐름(FCF)
   (3) 가중평균자본비용(WACC)
   (4) 기업가치와 스타트업의 투자유치
2) 배수법(Multiple Method)

2 기업재무 – 주식가치의 극대화(Shareholder Wealth Maximization)

1) 자본구조의 변경
2) 신규투자 의사결정

(3) 가중평균자본비용(WACC)

① 자본비용의 정의

	자본비용 (기업 입장)	요구수익률 (투자자 입장)

타인자본 — 이자 → 은행
       ← 차입/회사채

자기자본 — 배당/시세차익 → 주주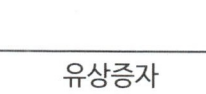
       ← 유상증자

우선 자본비용과 요구수익률에 대해 알아보자.

자본비용　기업재무에서의 자본비용(Cost of Capital)이란, 기업이 은행 및 주주와 같은 투자자에게 지급해야 할 대가를 말한다. 이는 손익계산서상의 '금액($)' 개념이 아니라, 기업 입장에서 투자자로부터 조달한 자금에 대해 지급해야 하는 대가로서의 '비율(%)' 개념이다.

요구수익률　한편 요구수익률이란, 은행 및 주주와 같은 투자자 입장에서 투자금액에 대해 기업에게 요구하는 수익률(%)을 말한다.

따라서, 자본비용과 요구수익률은 누구의 입장에서 보는가에 차이가 있을 뿐, 사실상 둘은 같은 개념이라고 할 수 있다. 예를 들어서, 어느 기업이 은행으로부터 자금 1,000을 10%의 이자율로 조달하고, 1년 후에 그 대가로서 이자 100을 지급했다고 가정하자. 기업 입장에서의 자본비용은 100이 아니라 10%이고, 이는 투자자 입장에서의 요구수익률이 된다.

종류　자본비용은 일반적으로 다음과 같이 2가지로 구성된다.

- **타인자본비용(Rd: Required Rate of Return on Debt)**은, 은행과 같은 채권자의 입장에서 차입금 또는 회사채에 대해 기업에게 요구하는 수익률(%)을 말한다. 이는 기업 입장에서 채권자로부터 조달한 타인자본에 대해 지급해야 하는 이자와 같은 대가(%)로서, 이를 Kd(Cost of Debt)라고도 한다.

- **자기자본비용(Re: Required Rate of Return on Equity)**은, 주주의 입장에서 유상증자를 통해 기업에 출자한 금액에 대해 기업에게 요구하는 최소 수익률(%)를 말한다. 이는 기업 입장에서 주주로부터 조달한 자기자본에 대한 배당(Dividend) 및 시세차익(Capital Gain)과 같은 대가(%)로서, 이를 Ke(Cost of Equity)라고도 한다.

그러면　가중평균자본비용(WACC)란 무엇인가?

(3) 가중평균자본비용(WACC)

② 가중평균자본비용(WACC)의 계산식

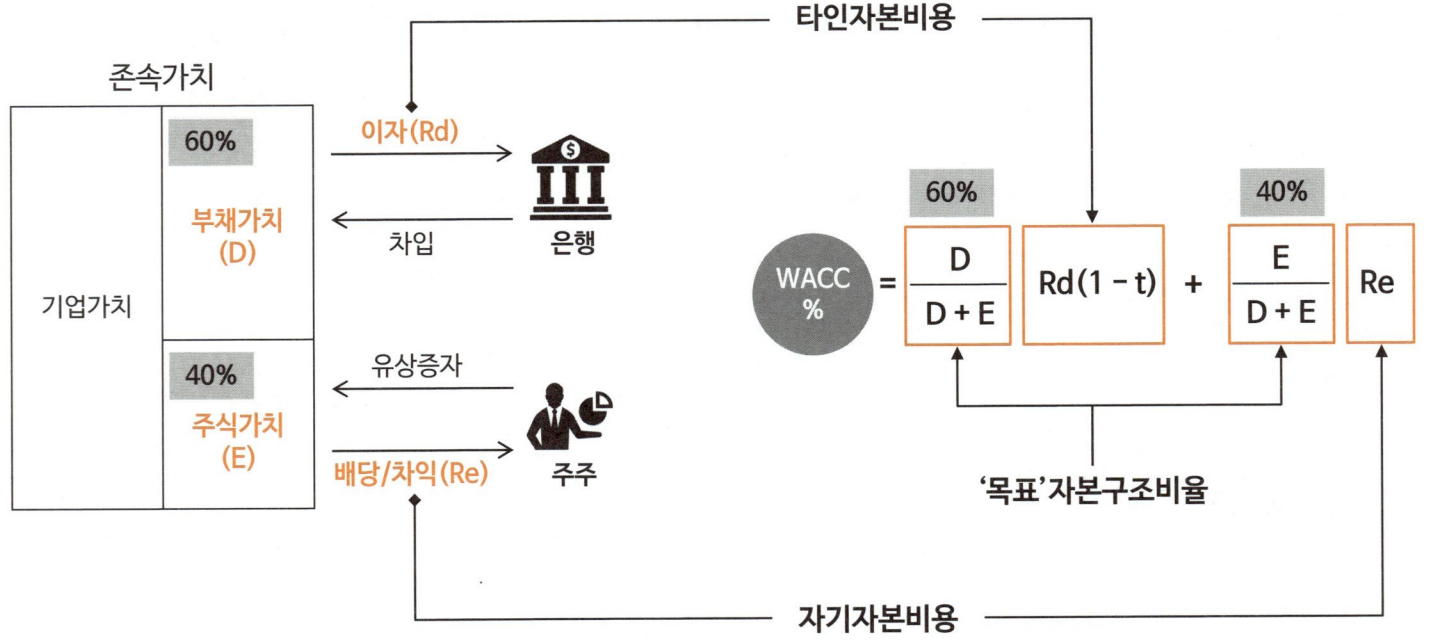

WACC   자본비용은 자본조달의 원천에 따라 상이한데, 일반적으로 타인자본비용(Rd)이 자기자본비용(Re)보다 저렴하다. 즉, 채권자가 요구하는 수익률이 주주가 요구하는 수익률보다 낮다는 것이다. 이는 다음과 같이 채권자가 부담하는 위험이 주주가 부담하는 위험보다 적기 때문이다.

- 손익계산서를 보더라도 채권자인 은행에게 이자를 먼저 지급하고, 이후 세금을 납부한 후의 잔여분을 주주에게 배당으로 지급한다.
- 파산을 했을 경우에도 채권자가 주주보다 잔여재산분배에 대해 우선순위를 갖는다.

가중평균자본비용(WACC: Weighted Average Cost of Capital)이란, 이렇게 자본조달의 원천에 따라 상이한 자본비용을 자본구조비율에 따라 평균화한 자본비용을 말한다. 즉, 기업은 일반적으로 타인자본과 자기자본을 모두 이용하여 자금을 조달하는데, 그 조달한 자금의 크기로 가중치를 두고 타인자본비용과 자기자본비용의 평균자본비용을 구하는 것이다.

이러한 가중평균자본비용(WACC)은 은행 및 주주와 같은 투자자 입장에서의 평균 요구수익률을 의미하며, 기업 입장에서는 사업에서 벌어들여야 하는 최소 수익률 또는 허들레이트(Hurdle Rate)를 의미한다.

자본구조비율   가중평균자본비용(WACC)을 구할 때 사용하는 자본구조비율은 재무상태표상의 '장부가치'가 아니라 가치평가에서의 '존속가치'를 기준으로 한다. 그런데, 자본구조비율을 존속가치로 하면 논리상의 문제점이 발생한다. 왜냐하면, 가중평균자본비용(WACC)을 구하는 목적이 순현재가치(NPV)를 계산한 후 부채가치를 차감하여 존속가치 기준의 주식가치를 구하는 것인데, 반대로 가중평균자본비용(WACC)을 계산하기 위해 존속가치 기준의 주식가치를 필요로 하는 상황이 되어 버린다. 따라서, 실무적으로 가중평균자본비용(WACC)을 구할 때에는, 기업이 장기적으로 지향하는 존속가치 기준의 '목표'자본구조비율(업종평균부채비율 등)을 자본구조비율로 사용하는 것이 일반적이다.

그러면   자본비용 중에서 타인자본비용(Rd)에 대해 살펴보자.

(3) 가중평균자본비용(WACC)

③ 타인자본비용(Rd) - 절세효과

기업 A / **기업 B** (1,000)

이자비용 절세효과

손익계산서

항목	%	전부 자기자본	차이	1,000 타인자본
EBIT		500	-	500
이자비용	10%	0	(100)	(100)
법인세	40%	(200)	+ 40	(160) → 자본비용의 감소
당기순이익		300	(60)	240

투자자 현금흐름

항목		전부 자기자본	차이	1,000 타인자본
은행		0	100	100
주주		300	(60)	240
합계		300	+ 40	340 → FCF의 증가

[이자비용 절세효과]
1,000 * 10% * 40%
= D * Rd * t

기업 입장에서 타인자본비용(Rd)이 자기자본비용(Re)보다 저렴한 이유를 채권자가 부담하는 위험이 주주가 부담하는 위험보다 적기 때문이라고 했는데, 실질적인 이유가 하나 더 존재한다. 이를 이자비용 절세효과(Tax Shield)라고 하는데, 타인자본을 사용하면 그 이자비용이 법인세를 줄여 주어, 그만큼 기업이 부담하는 실질이자율을 줄여 주거나 투자자에게 귀속되는 잉여현금흐름(FCF)을 증가시켜 주는 역할을 한다.

사례 EBIT이 500으로 같으나, 자본구조가 상이한 두 기업이 있다고 가정하자.

기업 A는 모두 자기자본으로 자금을 조달하였으며, 그 경영성과는 다음과 같다.
- 법인세 과세표준은 500(= EBIT)으로 법인세 200(= 500 * 40%)을 납부하고,
- 당기순이익 300은 주주의 배당재원이 되었다.

기업 B는 1,000을 타인자본으로 조달하고 나머지는 자기자본으로 조달하였으며, 그 경영성과는 다음과 같다.
- 법인세 과세표준은 400(= 500 - 100)으로 법인세 160(= 400 * 40%)을 납부하고,
- 이자비용 100은 은행에 지급하고, 당기순이익 240은 주주의 배당재원이 되었다.

자본비용의 감소 자본비용의 관점에서 보면, 타인자본 1,000이 이자비용 100(= D * Rd = 1,000 * 10%)만큼 법인세 과세표준을 줄여 주어 법인세를 40(= D * Rd * t = 1,000 * 10% * 40%)만큼 감소시켰다. 따라서, 실질 이자비용은 60(= 100 - 40)으로, 이는 타인자본을 사용함에 따라 자본비용(%)이 -Rd * t만큼 감소하였다고 보는 것이다.

FCF의 증가 한편, 잉여현금흐름(FCF) 관점에서 보면, 타인자본 1,000은 은행 및 주주와 같은 투자자에게 귀속되는 이자비용과 당기순이익을 300(= 0 + 300)에서 340(= 100 + 240)으로 40(= D * Rd * t = 1,000 * 10% * 40%)만큼 증가시켰다. 따라서, 타인자본을 사용함에 따라 잉여현금흐름($)이 +D * Rd * t만큼 증가하였다고 보는 것이다.

그러면 이자비용 절세효과(Tax Shield)는 이러한 2가지 관점에서 각각 어떻게 활용되는가?

(3) 가중평균자본비용(WACC)

④ 타인자본비용(Rd) - 절세효과의 활용

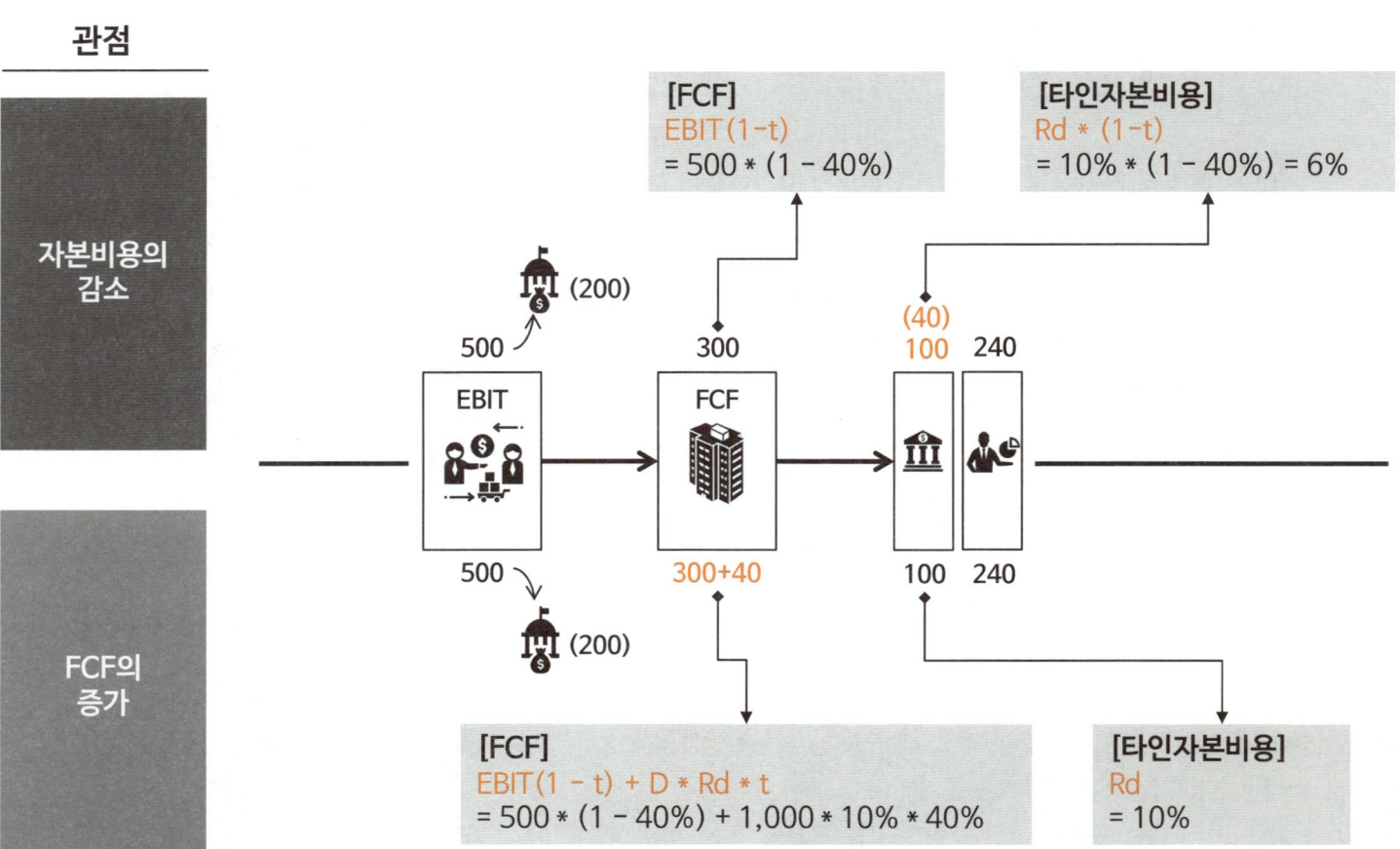

이자비용 절세효과(Tax Shield)는 다음과 같이 2가지 관점에서 활용될 수 있다.

관점	구분	자본비용의 감소 관점		FCF의 증가 관점	
잉여현금흐름 (FCF)	EBIT(1 - t)	EBIT(1 - t)	300	EBIT(1 - t)	300
	Tax Shield	-		+ D * Rd * t	40
	합계	EBIT(1 - t)	300	EBIT(1 - t) + D * Rd * t	340
가중평균자본비용 (WACC)	Rd	Rd	10%	Rd	10%
	Tax Shield	-Rd * t	-4%	-	
	합계	Rd*(1 - t)	6%	Rd	10%

자본비용의 감소 기업재무에서는 이자비용 절세효과(Tax Shield)를 '자본비용의 감소' 관점에서 보는 경우가 일반적이다. 따라서, 순현재가치(NPV)를 구할 때, 자본구조와 무관하게 다음의 계산식을 활용한다.

- 잉여현금흐름(FCF) = EBIT(1 - t) + Deprecation - ⊿WC +/- Investment
- 가중평균자본비용(WACC) = [D ÷ (D + E)] * Rd(1 - t) + [E ÷ (D + E)] * Re

FCF의 증가 한편, 이자비용 절세효과(Tax Shield)를 '잉여현금흐름(FCF)의 증가' 관점에서 보는 경우도 존재하는데, MM수정이론(1963)에서 부채사용 기업가치(V_L)를 무부채 기업가치(V_U)를 통해 구하는 경우에 활용한다. 이를 구체적으로 설명하면, 우선 잉여현금흐름(FCF)을 자기자본비용(Re)으로 할인하여 무부채 기업가치(V_U)를 구한다. 그리고, 부채사용기업의 잉여현금흐름(FCF)은 무부채기업보다 D * Rd * t만큼 영구적으로 더 많으므로, 이를 고든(Gordon)의 제로성장모형을 통해 현재가치로 환산하면, 부채사용 기업가치(V_L)와 무부채 기업가치(V_U)의 관계를 다음과 같이 도출할 수 있다.

- $V_L = V_U$ + D * Rd * t ÷ Rd = V_U + D * t

그러면 자본비용 중에서 자기자본비용(Re)에 대해 살펴보자.

(3) 가중평균자본비용(WACC)

⑤ 자기자본비용(Re) - CAPM

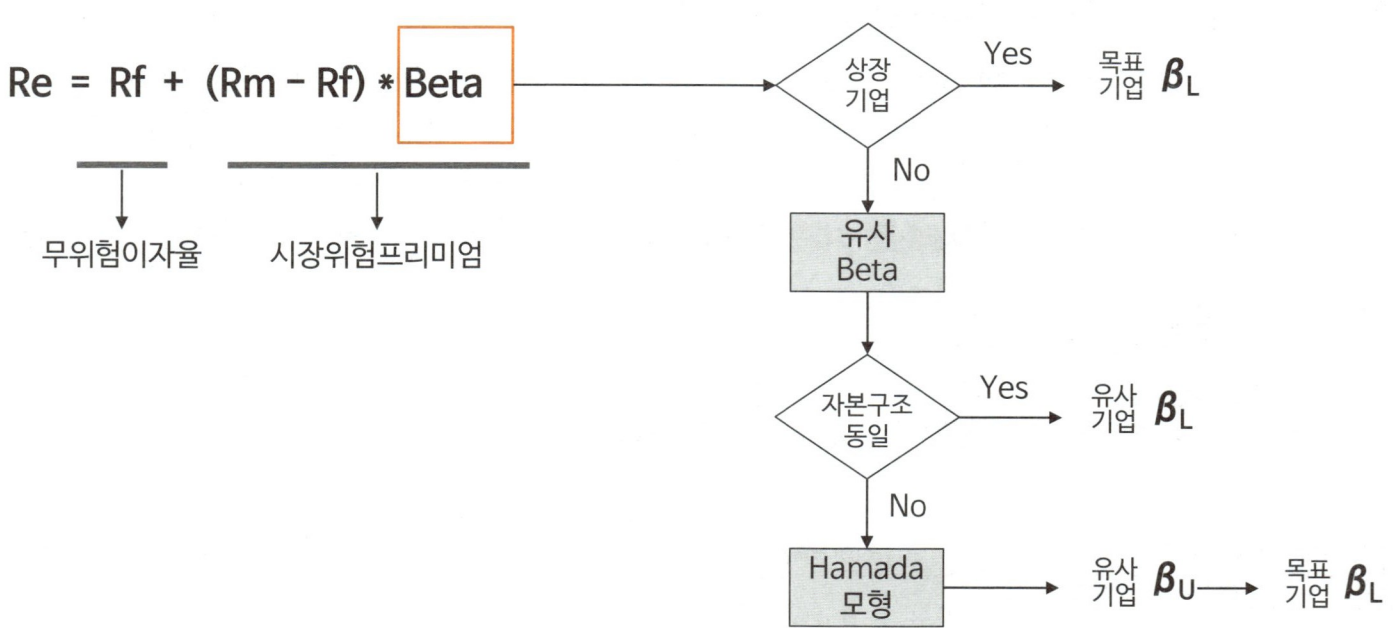

타인자본비용(Rd)은 은행과 같은 채권자 입장에서의 요구수익률로서, 차입금의 이자율이나 회사채의 만기수익률로 명확하게 파악할 수 있다. 그러나, 자기자본비용(Re)은 주주 입장에서의 최소 요구수익률로서, 주주에 따라 각각 요구하는 수익률이 매우 상이하므로 이를 파악하기는 쉽지 않다. 따라서, 자기자본비용(Re)은 이론적 모형을 통해 추정한다.

CAPM 자본자산가격결정모형(CAPM: Capital Asset Pricing Model)이란, 자기자본비용(Re)을 추정하는 데에 가장 많이 쓰이는 모형으로서, 주식을 비롯한 자본자산의 위험과 기대수익률 간의 관계를 설명하는 모형이다. 여기서, CAPM은 주식의 가격($)을 직접 추정하는 방법이 아니라, 주주가 요구하는 최소 요구수익률(%)을 추정하는 방법으로 다음과 같은 2가지 수익률의 합계로 구성된다.
- **무위험이자율**: 리스크가 없는 투자대상에 대한 기대수익률로, 위험자산으로 부터 받아야 하는 최소한의 수익률
- **시장위험프리미엄**: 무위험이자율을 초과하는 시장수익률에 개별 민감도(Beta)를 반영한 수익률

구성요소 CAPM의 구성요소는 다음과 같다.
- **Rf**: 무위험이자율로서, 일반적으로 중간에 이자를 지급하지 않는 순수할인채인 10년 만기 장기 국채 이자율을 사용한다.
- **Rm**: 시장포트폴리오의 기대수익률로서, 관련 증권시장에 상장된 모든 주식의 평균수익률을 말하며, 평가하고자 하는 기업 또는 사업의 지속기간과는 무관하게 충분히 긴 기간의 종합주가지수의 평균수익률을 사용한다.
- **Beta**: 시장포트폴리오의 기대수익률과 목표주식의 요구수익률과의 관계로서, 이는 종합주가지수가 1% 변동할 때 목표기업의 주식가치는 몇 % 변동하는가를 나타내는 민감도를 말한다.

Beta Beta를 도출하는 순서도는 다음과 같다.
- 상장기업의 경우에는 목표기업 자신의 Beta 정보를 시장에서 파악할 수 있으므로, 자신의 Beta를 그냥 사용한다. 그러나, 비상장기업의 경우에는 동종업종의 상장된 유사기업의 Beta를 선정한다.
- 유사기업의 자본구조가 목표기업의 목표자본구조와 동일한 경우에는 유사기업의 Beta를 그대로 사용하고, 자본구조가 상이한 경우에는, Hamada 모형을 통해 재무위험을 조정한 후의 Beta를 사용한다.

그러면 이렇게 재무위험을 조정하는 Hamada 모형이란 구체적으로 무엇인가?

(3) 가중평균자본비용(WACC)

⑥ 자기자본비용(Re) - 영업위험과 재무위험

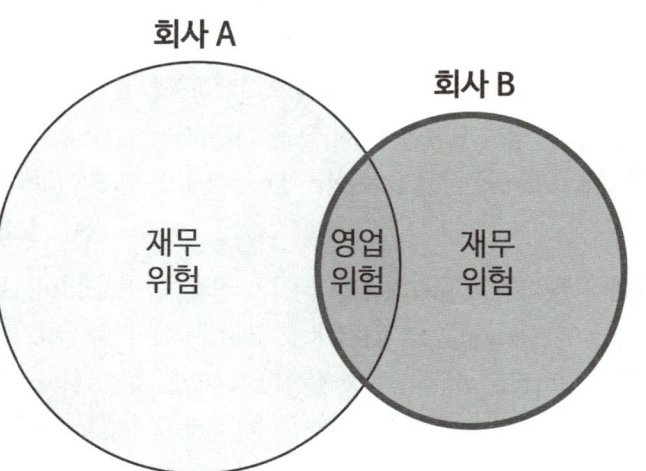

비상장기업의 Beta는 동종업종의 상장된 유사기업들의 의미 있는 Beta를 평균화하여 사용하는데, 그 자본구조가 상이한 경우에는 Hamada 모형을 통해 Beta를 추가적으로 조정한다고 하였다. 이는 동종업종에 속해 있어도 자본구조가 상이하면 Beta가 다르기 때문인데, 이를 이해하기 위해서는 기업이 직면하는 위험의 종류를 먼저 이해해야 한다.

기업이 직면하는 기업위험은 기업이 속한 업종에 따른 '영업위험'과 그 기업의 자본구조에 따른 '재무위험'의 합계로 구성되어 있다.

영업위험   영업위험이란, 사업 자체에 따른 이익의 변동성을 말한다. 즉, 수요의 둔화 및 원가비중 등과 같은 경영환경의 변화에 따른 이익의 변동성으로, 이는 그 업종에 속한 모든 기업들에게 모두 동일하다.

재무위험   재무위험이란, 타인자본의 조달에 따른 이익의 변동성을 말한다. 이익이 났을 때만 배당을 지급하는 자기자본과는 달리, 타인자본은 고정적으로 이자를 지급해야 한다. 즉, 자기자본의 조달로 인한 배당금은 변동비로, 타인자본의 조달로 인한 이자비용은 고정비로 볼 수 있으며, Ⅱ. 관리회계의 영업레버리지에서 설명한 바와 같이 고정비의 비중이 클수록 이익의 변동성이 커진다. 따라서, 타인자본을 사용할수록 고정비인 이자비용의 비중이 커지므로 그 이익의 변동성이 커진다.

비교   예를 들어, 회사 A와 회사 B가 동종업종에 속해 있는데, 회사 A의 타인자본비율이 회사 B보다 높다고 가정해 보자. 동종업종에 속한 회사 A와 회사 B의 영업위험은 같으나, 타인자본비율이 높은 회사 A의 재무위험이 회사 B의 재무위험보다 더 크다. 따라서, 회사 A의 기업위험이 회사 B의 기업위험보다 더 크게 된다.

즉, 기업위험은 영업위험과 재무위험의 합계이므로, 동종업종에 상장된 유사기업들이라고 해도 자본구조에 따라 그 기업이 직면한 기업위험은 상이하다고 할 수 있다.

그러면   Beta의 종류에 대해 알아보자.

(3) 가중평균자본비용(WACC)

⑦ 자기자본비용(Re) - Hamada

Beta의 구성과 종류

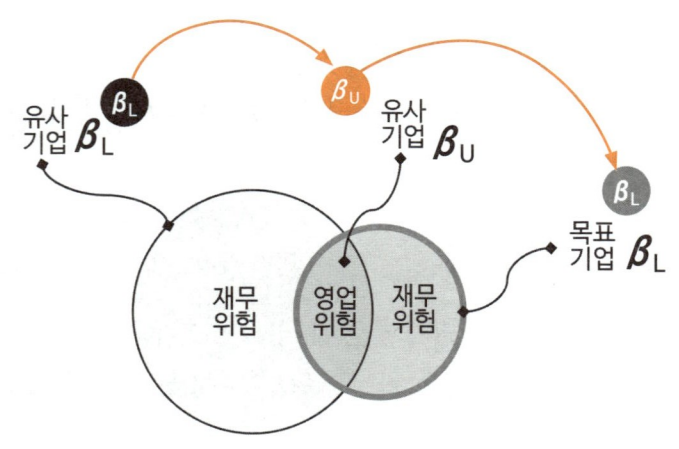

Hamada 모형

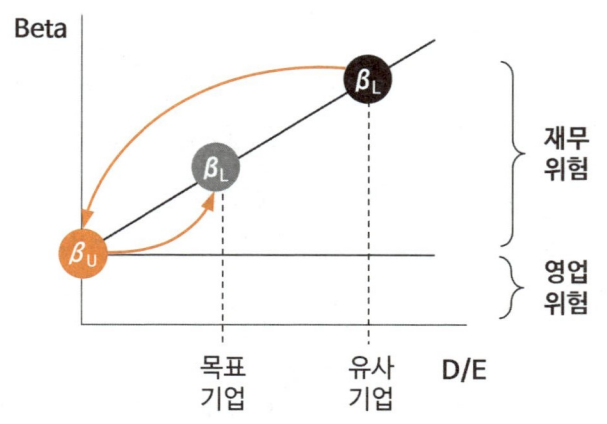

$$\beta_L = \beta_U [1 + (1-t) D/E]$$

유사기업

목표기업

기업이 직면하는 영업위험과 재무위험에 대한 이해를 바탕으로 Beta의 종류에 대해 알아보자.

종류 Beta는 재무위험을 포함하는지 여부에 따라 다음과 같이 2가지로 정의된다.
- Unlevered Beta는 타인자본의 조달로 인한 재무위험을 제외한 Beta이다. 즉, 그 기업이 속한 업종의 영업위험만을 반영한 Beta로서, β_U라고 표시한다.
- Levered Beta는 그 기업이 속한 업종의 영업위험뿐만 아니라 타인자본의 조달로 인한 재무위험까지 모두 반영한 Beta로서, β_L로 표시한다.

따라서, Levered Beta(β_L)는 항상 Unlevered Beta(β_U)보다 같거나 크다.

Hamada Hamada 모형은 이러한 Unlevered Beta(β_L)와 Levered Beta(β_U) 간의 관계를 정의한 등식이다. 따라서, 동종업종에 속해 있으나 자본구조가 상이한 경우에 목표기업의 Beta를 다음과 같이 구할 수 있다.
- 우선, 유사기업의 Levered Beta(β_L)를 구한다.
- 다음으로, 이러한 유사기업의 Levered Beta(β_L)에서 재무위험을 제거하여 그 유사기업이 속한 업종의 영업위험만 반영한 Unlevered Beta(β_U)를 구한다. 목표기업도 동종업종에 속해 있으므로 동일한 Unlevered Beta(β_U)를 갖는다.
- 마지막으로, 영업위험만 반영한 Unlevered Beta(β_U)에 목표기업의 재무위험을 고려하여 Levered Beta(β_L)를 구한다.

그러면 사례를 통해서 자기자본비용(Re)을 추정하고 가중평균자본비용(WACC)까지 구해 보자.

(3) 가중평균자본비용(WACC)

⑧ 연습문제

$$WACC\% = \frac{D}{D+E} Rd(1-t) + \frac{E}{D+E} Re$$ **(4)**

CAPM $\Big\{$ **(Re)** $= Rf + (Rm - Rf) * Beta$ **(3)**

Hamada (목표기업) $\Big\{$ $\beta_L = \beta_U [1 + (1-t) D/E]$ **(2)**

Hamada (유사기업) $\Big\{$ $\beta_L = \beta_U [1 + (1-t) D/E]$ **(1)**

구분	항목	Case 1	Case 2
목표기업	목표부채비율(D/E)	200%	100%
	타인자본비용(Rd)	5%	
유사기업	β_L	1.1	
	부채비율(D/E)	200%	
공통	법인세율(t)	40%	
	무위험이자율(Rf)	2%	
	시장수익률(Rm)	10%	

사례 한 투자자가 어느 '비상장기업'의 가중평균자본비용(WACC)을 동종업종의 상장된 유사기업의 정보를 참조하여 구하고자 한다. Case 1의 경우에는 목표기업의 목표자본구조가 유사기업의 자본구조와 동일하며, Case 2의 경우에는 그 자본구조가 상이하다. 그 이외의 조건들은 Case 1과 Case 2가 모두 동일하다.

단계	도출	Case 1	Case 2
①	유사기업의 Unlevered Beta(β_U)	$1.1 = \beta_U * [1 + (1 - 40\%) * 200\%]$ $\beta_U = 0.5$	$1.1 = \beta_U * [1 + (1 - 40\%) * 200\%]$ $\beta_U = 0.5$
②	목표기업의 Levered Beta(β_L)	$\beta_L = 0.5 * [1 + (1 - 40\%) * 200\%]$ $\beta_L = 1.1$	$\beta_L = 0.5 * [1 + (1 - 40\%) * 100\%]$ $\beta_L = 0.8$
③	Re	$2\% + (10\% - 2\%) * 1.1 = 10.8\%$	$2\% + (10\% - 2\%) * 0.8 = 8.4\%$
④	WACC	$2/3 * 5\% * (1 - 40\%) + 1/3 * 10.8\%$ $= 5.6\%$	$1/2 * 5\% * (1 - 40\%) + 1/2 * 8.4\%$ $= 5.7\%$

Case 1 목표기업의 목표자본구조가 유사기업의 자본구조와 동일한 경우, 1단계와 2단계를 생략하고 유사기업의 Levered Beta(β_L)를 그대로 활용한다.
- 3단계에서는 그 Levered Beta(β_L)를 CAPM에 적용하여 목표기업의 자기자본비용(Re)을 추정하고,
- 4단계에서 목표기업의 가중평균자본비용(WACC)을 구한다.

Case 2 한편, 목표기업의 목표자본구조가 유사기업의 자본구조와 상이한 경우에는, 다음의 절차를 모두 수행한다.
- 1단계에서 재무위험을 제거하여 해당 업종 내의 영업위험만 존재하는 Unlevered Beta(β_U)를 도출하고,
- 2단계에서는 그 Unlevered Beta(β_U)에 목표기업의 재무위험을 고려하여 Levered Beta(β_L)를 도출한다.
- 3단계에서는 2단계의 Levered Beta(β_L)를 CAPM에 적용하여 목표기업의 자기자본비용(Re)을 추정하고,
- 4단계에서 목표기업의 가중평균자본비용(WACC)을 구한다.

위 사례에서 ② β_L과 ③ Re는 목표부채비율이 높은 Case 1이 Case 2보다 높게 나타나지만, ④ WACC는 저렴한 Rd와 이자비용 절세효과(Tax Shield)로 인해 Case 1이 Case 2보다 오히려 더 낮게 나타난다.

Ⅲ. 기업재무(Corporate Finance)

1 기업재무 – 주식가치의 평가(Valuation)

1) 현금흐름할인법(DCF Method)
   (1) 순현재가치(NPV)
   (2) 잉여현금흐름(FCF)
   (3) 가중평균자본비용(WACC)
   (4) 기업가치와 스타트업의 투자유치
2) 배수법(Multiple Method)

2 기업재무 – 주식가치의 극대화(Shareholder Wealth Maximization)

1) 자본구조의 변경
2) 신규투자 의사결정

(4) 기업가치와 스타트업의 투자유치

① 기업가치의 활용

가치평가

| 기업가치 (NPV) | 부채가치 |
| | 주식가치 |

주식가치의 추정

주식가치가 얼마인가?

| 기업가치 (NPV) | 부채가치 |
| | **주식가치** |

÷
발행주식수 = 주당가치

스타트업 투자유치의 기준

- 부여지분율은?
- 투자유치금액은?

기업가치 (NPV)	부채가치
	주식가치
투자유치 금액	

기존 / **부여**

현금흐름할인법(DCF Method)에 의해 도출된 순현재가치(NPV), 즉 기업가치는 다음의 2가지 용도로 활용된다.

첫째 주식가치를 추정하는 데에 활용된다. 즉, 기업가치에서 부채가치를 차감하여 주식가치를 구하고, 그 주식가치를 발행주식수로 나누어서 주당가치를 구하는 데에 활용된다. 예를 들어, 순현재가치(NPV)가 1,000이고 부채가치가 400이라고 가정해 보자. 주식가치는 1,000에서 400을 차감한 600으로 추정되고, 이를 발행주식수인 10주로 나누게 되면 주당가치는 60으로 추정된다. 이렇게 추정된 주식가치는 해당기업이 상장되어 있는지 여부에 따라 그 활용방법이 달라지게 된다.

우선 상장기업의 경우에는, 추정된 주식가치와 시가총액을 비교해서 해당 기업의 주식가치가 시장에서 과대평가 또는 과소평가되어 있는지 여부를 판단할 수 있게 된다. 예를 들어, 추정된 주식가치가 600인데 시장가격인 시가총액이 800이면, 해당 주식은 시장에서 과대평가되어 있다고 볼 수 있다. 반면에, 시장가격인 시가총액이 500이면, 해당 주식이 시장에서 과소평가되어 있다고 볼 수 있다.

한편 비상장기업의 경우에는, 해당 주식의 시장가격이 형성되어 있지 않기 때문에, 이렇게 추정된 주식가치 600을 기준으로 거래 당사자 간에 비상장기업의 주식을 사고 팔게 된다.

둘째 스타트업의 투자유치 기준으로 활용된다. 즉, 경영자가 투자자로부터 투자유치를 하는 경우 또는 투자자가 어느 기업에 투자를 하는 경우에, 부여지분율 또는 투자유치금액을 결정하는 데에 활용된다. 예를 들어, 경영자 입장에서 투자자로부터 100억의 투자금을 유치하는데 투자자에게 몇 %의 지분율을 부여해야 하는지 또는 투자자 입장에서 20%의 지분율을 받는데 얼마의 금액을 투자해야 하는지를 결정을 하는 데에 활용된다.

그러면 스타트업의 투자유치에 대해 좀 더 자세히 살펴보자.

(4) 기업가치와 스타트업의 투자유치

② 투자유치의 단계

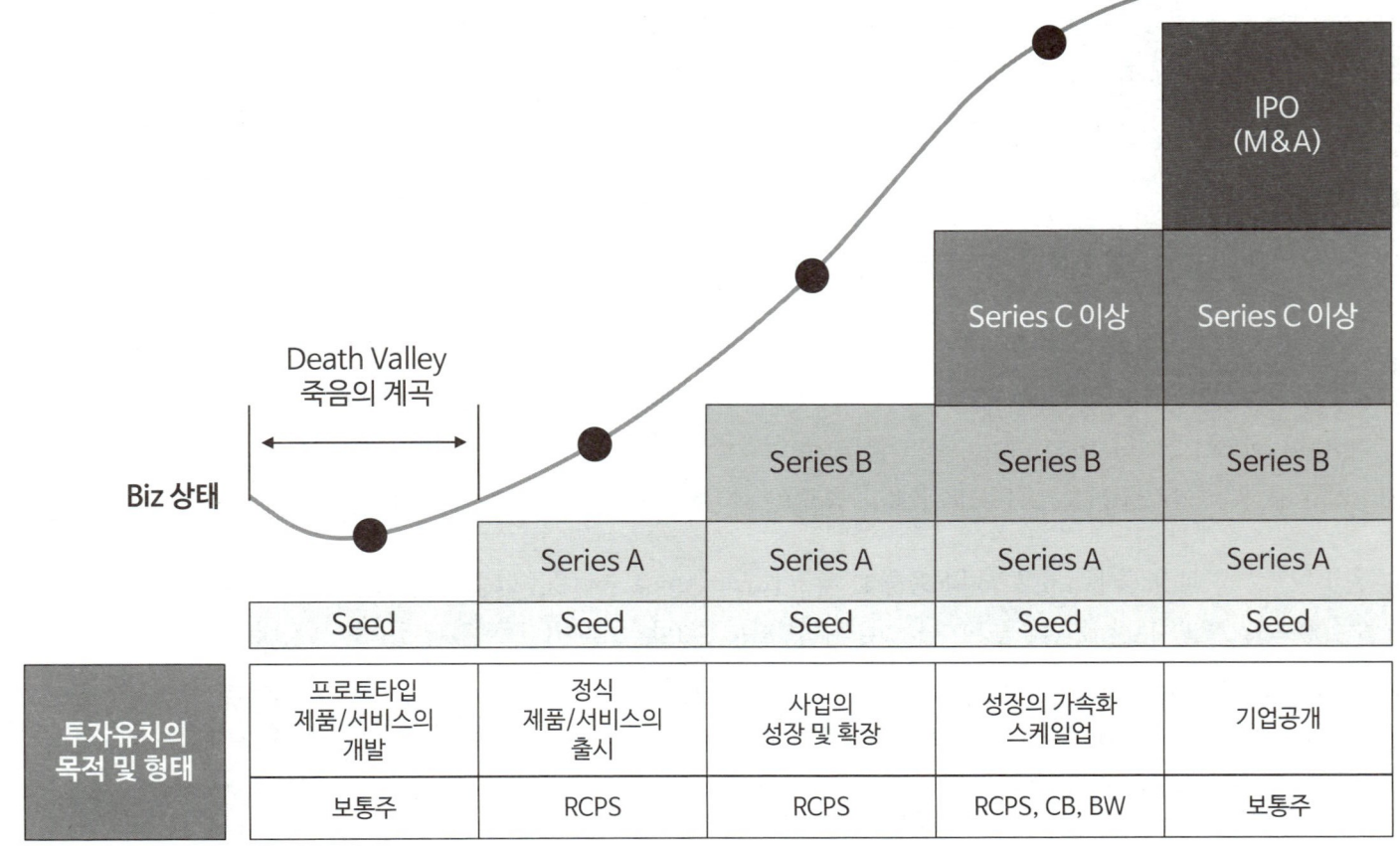

우선, 스타트업이 투자유치를 하는 여러 단계에 대해 알아보자.

스타트업의 투자 라운드(Investment Round), 즉 투자 단계는 일반적으로 Seed → Series A → Series B → Series C 이상으로 이어지고, 마지막에는 IPO 또는 M&A를 통해 엑시트(Exit)를 하게 된다. 여기서 "어느 회사가 Series 뭐뭐 투자를 받았다"고 하는 투자 라운드는 그 회사에 대해 다음과 같은 3가지 정보를 제공해 준다.
- 첫째, 투자유치의 횟수로서 몇 번이나 투자를 받았는지
- 둘째, 어느 정도의 성장 단계에 있는지
- 마지막으로, 기업가치와 투자규모는 어느 정도인지

각 투자 라운드를 이러한 3가지 정보의 관점에서 매우 일반화하여 살펴보자.

Seed 씨앗(Seed)이라는 단어에서 알 수 있듯이, 아이디어라는 씨앗만 가지고 창업한 지 1년 이내에 받는 투자를 말한다. 회사는 이러한 시드머니(Seed Money)로 프로토타입의 제품과 서비스를 개발하게 된다.

보통 엔젤투자자(Angel Investor)나 액셀러레이터(Accelerator)가 제품이나 서비스도 없는 창업 초기 단계의 스타트업에 그 창업자와 멤버 그리고 아이디어의 성장 가능성만을 보고 투자하게 되는데,
- 기업가치는 몇 억에서 30억 정도로 평가되고,
- 수천 만에서 10억 정도의 투자가 이루어진다.
- 그리고, 투자방식은 보통주가 일반적이다.

이러한 Seed 단계를 죽음의 계곡(Death Valley)라고도 하는데, 창업 초기에 자금조달과 시장진입의 어려움으로 이 기간에 많은 스타트업들이 도산에 직면하기 때문이다.

Series A   Seed단계에 받은 투자금으로 개발을 완료한 프로토타입의 제품과 서비스가 시장 검증을 마친 후에, 본격적으로 시장에 진출하기 위해 시장에 출시할 제품을 제작하거나 정식 서비스의 오픈을 준비하는 단계에서 받는 투자를 말한다. 회사는 이러한 투자금으로 정식 제품이나 서비스를 출시하게 된다.

따라서, Series A 투자를 받았다는 것은 이렇다할 매출은 아직 없지만, 프로토타입의 제품이나 서비스에 대한 시장 검증을 마쳤고, 설득력 있는 수익 모델을 갖고 있다고 평가할 수 있는 단계이다.

시장에서 어느 정도 검증을 받았기 때문에 Series A부터는 투자자로서 벤처캐피털(VC)이 등장하게 되는데,
- 기업가치는 수십 억에서 100억 정도로 평가되고,
- 보통 10억에서 50억 정도의 투자가 이루어진다.
- 그리고, 투자방식은 상환전환우선주(RCPS)가 일반적이다.

Series B   Series A 단계에서 받은 투자금으로 출시를 완료한 정식 제품과 서비스가 시장에서 인정을 받은 후에, 그 제품과 서비스로 보다 사업을 확장하려고 시도하는 단계에서 받는 투자를 말한다. 회사는 이러한 투자금으로 대대적인 인력확보, 적극적인 마케팅 및 연구개발 등을 하여 사업을 확장하게 된다.

따라서, Series B 투자를 받았다는 것은 정식으로 출시한 제품과 서비스가 시장에서 인정받아서 안정적인 수익을 내고 있다고 평가할 수 있는 단계이다.

Series B에서는 어느 정도의 성공 가능성이 확보된 상황이기 때문에,
- 기업가치는 100억에서 수백 억 정도로 평가되고,
- 보통 50억에서 200억 정도의 투자가 이루어진다.
- 역시 투자방식은 Series A와 마찬가지로 상환전환우선주(RCPS)가 일반적이다.

Series C   Series B 단계에서 받은 투자금으로 사업을 확장한 후에, 그 사업의 시장점유율을 높이고 스케일업을 가속화하려는 단계에서 받는 투자를 말한다. 회사는 이러한 투자금으로 이미 시장에서 검증된 제품이나 서비스를 글로벌 시장으로 확대하거나, 새로운 제품/서비스의 개발 또는 인수합병을 통해 연관사업을 추진하게 된다.

Series C에서는 이미 시장 검증을 마쳐 리스크가 많이 사라진 상태이기 때문에, 벤처캐피털(VC)뿐만 아니라 헤지펀드, 투자은행 및 사모펀드 등이 투자자로 참여하기 시작하는데,
- 기업가치는 수천 억 이상으로 평가되고,
- 수백 억 이상의 투자가 이루어진다.
- 그리고, 상환전환우선주(RCPS)와 함께 전환사채(CB), 신주인수권부사채(BW) 등의 투자방식도 사용된다.

IPO/M&A   이후에는 사업 성장목적에 따라 Series D, E, F로 이어지는 경우도 존재하는데, 이렇게 추가적인 투자를 받다가 IPO나 M&A로 엑시트(Exit)하여 투자자는 투자금을 회수하게 된다.

그러면   투자유치를 할 때에 결정해야 하는 3가지에 대해 알아보자.

(4) 기업가치와 스타트업의 투자유치

③ 투자유치의 삼각관계

투자유치 전

가치평가

| Pre-money Valuation | 부채가치 |
| | 주식가치 |

기존 (100%)

투자유치 후

가치평가 / 지분율

❶ Pre-money Valuation / 부채가치 / 주식가치 — 기존

❷ 투자유치금액 — ❸ 부여

❹ Post-money Valuation

$$❸\ 부여지분율 = \frac{❷\ 투자유치금액}{(❶ Pre\text{-}money\ Valuation + ❷\ 투자유치금액)}$$

❹ Post-money Valuation

= 부여주식수 ÷ (기존주식수 + 부여주식수)

투자유치를 하는 경우에 경영자와 투자자는 기업가치와 투자유치금액 그리고 부여지분율을 결정해야 한다.

용어 투자유치와 관련하여 반드시 알아야 하는 4개 용어는 다음과 같다.
① Pre-money Valuation: 투자자로부터 투자를 받기 전의 기업가치
② 투자유치금액: 투자유치로 회사에 납입되는 투자금액
③ 부여지분율: 투자유치금액에 대한 대가로 투자자에게 부여하는 투자유치 후의 지분비율
④ Post-money Valuation: 투자를 유치한 후의 기업가치로서, 투자유치 전의 기업가치(Pre-money Valuation)와 투자유치금액의 합계

삼각관계 기업가치와 투자유치금액 그리고 부여지분율 간에는 일정한 관계가 성립한다. 구체적으로, 회사는 투자유치 후의 기업가치(Post-money Valuation) 중에서 투자유치금액에 해당하는 지분율을 투자자에게 부여해야 한다. 따라서, 부여지분율은 투자유치 전의 기업가치(pre-money valuation)와 투자유치금액을 합산한 투자유치 후의 기업가치(Post-money Valuation)를 분모로 하고, 그 투자유치금액을 분자로 하여 계산한다.

사례 예를 들어, 투자유치 전의 기업가치(Pre-money Valuation)가 400억이고, 발행주식수가 500주로서 대표이사 1인이 100%의 지분율을 보유하고 있는 회사가 있다고 가정해 보자. 만약 경영자와 투자자 간에 합의된 투자유치금액이 100억이라면, 투자자에게 몇 %의 지분율을 부여하고, 그리고 몇 주를 발행해야 하는가?

부여지분율은 투자유치 후의 기업가치(Post-money Valuation) 중에 투자유치금액이 차지하는 비율이다. 따라서, 부여지분율은 20%[= 100억 ÷ (400억 + 100억)]가 된다. 그리고, 투자자에게 125주[400억 : 100억 = 500주 : 부여주식수 또는 20% = 부여주식수 ÷ (500주 + 부여주식수)]를 발행하게 되어, 투자유치 후의 발행주식수는 625주(= 500주 + 125주)가 된다.

여기서, 기존에 100%의 지분율을 보유한 대표이사의 입장에서 보면, 투자유치 후에 지분율이 부여지분율 20%만큼 희석화되어 80%(= 500주 ÷ 625주)로 낮아진다. 하지만, 투자유치 후의 기업가치(Post-money Valuation)가 투자유치금액 100억만큼 증가한 500억(= 400억 + 100억)이 되어서, 투자유치 후의 보유 주식가치는 400억(= 500 × 80%)으로 투자유치 전과 동일하다.

그러면 이러한 관계를 바탕으로 투자안의 숨겨진 의미를 살펴보자.

(4) 기업가치와 스타트업의 투자유치

④ 투자유치 제안의 숨겨진 의미

삼각관계 기업가치와 투자유치금액 그리고 부여지분율 간에는 삼각관계가 성립한다. 즉, 3개 중에 2개가 결정되면 나머지 1개는 자동적으로 정해지게 된다는 것이다. 따라서, 투자자 또는 경영자는 투자유치를 논의하는 과정에서 투자유치 전의 기업가치(Pre-money Valuation)와 투자유치금액 그리고 부여지분율 중에 2개 항목만을 제안하는 것이 일반적인데, 그 나머지 1개는 자동적으로 정해지기 때문이다.

사례 사례를 통해 투자유치 제안의 숨겨진 의미를 구체적으로 살펴보자.

첫째, 기업가치와 투자유치금액이 제안된 경우다.

투자자가 현재의 기업가치를 400억으로 보고 100억을 투자하겠다고 제안하였다. 이 제안에는 투자가가 경영자에게 20%[= 100억 ÷ (400억 + 100억)]의 지분율을 달라는 숨겨진 의미가 있다고 할 수 있다.

둘째, 투자유치금액과 부여지분율이 제안된 경우다.

투자자가 100억을 투자할 테니 20%의 지분율을 달라고 제안하였다. 이 제안에는 현재의 기업가치(Pre-money Valuation)를 400억[20% = 100억 ÷ (기업가치 + 100억)]으로 보겠다는 숨겨진 의미가 있다고 할 수 있다.

마지막으로, 기업가치와 부여지분율이 제안된 경우다.

투자가가 현재의 기업가치를 400억으로 보고 20%의 지분율을 달라고 제안하였다. 이 제안에는 100억[20% = 투자유치금액 ÷ (400억 + 투자유치금액)]을 투자하겠다는 숨겨진 의미가 있다고 할 수 있다.

참고로, 이러한 제안에서 '기업가치'를 언급할 때에, 투자유치 전의 기업가치(Pre-money valuation)인지 또는 투자유치 후의 기업가치(Post-money valuation)인지 경영자와 투자자 간에 명확히 해야 한다.

그러면 투자유치에 따른 기존지분율의 희석화에 대해 알아보자.

(4) 기업가치와 스타트업의 투자유치

⑤ 기업가치에 따른 희석화 정도

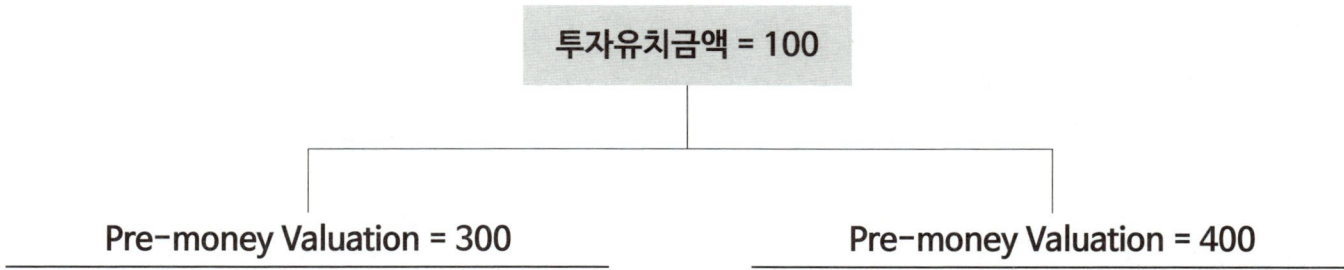

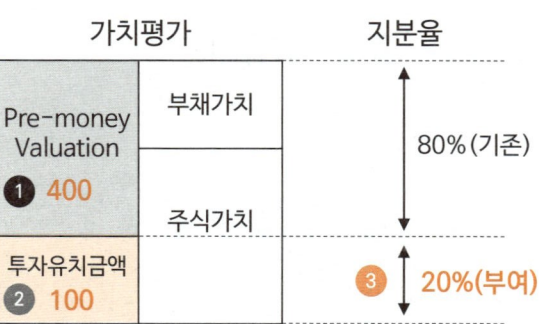

이번에는 기업가치의 크기에 따라 기존주주의 지분율이 얼마나 희석화되는지에 대해 알아보자.

앞에서 본 바와 같이, 기업가치와 투자유치금액 그리고 부여지분율 간에는 삼각관계가 성립하고, 3개 중에 2개가 결정되면 나머지 1개는 자동적으로 정해진다고 했다. 그러면, 투자유치금액이 정해져 있는 상황에서, 기업가치의 크기에 따라 부여지분율이 어떻게 달라지는지에 대해 살펴보자.

사례 어느 한 스타트업이 100억의 투자금을 유치하기로 했다고 가정해 보자.

투자유치 전의 기업가치(Pre-money Valuation)가 300억인 경우에,
- 부여지분율은 25%[= 100억 ÷ (300억 + 100억)]가 되며,
- 기존주주의 지분율은 25%의 부여지분율 만큼 감소한 75%(= 100% - 25%)가 된다.

투자유치 전의 기업가치(Pre-money Valuation)가 400억인 경우에,
- 부여지분율은 20%[= 100억 ÷ (400억 + 100억)]가 되며,
- 기존주주의 지분율은 20%의 부여지분율 만큼 감소한 80%(= 100% - 20%)가 된다.

희석화 즉, 스타트업이 필요로 하는 자금, 즉 투자유치금액이 정해져 있는 상황에서,
- 기업가치가 작아지면, 부여지분율이 커진다. 따라서, 기존주주의 지분율이 많이 희석화된다.
- 반대로, 기업가치가 커지면, 부여지분율이 작아진다. 따라서, 기존주주의 지분율이 덜 희석화된다.

따라서, 경영자와 투자자가 투자유치금액을 합의한 상황에서,
- 투자자 입장에서는 기업가치를 낮게 평가하여, 많은 지분율을 얻으려 할 것이고,
- 경영자 입장에서는 기업가치를 높게 평가하여, 적은 지분율을 부여하고 기존지분율이 희석화되는 것을 방지하려고 할 것이다.

그러면 이제 경영자 입장에서 투자유치에 대한 시뮬레이션을 해 보자.

(4) 기업가치와 스타트업의 투자유치

⑥ 경영자의 투자유치 시뮬레이션

경영자
- Pre-money Valuation = 400억
- 현재의 발행주식수 = 1,200주

보유지분율을 60%이상 유지하면서, 유치 가능한 최대 투자금액은?

40%의 지분을 부여하는 투자유치에서, 새롭게 발행해야 하는 주식수는?

$$❸ = ❷ \div (❶ + ❷)$$

$$= \frac{부여주식수}{1,200주 + 부여주식수}$$

투자유치로 인한 기존지분율의 희석화는 자칫 경영권 문제로 이어질 수 있다. 따라서, 경영자 입장에서는 지분율의 희석화 관점에서 투자유치에 대한 시뮬레이션을 해 보는 것이 필요하다.

예를 들어, 투자유치 전의 기업가치(Pre-money Valuation)가 400억이고, 발행주식수가 1,200주로서 대표이사 1인이 100%의 지분율을 보유하고 있는 회사가 있다고 가정해 보자.

질문 1 현재 대표이사는 자신의 보유지분율을 60% 이상 유지하면서 가능하면 많은 금액을 투자 받으려 한다. 최대로 받을 수 있는 투자유치금액은 얼마인가?

현재 투자유치 전의 기업가치(Pre-money Valuation)가 400억이고, 최대로 부여가능한 지분율은 40%로, 3개 중에 2개가 정해져 있는 상황이다. 최대 부여지분율 40%는 투자유치 후의 기업가치(Post-money Valuation) 중에 투자유치금액이 차지하는 비율에 해당한다. 따라서, 최대로 가능한 투자유치금액은 266.7억[40% = 투자유치금액 ÷ (400억 + 투자유치금액)]이 된다.

질문 2 그러면 40%의 지분율을 부여하는 투자유치에서, 발행해야 하는 주식수는 몇 주인가?

투자유치금액이 266.7억이고, 기존 발행주식수는 1,200주이다. 따라서, 투자자에게 800주[400억 : 266.7억 = 1,200주 : 부여주식수 또는 40% = 부여주식수 ÷ (1,200주 + 부여주식수)]를 발행하게 되어, 투자유치 후의 발행주식수는 2,000주(= 1,200주 + 800주)가 된다.

여기서, 기존에 100%의 지분율을 보유한 대표이사의 입장에서 보면 투자유치 후에 지분율이 부여지분율 40% 만큼 희석화되어 60%(= 1,200주 ÷ 2,000주)로 낮아진다. 하지만, 투자유치 후의 기업가치(Post-money Valuation)가 투자유치금액 266.7억 만큼 증가한 666.7억(400억 + 266.7억)이 되어서, 투자유치 후의 보유 주식가치는 400억(= 666.7 × 60%)으로 투자유치 전과 동일하다.

III. 기업재무(Corporate Finance)

1 기업재무 – 주식가치의 평가(Valuation)

1) 현금흐름할인법(DCF Method)
2) 배수법(Multiple Method)
   (1) 주식가치 배수법(Price-Multiple Method)
   (2) 기업가치 배수법(Enterprise Value-Multiple Method)

2 기업재무 – 주식가치의 극대화(Shareholder Wealth Maximization)

1) 자본구조의 변경
2) 신규투자 의사결정

(1) 주식가치 배수법(Price-Multiple Method)

① 주식가치 배수법의 개념

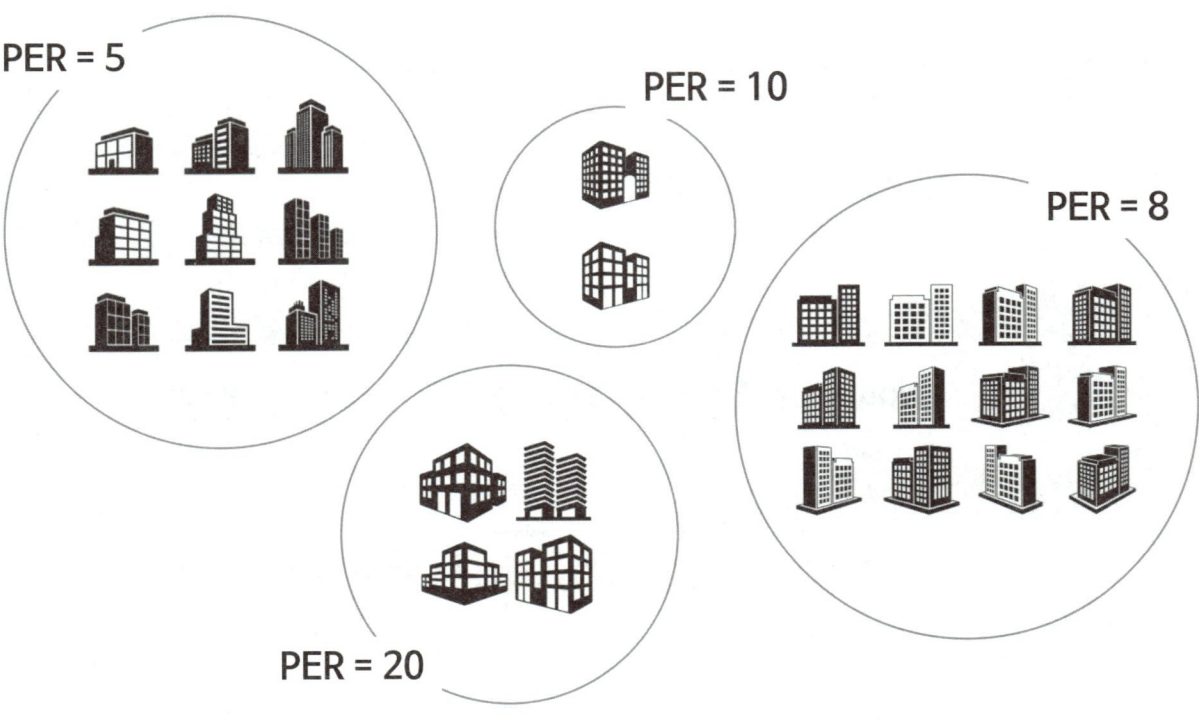

배경 지금까지 살펴본 현금흐름할인법(DCF Method)에 의해 계산된 순현재가치(NPV), 즉 기업가치는 여러 조건에 따라 매우 상이하게 평가되는 문제점이 있다. 예를 들어, 미래의 재무제표를 추정하는 방법 또는 추정시점 이후의 잔여가치에 대한 가정 등에 따라 잉여현금흐름(FCF)이 달라지며, 목표자본구조비율 또는 Beta 등에 따라 가중평균자본비용(WACC)도 달라진다. 그 결과, 좀 더 객관적인 자료를 통해 그리고 좀 더 간단하게 기업가치 또는 주식가치를 추정하고자 하는 필요성이 대두되었다.

배수법 배수법(Multiple Method)이란 동종업종의 상장된 유사기업과 재무자료를 비교하여 '기업가치' 또는 '주식가치'를 추정하는 방법이다. 이러한 배수법(Multiple Method)에는 주식가치를 직접 추정하는 주식가치 배수법(Price-Multiple Method)과 기업가치를 먼저 계산한 후에 부채가치를 차감하여 주식가치를 추정하는 기업가치 배수법(Enterprise Value-Multiple Method)이 있다. 이는 모두 시장접근법(Market Approach)으로서, 실무적으로는 기업공개(IPO: Initial Public Offering)를 하는 경우에 많이 사용한다.

개념 우선, 주식가치 배수법(Price-Multiple Method)은 동종업종에 속한 유사기업들 간에는 특정 재무자료와 주식가치와의 비율이 모두 동일하다고 가정하여 주식가치를 직접 추정하는 방법이다.

구체적으로, 어느 한 업종에 속해 있는 기업들의 주식가치가 평균적으로 당기순이익의 5배 정도라고 하면, 그 업종에 속해 있는 어느 한 기업의 적정한 주식가치도 그 당기순이익의 5배라는 것이다. 예를 들어, 어느 기업의 당기순이익이 1,000이라고 가정해 보자. 그 기업이 PER=5인 업종에 속해 있다면, 그 기업의 적정한 주식가치는 5,000(= 1,000 × 5배)으로 추정된다. 만약 그 기업이 PER=20인 업종에 속해 있다면, 그 기업의 적정한 주식가치는 20,000(= 1,000 × 20배)로 추정된다는 것이다.

절차 주식가치 배수법(Price-Multiple Method)은 다음과 같은 4단계를 통해 목표기업의 주식가치를 추정한다.
- 첫째, 동종업종의 상장된 유사기업 중에 유의미한 대상을 선별하고,
- 둘째, 그 대상기업들의 주식가치인 시가총액을 파악한다.
- 셋째, 파악된 주식가치와 특정 재무자료의 업종평균비율을 도출한다.
- 마지막으로, 그 업종평균비율을 목표기업의 재무자료에 적용하여 주식가치를 추정한다.

그러면 이러한 주식가치를 추정하는 데에 사용되는 특정 재무자료란 무엇인가?

(1) 주식가치 배수법(Price-Multiple Method)

② 손익계산서와 가치평가의 관계

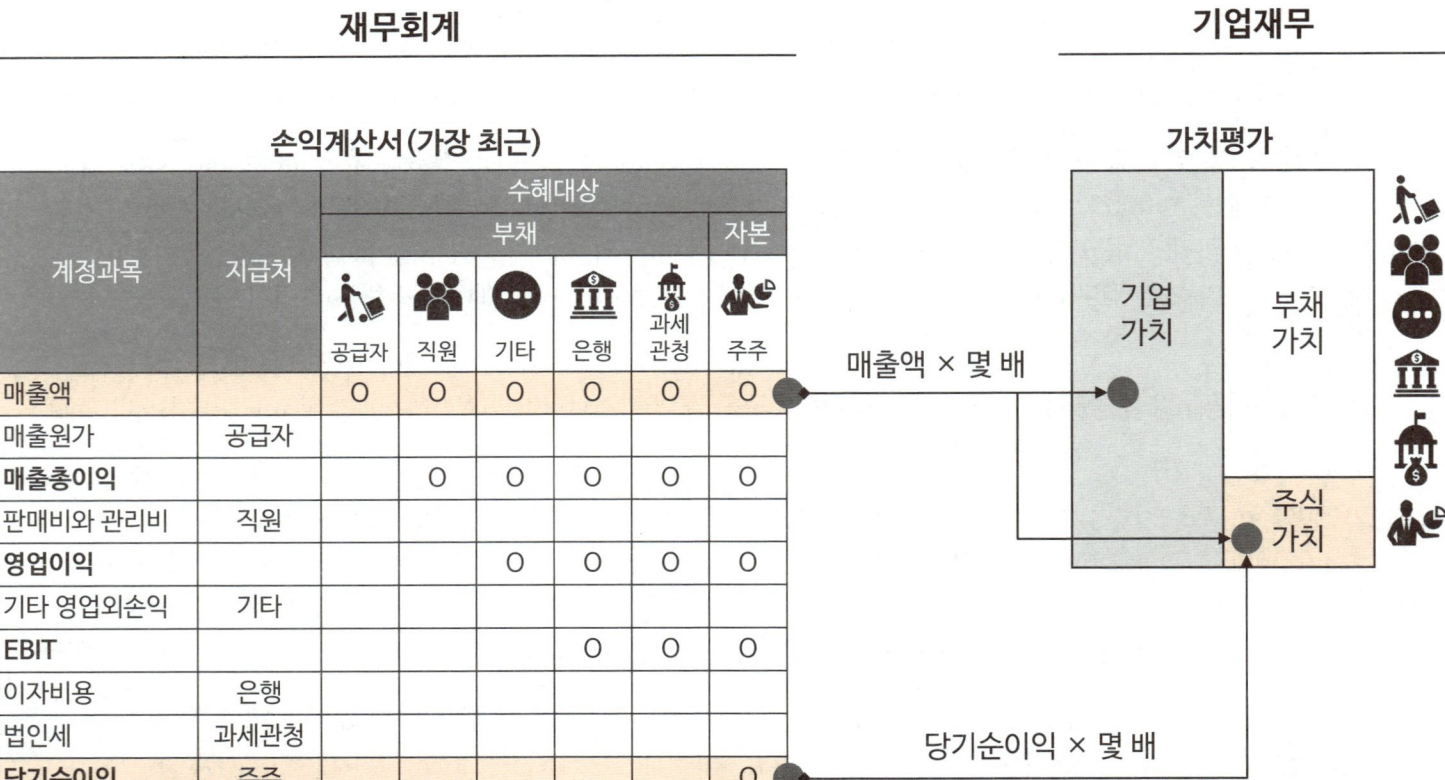

주식가치 배수법(Price-Multiple Method)에 의해 목표기업의 주식가치를 추정하는 데에 있어서 가장 중요한 것은, 동종업종의 상장된 유사기업과 비교하는 그 '재무자료'를 정의하는 것이다. 이를 위해 우선 재무회계의 손익계산서/재무상태표와 기업재무의 가치평가(기업가치 및 주식가치)와의 연관관계를 알아야 한다.

첫째 **손익계산서의 매출액과 기업재무의 기업가치 및 주식가치**

재무회계에서 손익계산서의 매출액은 공급자(매출원가), 직원(판매비와 관리비), 기타(기타 영업외손익), 은행(이자비용), 과세관청(법인세) 및 주주(당기순이익)에게 지급되는 금액의 재원이다. 이러한 수혜자들은 모두 기업재무에서 부채가치 및 주식가치를 구성하는 주체이므로, 현재 시점의 '기업가치'는 가장 최근의 손익계산서 매출액의 몇 배에 해당된다고 볼 수 있다. 또한, 자본구조가 동일하다고 가정할 때, 현재 시점의 '주식가치'가 가장 최근의 손익계산서 매출액의 몇 배에 해당된다고도 볼 수 있다.

둘째 **손익계산서의 당기순이익과 기업재무의 주식가치**

재무회계에서 손익계산서의 당기순이익은 주주에게 지급되는 배당의 재원이다. 주주는 기업재무에서 주식가치를 구성하는 주체이므로, 현재 시점의 '주식가치'는 가장 최근의 손익계산서 당기순이익의 몇 배에 해당된다고 볼 수 있다.

셋째 **재무상태표의 자본총계와 기업재무의 주식가치**

재무회계의 재무상태표도 기업재무의 주식가치와 관련이 있다고 본다. 즉, 장부가치인 재무상태표의 자본총계는 존속가치인 주식가치와 연관관계가 있다고 봐서, 현재 시점의 '주식가치'는 가장 최근의 재무상태표 자본총계의 몇 배에 해당된다고 볼 수 있다.

그러면 주식가치 배수법(Price-Multiple Method) 중에서 가장 많이 사용하는 주가수익비율(PER)부터 살펴보자.

(1) 주식가치 배수법(Price-Multiple Method)

③ 주가수익비율(PER)

	재무회계		기업재무	
	목표기업	유사기업	목표기업	유사기업
	손익계산서		가치평가	

총액기준 PER: 당기순이익(목표) : 당기순이익(유사) = 주식가치(목표) : 주식가치(유사)

÷ 발행주식수

주당기준 PER: EPS목표 : EPS유사 = Price목표 : Price유사

$$Price_{목표} = \frac{Price_{유사}}{EPS_{유사}} * EPS_{목표} * 할인율$$

$\frac{Price_{유사}}{EPS_{유사}} \rightarrow PER_{유사}$

주가수익비율(PER: Price to Earnings Ratio)은 주식가치가 당기순이익의 몇 배인가를 나타내는 지표이다. 이를 이용한 주식가치 배수법(Price-Multiple Method)은 동종업종의 유사기업들 간에는 주식가치와 당기순이익의 비율이 모두 동일하다고 가정하여 목표기업의 주식가치를 추정하는 방식이다. 즉, 유사기업의 주식가치가 그 당기순이익의 10배라면, 목표기업의 주식가치도 그 당기순이익의 10배라는 것이다.

총액기준 이는 가장 최근 기준으로 목표기업의 당기순이익이 유사기업의 당기순이익에 일정 비율이면, 현재 시점에서 목표기업의 주식가치도 유사기업 주식가치의 동일 비율이라고도 해석할 수 있다. 예를 들어, 가장 최근 기준으로 목표기업의 당기순이익이 유사기업 당기순이익의 20% 정도라면, 현재 시점에서 목표기업의 주식가치도 유사기업 주식가치의 20% 정도라는 것이다.

주당기준 이러한 총액기준의 금액을 발행주식수로 나누면, 주당기준으로 표시되는 일정한 공식을 만들 수 있다.
- 주식가치를 발행주식수로 나누면 **주당가치**(Price per Share)
- 당기순이익을 발행주식수로 나누면 **주당순이익**(EPS: Earnings per Share)
- 주당가치를 주당순이익으로 나누면 **주가수익비율**(PER: Price to Earnings Ratio)

할인율 여기서, 목표기업이 규모가 작은 비상장기업이라면, 총액기준이든 주당기준이든 추정된 가치에 다음의 할인율을 반영해야 한다.
- **비유동성 할인**(Illiquidity Discount): 해당 주식을 처분하여 현금화하는 데에 상당한 시간과 비용이 소요되므로 상장기업에 비해 할인되어 평가되어야 한다.
- **소규모 할인**(Small Size Discount): 규모가 작다면, 상장기업에 비해 할인되어 평가되어야 한다.

한편, 현금흐름할인법(DCF Method)에서는 위와 같이 할인율의 형태로 반영하지 않고, CAPM으로 추정된 자기자본비용(Re)에 프리미엄(Premium) 형태로 가산하여, 기업가치인 순현재가치(NPV)를 감소시킨다.
- **비유동성 프리미엄**(Illiquidity Premium)
- **소규모 프리미엄**(Small Size Premium)

그러면 주식가치 배수법(Price-Multiple Method) 중에서 또 다른 2가지 방식에 대해 살펴보자.

(1) 주식가치 배수법(Price-Multiple Method)

④ 주가매출액비율(PSR)과 주가순자산비율(PBR)

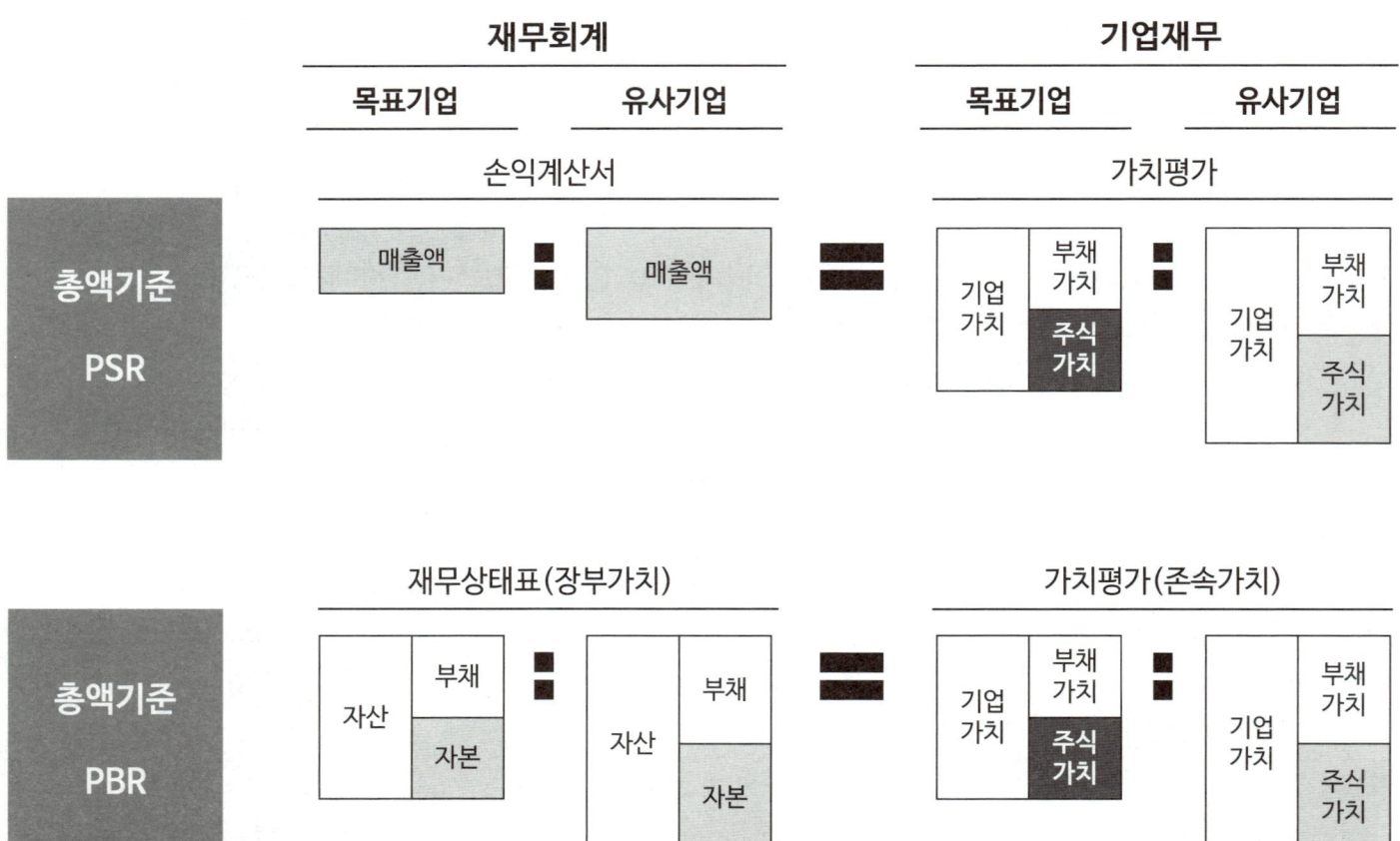

PSR 주가매출액비율(PSR: Price to Sales Ratio)은 주식가치가 매출액의 몇 배인가를 나타내는 지표이다. 이를 이용한 주식가치 배수법(Price-Multiple Method)은 동종업종의 유사기업들 간에는 주식가치와 매출액의 비율이 모두 동일하다고 가정하여 목표기업의 주식가치를 추정하는 방식이다. 즉, 유사기업의 주식가치가 그 매출액의 1.25배라면, 목표기업의 주식가치도 그 매출액의 1.25배라는 것이다.

이는 가장 최근 기준으로 목표기업의 매출액이 유사기업의 매출액에 일정 비율이면, 현재 시점에서 목표기업의 주식가치도 유사기업 주식가치의 동일 비율이라고도 해석할 수 있다. 예를 들어, 가장 최근 기준으로 목표기업의 매출액이 유사기업 매출액의 25% 정도라면 현재 시점에서 목표기업의 주식가치도 유사기업 주식가치의 25% 정도라는 것이다.

PBR 주가순자산비율(PBR: Price to Book-value Ratio)은 존속가치인 주식가치가 장부가치인 자본총계의 몇 배인가를 나타내는 지표이며, 주가순자산비율(PBR)에서의 순자산이란 자산총계에서 부채총계를 차감한 자본총계를 말한다. 이를 이용한 주식가치 배수법(Price-Multiple Method)은 동종업종의 유사기업들 간에는 존속가치인 주식가치와 장부가치인 자본총계의 비율이 모두 동일하다고 가정하여 목표기업의 주식가치를 추정하는 방식이다. 즉, 유사기업의 주식가치가 그 자본총계의 2배라면, 목표기업의 주식가치도 그 자본총계의 2배라는 것이다.

이는 가장 최근 기준으로 목표기업의 자본총계가 유사기업의 자본총계에 일정 비율이면, 현재 시점에서 목표기업의 주식가치는 유사기업 주식가치의 동일 비율이라고도 해석할 수 있다. 예를 들어, 가장 최근 기준으로 목표기업의 자본총계가 유사기업 자본총계의 16% 정도라면, 현재 시점에서 목표기업의 주식가치도 유사기업 주식가치의 16% 정도라는 것이다.

할인율 마찬가지로, 주가수익비율(PER)뿐만 아니라 주가매출액비율(PSR) 및 주가순자산비율(PBR)에 의해 추정된 주식가치에도 비상장기업으로서의 비유동성 할인(Illiquidity Discount) 및 소규모 기업으로서의 소규모 할인(Small Size Discount)을 반영해야 한다.

그러면 지금까지 살펴본 3가지 방식을 비교해 보자.

(1) 주식가치 배수법(Price-Multiple Method)

⑤ 주식가치의 추정

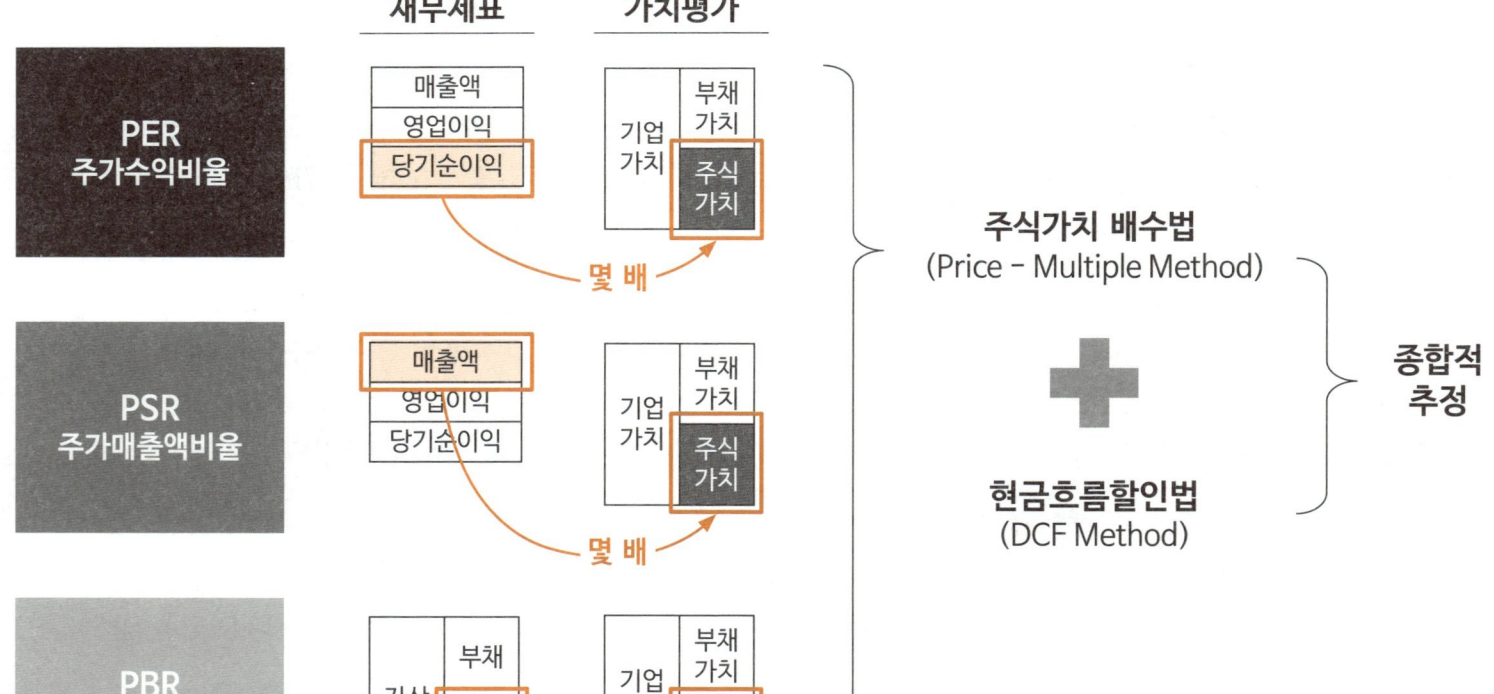

비교 지금까지 주식가치 배수법(Price-Multiple Method) 중에서, 손익계산서상의 당기순이익과 매출액, 그리고 재무상태표상의 자본총계를 활용하여 주식가치를 추정하는 3가지 방식에 대해 알아보았다.

- 주가수익비율(PER: Price to Earnings Ratio): 주식가치와 손익계산서상의 당기순이익의 비율
- 주가매출액비율(PSR: Price to Sales Ratio): 주식가치와 손익계산서상의 매출액의 비율
- 주가순자산비율(PBR: Price to Book-value Ratio): 주식가치와 재무상태표상의 자본총계의 비율

주주의 입장에서 보면, 손익계산서상의 매출액(PSR자료)이 모두 주주에게 귀속되는 것이 아니라, 그 매출액에서 각종 비용을 차감한 당기순이익(PER자료) 만이 주주에게 귀속되는 배당의 재원이 된다. 그리고, 재무상태표상의 자본총계(PBR자료)는 장부가치이므로 존속가치로서의 주식가치를 제대로 반영하지도 못한다. 따라서, 당기순이익을 사용하는 주가수익비율(PER)이 가장 논리적으로 우수하다고 봐서 실제로도 많이 사용된다. 하지만, 이익이 나지 않는 스타트업과 같은 경우에는 주가수익비율(PER)이 사용될 수 없으므로, 대신에 주가매출액비율(PSR)이 많이 사용된다.

활용 실무적으로는, 주가수익비율(PER), 주가매출액비율(PSR) 및 주가순자산비율(PBR) 등과 같은 방법 중에서 실제로 적용할 수 있는 모든 방식을 사용하여 주식가치를 추정한다. 또한, 이러한 주식가치 배수법(Price-Multiple Method)뿐만 아니라 현금흐름할인법(DCF Method)에 의해서도 주식가치를 추정하여, 서로 논리적으로 보완하면서 비상장기업에 대한 주식가치를 종합적으로 추정한다. 그 결과, 주식가치는 특정한 단일 값으로 추정되기보다는 일정한 범위로 도출되며, 그 범위 내에서 Seller와 Buyer가 전략적으로 유리한 가치를 선택하게 된다.

그러면 사례를 통해서 주식가치 배수법(Price-Multiple Method)에 의한 주식가치를 직접 추정해 보자.

(1) 주식가치 배수법(Price-Multiple Method)

⑥ 주식가치 배수법의 활용(비상장주식)

구분	재무자료	목표기업	유사기업
I/S	매출액	100,000	400,000
I/S	당기순이익	10,000	50,000
B/S	자본총계	40,000	250,000
주식	발행주식수	2,000	5,000
주식	주식가치	①	500,000
주식	주당가치	②	100

PER(주가수익비율)

재무자료	목표기업	유사기업
주식가치	①	500,000
당기순이익	10,000	50,000
발행주식수	2,000	5,000
주당가치	②	100

PER = 10배

PSR(주가매출액비율)

재무자료	목표기업	유사기업
주식가치	①	500,000
매출액	100,000	400,000
발행주식수	2,000	5,000
주당가치	②	100

PSR = 1.25배

PBR(주가순자산비율)

재무자료	목표기업	유사기업
주식가치	①	500,000
자본총계	40,000	250,000
발행주식수	2,000	5,000
주당가치	②	100

PBR = 2배

한 투자자가 어느 '비상장기업'의 주식가치를 동종업종의 상장된 유사기업의 재무자료를 참조하여 추정하고자 한다. 그 상장된 유사기업의 재무제표와 주식 관련 정보는 공시 및 증권거래소 자료를 통해 파악했으며, 목표기업의 재무제표는 내부 자료를 통해 파악했다고 가정하자.

PER 손익계산서의 당기순이익과 주식가치와의 관계
- 유사기업의 주식가치 500,000이 그 당기순이익 50,000의 10배(= PER)이다.
- 따라서, 목표기업의 주식가치도 그 당기순이익의 10배라고 본다.
- 즉, 목표기업의 주식가치 = 10,000 × 10배이므로, ① 주식가치는 100,000으로 추정된다.
- 이를 발행주식수로 나누면, 100,000 ÷ 2,000 = 50이 ② 주당가치가 된다.

PSR 손익계산서의 매출액과 주식가치와의 관계
- 유사기업의 주식가치 500,000이 그 매출액 400,000의 1.25배(= PSR)이다.
- 따라서, 목표기업의 주식가치도 그 매출액의 1.25배라고 본다.
- 즉, 목표기업의 주식가치 = 100,000 × 1.25배이므로, ① 주식가치는 125,000으로 추정된다.
- 이를 발행주식수로 나누면, 125,000 ÷ 2,000 = 62.5가 ② 주당가치가 된다.

PBR 재무상태표의 자본총계와 주식가치와의 관계
- 유사기업의 주식가치 500,000이 그 자본총계 250,000의 2배(= PBR)이다.
- 따라서, 목표기업의 주식가치도 그 자본총계의 2배라고 본다.
- 즉, 목표기업의 주식가치 = 40,000 × 2배이므로, ① 주식가치는 80,000으로 추정된다.
- 이를 발행주식수로 나누면, 80,000 ÷ 2,000 = 40이 ② 주당가치가 된다.

할인율 위에서 추정된 주식가치 또는 주당가치에 추가적으로 비상장기업으로서의 비유동성 할인(Illiquidity Discount) 및 소규모 기업으로서의 소규모 할인(Small Size Discount)을 약 20~40% 정도 반영한다.

그러면 상장기업의 경우에는 주식가치 배수법(Price-Multiple Method)을 어떻게 활용하는가?

(1) 주식가치 배수법(Price-Multiple Method)

⑦ 주식가치 배수법의 활용(상장주식)

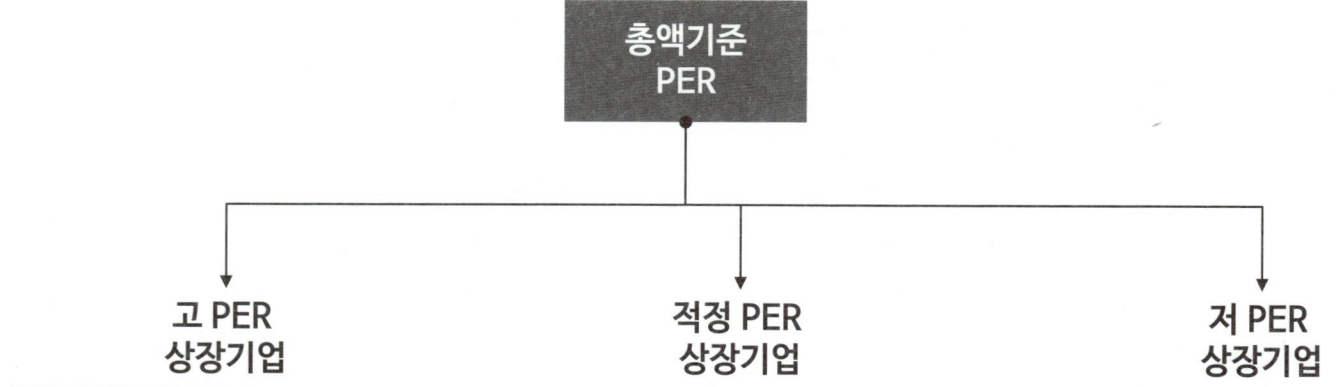

활용방법 주식가치 배수법(Price-Multiple Method)은 평가하고자 하는 목표기업이 증권거래소에 상장되어 있는지 여부에 따라 활용하는 방법이 다음과 같이 상이하다.

- 비상장기업의 경우에는, 그 유사기업의 재무자료를 참조하여 목표기업 자체의 주식가치를 추정할 수 있다.
- 상장기업의 경우에는, 그 유사기업의 주가수익비율(PER), 주가매출액비율(PSR) 및 주가순자산비율(PBR)과 비교하여 목표기업의 주식가치가 시장에서 과대/과소평가되어 있는지 여부를 파악할 수 있다.

사례 예를 들어, 주가수익비율(PER)을 이용하여 증권거래소에 상장되어 있는 목표기업 주식가치의 과대/과소 여부를 판단하고자 한다.

고 PER 상장기업

- 유사기업의 주식가치 500,000은 그 당기순이익 50,000의 10배(= PER)이다.
- 그러나, 목표기업의 주식가치 140,000은 그 당기순이익 10,000의 14배(= PER)이다.
- 따라서, 목표기업의 주식가치가 그 유사기업들의 주식가치에 비해 시장에서 과대평가되어 있다고 볼 수 있다.

적정 PER 상장기업

- 유사기업의 주식가치 500,000은 그 당기순이익 50,000의 10배(= PER)이다.
- 그리고, 목표기업의 주식가치 100,000도 그 당기순이익 10,000의 10배(= PER)이다.
- 따라서, 목표기업의 주식가치가 그 유사기업들과 비교해서 시장에서 적정하게 평가되어 있다고 볼 수 있다.

저 PER 상장기업

- 유사기업의 주식가치 500,000은 그 당기순이익 50,000의 10배(= PER)이다.
- 그러나, 목표기업의 주식가치 60,000은 그 당기순이익 10,000의 6배(= PER)이다.
- 따라서, 목표기업의 주식가치가 그 유사기업들의 주식가치에 비해 시장에서 과소평가되어 있다고 볼 수 있다.

이러한 주식가치 배수법(Price-Multiple Method)에 의한 과대/과소평가는 그 목표기업이 속한 업종에 공통으로 존재하는 시장위험(Market Risk = Systematic Risk = 분산불가능위험)만을 반영하고 그 목표기업에만 존재하는 기업고유위험(Firm-specific Risk = Unsystematic Risk = 분산가능위험)은 고려되지 않는다. 따라서, 투자의사결정에 참고 목적으로만 활용하는 것이 타당하다.

Ⅲ. 기업재무(Corporate Finance)

1 기업재무 – 주식가치의 평가(Valuation)

1) 현금흐름할인법(DCF Method)

2) 배수법(Multiple Method)

   (1) 주식가치 배수법(Price-Multiple Method)

   (2) 기업가치 배수법(Enterprise Value-Multiple Method)

2 기업재무 – 주식가치의 극대화(Shareholder Wealth Maximization)

1) 자본구조의 변경

2) 신규투자 의사결정

(2) 기업가치 배수법(Enterprise Value-Multiple Method)

① 비교가능성이 낮은 당기순이익

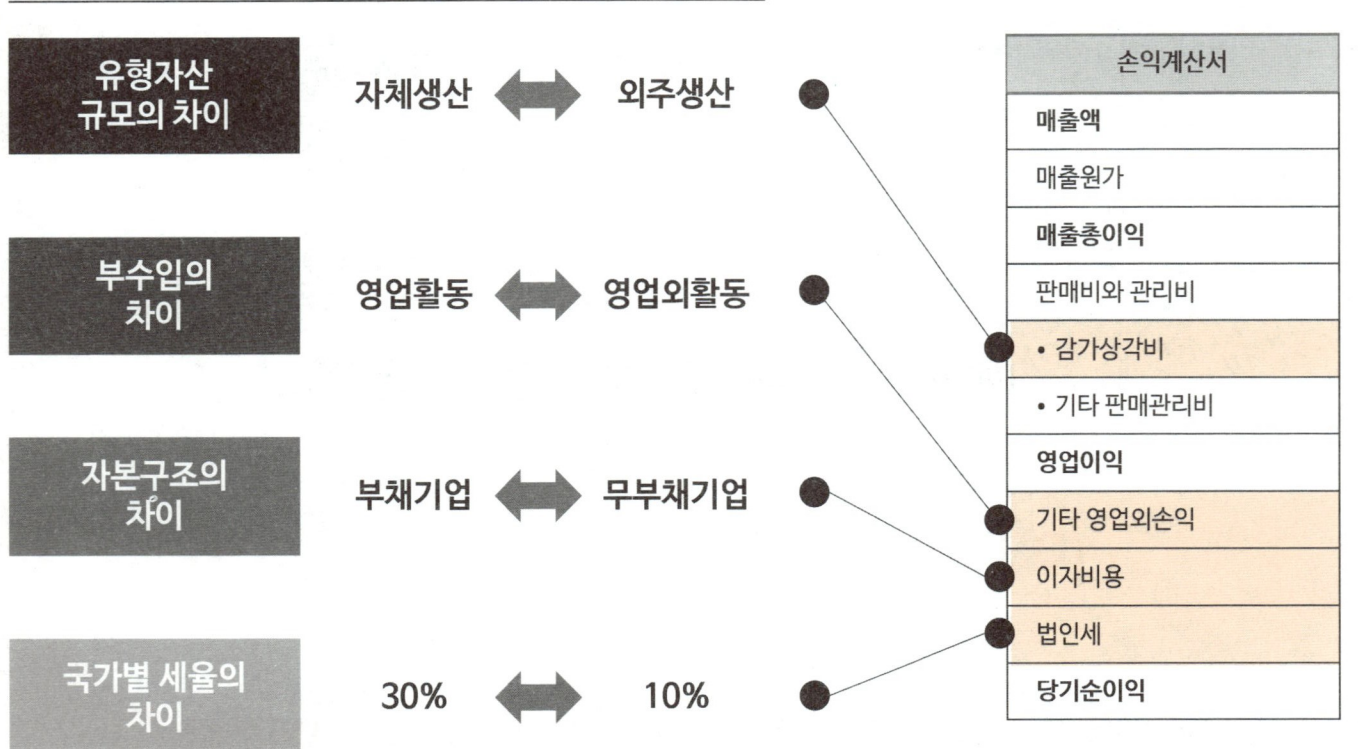

주식가치 배수법(Price-Multiple Method) 중에 당기순이익을 사용하는 주가수익비율(PER)이 가장 많이 사용된다고 했는데, 그 당기순이익은 동종업종에 속한 유사기업들이 동일한 매출을 달성했다 하더라도 각 기업의 고유 특성에 따라 상당한 차이를 보이게 된다. 따라서, 당기순이익은 기업 간에 서로 비교하는 지표로서 적절하지 않다는 주장이 있는데, 그 이유는 다음과 같다.

첫째 유형자산 규모의 차이 때문이다. 생산시설을 보유하여 자체적으로 생산하고 있는 기업과 전부 아웃소싱을 통해 생산하고 있는 기업이 있다고 가정해보자. 동종업종에 속한 두 기업이 모두 동일한 매출을 달성하더라도, 유형자산에 대한 감가상각비의 차이로 인해 현금흐름이 서로 달라지게 된다.

둘째 부수입의 차이 때문이다. 주된 수익창출활동인 정상적인 영업활동만을 수행하는 기업과 정상적인 영업활동뿐만 아니라 영업외활동을 통해 부수입을 벌어들이고 있는 기업이 있다고 가정해보자. 동종업종에 속한 두 기업이 모두 동일한 매출을 달성하더라도, 부수입에서 발생하는 기타 영업외손익의 차이로 인해 당기순이익이 서로 달라지게 된다.

셋째 자본구조의 차이 때문이다. 레버리지로서 차입금을 많이 사용하는 기업과 은행으로부터 차입을 하지 않고 모든 자금을 주주로부터 조달하는 기업이 있다고 가정해보자. 동종업종에 속한 두 기업이 모두 동일한 매출을 달성하더라도, 차입금으로 인한 이자비용의 차이로 인해 당기순이익이 서로 달라지게 된다.

넷째 국가별 세율의 차이 때문이다. 법인세율이 30%로 높은 국가에 소재하는 기업과 법인세율이 10%로 낮은 국가에 소재하는 기업이 있다고 가정해보자. 동종업종에 속한 두 기업이 모두 동일한 매출을 달성하더라도, 국가별 세율차이로 인한 법인세의 차이로 인해 당기순이익이 서로 달라지게 된다.

그 결과, 주식가치를 보다 합리적으로 추정하기 위해, 당기순이익보다 기업 간의 비교가능성을 높인 이익지표를 찾아야 하는 필요성이 대두되었다.

그러면 비교가능성이 향상된 이익지표에는 무엇이 있는가?

(2) 기업가치 배수법(Enterprise Value-Multiple Method)

② 비교가능성이 향상된 이익지표

손익계산서	비교가능성 저해 요소	주된 영업활동 만		주된 영업활동 + 영업외활동(부수입)			
		영업이익	NOPAT	당기순이익	EBIT	EBITDA	FCF
매출액							
매출원가							
매출총이익							
판매비와 관리비							
• 감가상각비	유형자산 규모의 차이	○	○	○	○	제외	제외
• 기타 판매관리비							
영업이익							
기타 영업외손익	부수입의 차이	제외	제외	○	○	○	○
이자비용	자본구조의 차이	제외	제외	○	제외	제외	제외
법인세	국가별 세율의 차이	제외	○	○	제외	제외	○
당기순이익							

EBITDA, FCF: **현금주의**

당기순이익의 기업 간 비교가능성을 저해하는 4가지 요인을 고려하여 그 비교가능성을 높인 5개 이익지표는 다음과 같다.

영업이익
- 기타 영업외손익을 제외하므로, 부수입의 차이로 인한 영향을 제거할 수 있고,
- 이자비용을 제외하므로, 자본구조의 차이로 인한 영향도 제거할 수 있다.
- 그리고, 법인세도 제외하므로, 국가별 세율의 차이로 인한 영향도 제거할 수 있다.

NOPAT Net Operating Profit After Tax의 약자로서, ==영업이익에서 세금을 고려한 이익==이다.
- 기타 영업외손익을 제외하므로, 부수입의 차이로 인한 영향을 제거할 수 있고,
- 이자비용을 제외하므로, 자본구조의 차이로 인한 영향도 제거할 수 있다.

EBIT Earnings Before Interest and Taxes의 약자로서, 당기순이익에서 이자와 세금을 차감하기 전의 이익, 즉, ==영업이익에 영업외활동으로 인한 부수입까지 고려한 이익==이다.
- 이자비용을 제외하므로, 자본구조의 차이로 인한 영향을 제거할 수 있고,
- 법인세를 제외하므로, 국가별 세율의 차이로 인한 영향도 제거할 수 있다.

EBITDA Earnings Before Interest and Taxes, Depreciation/Amortization의 약자로서, EBIT에서 현금유출이 없는 비용인 감가상각비를 다시 더한 이익이다. EBITDA은 잉여현금흐름(FCF)까지는 아니지만, ==손익계산서를 통해서 도출할 수 있는 가장 현금주의에 가까운 이익==이다.
- 이자비용을 제외하므로, 자본구조의 차이로 인한 영향을 제거할 수 있고,
- 법인세도 제외하므로, 국가별 세율의 차이로 인한 영향도 제거할 수 있다.
- 그리고, 현금유출이 없는 감가상각비를 더해주므로, 유형자산 규모의 차이로 인한 영향을 제거하여 보다 현금주의 관점에서 비교할 수 있게 된다.

FCF Free Cash Flow의 약자로서, EBITDA에서 세금, 운전자본의 변동 및 투자까지 고려한 ==완벽한 현금주의에 기반한 이익==이다.
- 이자비용을 제외하므로, 자본구조의 차이로 인한 영향을 제거할 수 있고,
- 현금유출이 없는 감가상각비를 더해주므로, 유형자산 규모의 차이로 인한 영향을 제거하여 보다 현금주의 관점에서 비교할 수 있게 된다.

위의 5개 이익지표는 ==당기순이익과는 달리 모두 이자비용을 제외하므로==, 자본구조가 차이나는 기업 간에도 비교가능성이 높은 이익지표라고 할 수 있다.

그러면 사례를 통해 비교대상 기업별 최적의 이익지표를 찾아보자.

(2) 기업가치 배수법(Enterprise Value-Multiple Method)

③ 비교대상 기업별 이익지표

손익계산서(I/S)

항목	금액
매출액	10,000
매출원가	(4,000)
매출총이익	6,000
판매비와 관리비	(2,500)
・감가상각비	(1,000)
・기타 판매관리비	(1,500)
영업이익	3,500
기타 영업외손익	500
이자비용	(1,000)
법인세비용 (40%)	(1,200)
당기순이익	1,800

구분	이익지표	금액
영업활동	영업이익	3,500(= 1,800 + 1,000 − 500 + 1,200)
영업활동	NOPAT	2,100(= 3,500 − 1,400)
영업활동 + 영업외활동	EBIT	4,000(= 1,800 + 1,000 + 1,200)
영업활동 + 영업외활동	EBITDA	5,000(= 1,800 + 1,000 + 1,200 + 1,000)
영업활동 + 영업외활동	FCF	EBIT(1−t) + D − ΔWC +/− Investment

영업이익	회사 A를 동종업종의 유사기업인 회사 B와 비교하려고 한다. 두 기업 간의 비교가능성을 높이기 위해서 회사 A는 회사 B와의 차이점을 파악하고, 이를 제거한 적절한 이익지표를 선정해야 한다. 회사 B가 자본구조와 부수입의 규모가 다르고, 법인세율도 다른 외국기업이라고 가정해보자. 당기순이익 1,800에서 자본구조의 차이로 인한 이자비용 1,000을 제외하고, 부수입의 차이로 인한 기타 영업외손익 500도 제외한다. 그리고, 국가별 세율차이로 인한 법인세 1,200까지 제외한 회사 A의 영업이익 3,500(= 1,800 + 1,000 - 500 + 1,200)을 동종업종의 유사기업인 B회사의 영업이익과 비교한다.
NOPAT	회사 B가 자본구조와 부수입의 규모만 다르고, 같은 국가에 있어서 법인세율이 같다고 가정해보자. 회사 A의 영업이익 3,500에서 그 영업이익에 해당하는 법인세 1,400(= 3,500 × 40%)을 차감한 회사 A의 NOPAT 2,100(= 3,500 - 1,400)을 동종업종의 유사기업인 회사 B의 NOPAT과 비교한다.
EBIT	회사 B가 자본구조가 다르고, 법인세율도 다른 외국기업이라고 가정해보자. 당기순이익 1,800에서 자본구조의 차이로 인한 이자비용 1,000을 제외하고, 국가별 세율차이로 인한 법인세 1,200도 제외한 회사 A의 EBIT 4,000(= 1,800 + 1,000 + 1,200)을 동종업종의 유사기업인 회사 B의 EBIT과 비교한다.
EBITDA	회사 B가 자본구조 및 법인세율이 다른 외국기업으로, 현금흐름 관점에서 비교한다고 가정해보자. 당기순이익 1,800에서 자본구조의 차이로 인한 이자비용 1,000을 제외하고, 국가별 세율차이로 인한 법인세 1,200도 제외한다. 그리고, 유형자산 규모의 차이로 인한 현금유출이 없는 감가상각비 1,000을 제외한 회사 A의 EBITDA 5,000(= 1,800 +1,000 + 1,200 + 1,000)을 동종업종의 유사기업인 B회사의 EBITDA와 비교한다.
FCF	회사 B가 자본구조가 다르고, 현금흐름 관점에서 비교한다고 가정해보자. 회사 A의 잉여현금흐름(FCF)을 EBIT(1-t) + Depreciation - ΔWC +/- Investment으로 계산하여, 동종업종의 유사기업인 B회사의 잉여현금흐름(FCF)과 비교한다.
그러면	이러한 이익지표를 활용하는 기업가치 배수법(Enterprise Value-Multiple Method)에 대해 알아보자.

(2) 기업가치 배수법(Enterprise Value-Multiple Method)

④ 기업가치 배수법의 개념

재무회계

손익계산서(I/S)

항목
매출액
매출원가
매출총이익
판매비와 관리비
영업이익
기타 영업외손익
이자비용
법인세비용 (40%)
당기순이익

자본구조 고려 안함

구분	이익지표
영업활동	영업이익
	NOPAT
영업활동 + 영업외활동	EBIT
	EBITDA
	FCF

기업재무

가치평가

기업 가치	부채 가치
	주식 가치

주식가치 배수법(Price-Multiple Method)과의 비교를 통해 기업가치 배수법(Enterprise Value-Multiple Method)의 개념을 자세히 알아보자.

Price Multiple   우선, 주식가치 배수법(Price-Multiple Method) 중에 주가수익비율(PER)은 당기순이익을 사용하여 주식가치를 직접 추정한다고 했다. 이러한 손익계산서상의 당기순이익은 주주에게 지급되는 배당의 재원이고, 이렇게 주주에게 귀속되는 배당의 재원이 기업재무에서의 주식가치를 구성한다. 따라서, 현재 시점의 '주식가치'는 가장 최근의 손익계산서상 당기순이익의 몇 배에 해당된다고 보는 것이다.

그러나, 당기순이익은 동종업종에 속한 유사기업들이 동일한 매출을 달성했다 하더라도 각 기업의 고유 특성에 따라 상당한 차이를 보이게 된다. 따라서, 기업 간의 비교가능성을 높인 영업이익, NOPAT, EBIT, EBITDA 및 FCF과 같은 5개 이익지표를 통해 보다 정교하게 주식가치를 추정하고자 하는 필요성이 대두되었다.

EV Multiple   비교가능성이 향상된 이러한 5개 이익지표의 공통점은 모두 이자비용을 차감하지 않은 이익이라는 것이다. 즉, 주주에게 배당을 지급하기 전의 금액일 뿐만 아니라 은행에게도 이자를 지급하기 전의 금액이다. 다시 말하면, 이러한 5개 이익지표는 주주에게 지급되는 배당의 재원일 뿐만 아니라, 은행에게도 지급되는 이자비용의 재원이기도 하다. 여기서, 은행에게 귀속되는 이자비용의 현금흐름은 기업재무에서의 부채가치를 구성하고, 주주에게 귀속되는 배당의 현금흐름은 기업재무에서의 주식가치를 구성하여, 그 부채가치와 주식가치의 합이 기업가치를 구성하게 된다. 따라서, 현재 시점의 '기업가치'는 가장 최근 손익계산서상 영업이익, NOPAT, EBIT, EBITDA, FCF의 몇 배에 해당된다고 보는 것이다.

이는 기업가치를 직접 구하기 때문에 기업가치 배수법(Enterprise Value-Multiple Method)라고 부르고, 이렇게 계산한 기업가치에서 부채가치를 차감하여 주식가치를 추정하게 된다.

그러면   기업가치 배수법(Enterprise Value-Multiple Method) 중에서 대표적인 EV/EBITDA에 대해 알아보자.

(2) 기업가치 배수법(Enterprise Value-Multiple Method)

⑤ EV/EBITDA

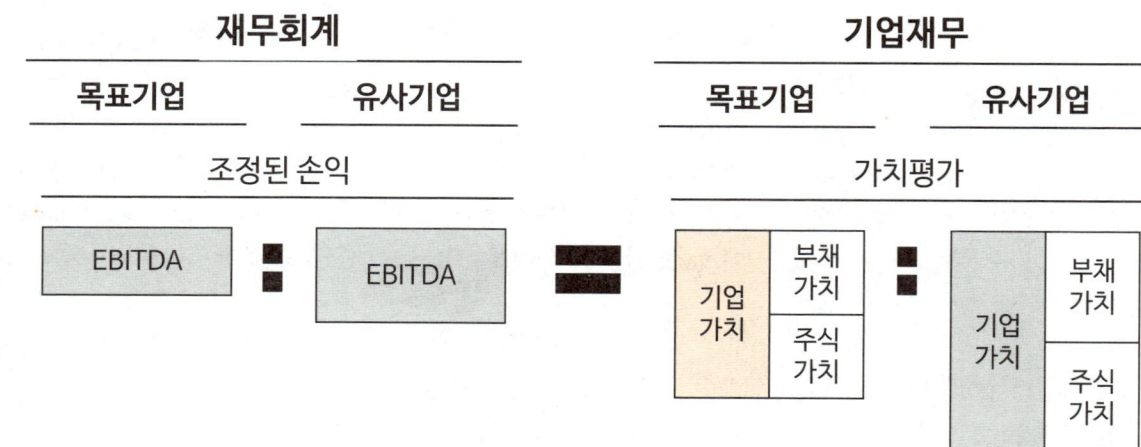

비교가능성이 향상된 5개 이익지표 중에 실무적으로는 EBITDA를 가장 많이 사용하는데, 그 이유는 다음과 같다.
- 이자비용을 제외하므로, 자본구조의 차이로 인한 영향을 제거할 수 있고,
- 법인세도 제외하므로, 국가별 세율의 차이로 인한 영향을 제거할 수 있다.
- 그리고, 현금유출이 없는 감가상각비를 더해주므로, 유형자산 규모의 차이에 따른 영향을 제거하여 보다 현금흐름 관점에서 비교할 수 있게 된다.

EV/EBITDA EV/EBITDA는 기업가치(Enterprise Value)가 EBITDA의 몇 배인가를 나타내는 지표이다. 이를 이용한 기업가치 배수법(Enterprise Value-Multiple Method)은 동종업종의 유사기업들 간에는 기업가치(Enterprise Value)와 EBITDA의 비율이 모두 동일하다고 가정하여 목표기업의 기업가치를 추정하는 방식이다. 예를 들어, 동종업종에 속한 유사기업의 기업가치가 그 EBITDA의 10배라면, 그 업종에 속한 목표기업의 기업가치도 그 EBITDA의 10배라는 것이다.

이는 가장 최근 기준으로 목표기업의 EBITDA가 유사기업의 EBITDA에 일정 비율이면, 현재 시점에서 목표기업의 기업가치도 유사기업 기업가치의 동일 비율이라고도 해석할 수 있다. 예를 들어, 가장 최근 기준으로 목표기업의 EBITDA가 유사기업 EBITDA의 20% 정도라면, 현재 시점에서 목표기업의 기업가치도 유사기업 기업가치의 20% 정도라는 것이다.

절차 기업가치 배수법(Enterprise Value-Multiple Method)은 다음과 같은 6단계를 통해 목표기업의 주식가치를 추정한다.
- 첫째, 동종업종의 상장된 유사기업 중에 유의미한 대상을 선별하고,
- 둘째, 그 대상기업들의 주식가치인 시가총액을 파악한다.
- 셋째, 파악된 주식가치에 이자를 지급하는 부채를 가산하여 대상기업들의 기업가치를 구한다.
- 넷째, 그 대상기업들의 EBITDA를 구하여, EV/EBITDA의 업종평균비율을 도출하고,
- 다섯째, 그 업종평균비율을 목표기업의 EBITDA에 적용하여 기업가치를 계산한다.
- 마지막으로, 이렇게 계산된 기업가치에서 이자를 지급하는 부채를 차감하여 목표기업의 주식가치를 추정한다.

그러면 사례를 통해서 EV/EBITDA에 의한 주식가치를 직접 추정해 보자.

(2) 기업가치 배수법(Enterprise Value-Multiple Method)

⑥ 기업가치 배수법의 활용(비상장주식)

구분	재무자료	목표기업	유사기업
I/S	EBITDA	125,000	400,000
B/S	차입금	Case 별	300,000
주식	발행주식수	2,000	5,000
	주식가치	①	500,000
	주당가치	②	100

목표기업의 차입금 = 0

재무자료	목표기업	유사기업
주당가치	②	100
발행주식수	2,000	5,000
주식가치	①	500,000
부채가치	–	300,000
기업가치	??	800,000
EBITDA	125,000	400,000

EV/EBITDA = 2배

목표기업의 차입금 = 50,000

재무자료	목표기업	유사기업
주당가치	②	100
발행주식수	2,000	5,000
주식가치	①	500,000
부채가치	50,000	300,000
기업가치	??	800,000
EBITDA	125,000	400,000

EV/EBITDA = 2배

한 투자자가 어느 '비상장기업'의 주식가치를 동종업종의 상장된 유사기업의 EBITDA를 참조하여 추정하고자 한다. 그 상장된 유사기업의 재무제표와 주식 관련 정보는 공시 및 증권거래소 자료를 통해 파악했으며, 목표기업의 재무제표는 내부 자료를 통해 파악했다고 가정하자.

사례 1 목표기업의 차입금이 0인 경우
- 유사기업의 주식가치 500,000과 부채가치 300,000를 합하여 기업가치 800,000을 구한다.
- 유사기업의 기업가치 800,000은 그 EBITDA 400,000의 2배(= EV/EBITDA)이다.
- 따라서, 목표기업의 기업가치도 그 EBITDA의 2배라고 본다.
- 즉, 목표기업의 기업가치는 250,000(= 125,000 × 2배)으로 계산된다.
- 여기에서 부채가치가 0이므로, ① 주식가치는 250,000(= 250,000 - 0)으로 추정되고,
- 이를 발행주식수로 나누면, ② 주당가치는 125(= 250,000 ÷ 2,000주)가 된다.

사례 2 목표기업의 차입금이 50,000인 경우
- 유사기업의 주식가치 500,000과 부채가치 300,000를 합하여 기업가치 800,000을 구한다.
- 유사기업의 기업가치 800,000은 그 EBITDA 400,000의 2배(= EV/EBITDA)이다.
- 따라서, 목표기업의 기업가치도 그 EBITDA의 2배라고 본다.
- 즉, 목표기업의 기업가치는 250,000(= 125,000 × 2배)으로 계산된다. 여기까지는 사례1과 같다.
- 여기에서 부채가치가 50,000이므로, ① 주식가치는 200,000(= 250,000 - 50,000)으로 추정되고,
- 이를 발행주식수로 나누면, ② 주당가치는 100(= 200,000 ÷ 2,000주)이 된다.

위에서 추정된 주식가치 또는 주당가치에 추가적으로 비상장기업으로서의 비유동성 할인(Illiquidity Discount) 및 소규모 기업으로서의 소규모 할인(Small Size Discount)을 약 20~40% 정도 반영한다.

위의 사례에서 보듯이, EV/EBITDA에 의하면 목표기업의 자본구조에 따라 주식가치가 다르게 추정된다. 따라서, 5개 이익지표를 사용하는 기업가치 배수법(Enterprise Value-Multiple Method)은 자본구조의 차이를 고려하여 보다 정교하게 주식가치를 추정하는 방식이라고 할 수 있다.

III. 기업재무(Corporate Finance)

1 기업재무 – 주식가치의 평가(Valuation)

1) 현금흐름할인법(DCF Method)
2) 배수법(Multiple Method)

2 기업재무 – 주식가치의 극대화(Shareholder Wealth Maximization)

1) 자본구조의 변경
2) 신규투자 의사결정

III.2. 기업재무 – 주식가치의 극대화(Shareholder Wealth Maximization)

영역		질문	가치	대상	다루는 내용
좋은 회사	상태	**1** 좋은 회사인가? (재무회계)	장부 가치	구분/재무제표/과거/현재/미래 — 실적: I/S (OOO, OOO, XXX), B/S (OOO, OOO), CFS (OOO, OOO)	I.1. 재무비율분석
					I.2. 추정 재무제표의 작성
	방법	**2** 어떻게 좋은 회사를 만들 수 있을까? (관리회계)		계획: I/S (XXX), B/S (XXX), CFS (XXX, XXX)	II.1. 목표달성관리 (PDCA)
주식가치 (기업재무)	상태	**3** 주식가치는 얼마인가?	존속 가치	$NPV = \sum_{n=0}^{N} \frac{FCF_n}{(1+r)^n}$ ← FCF, WACC 기업가치 / 주식가치	III.1.1) 현금흐름할인법 (DCF Method)
					III.1.2) 배수법 (Multiple Method)
	방법	**4** 어떻게 주식가치를 올릴 수 있을까?			III.2.1) 자본구조의 변경
					III.2.2) 신규투자 의사결정

4 어떻게 주식가치를 올릴 수 있을까?

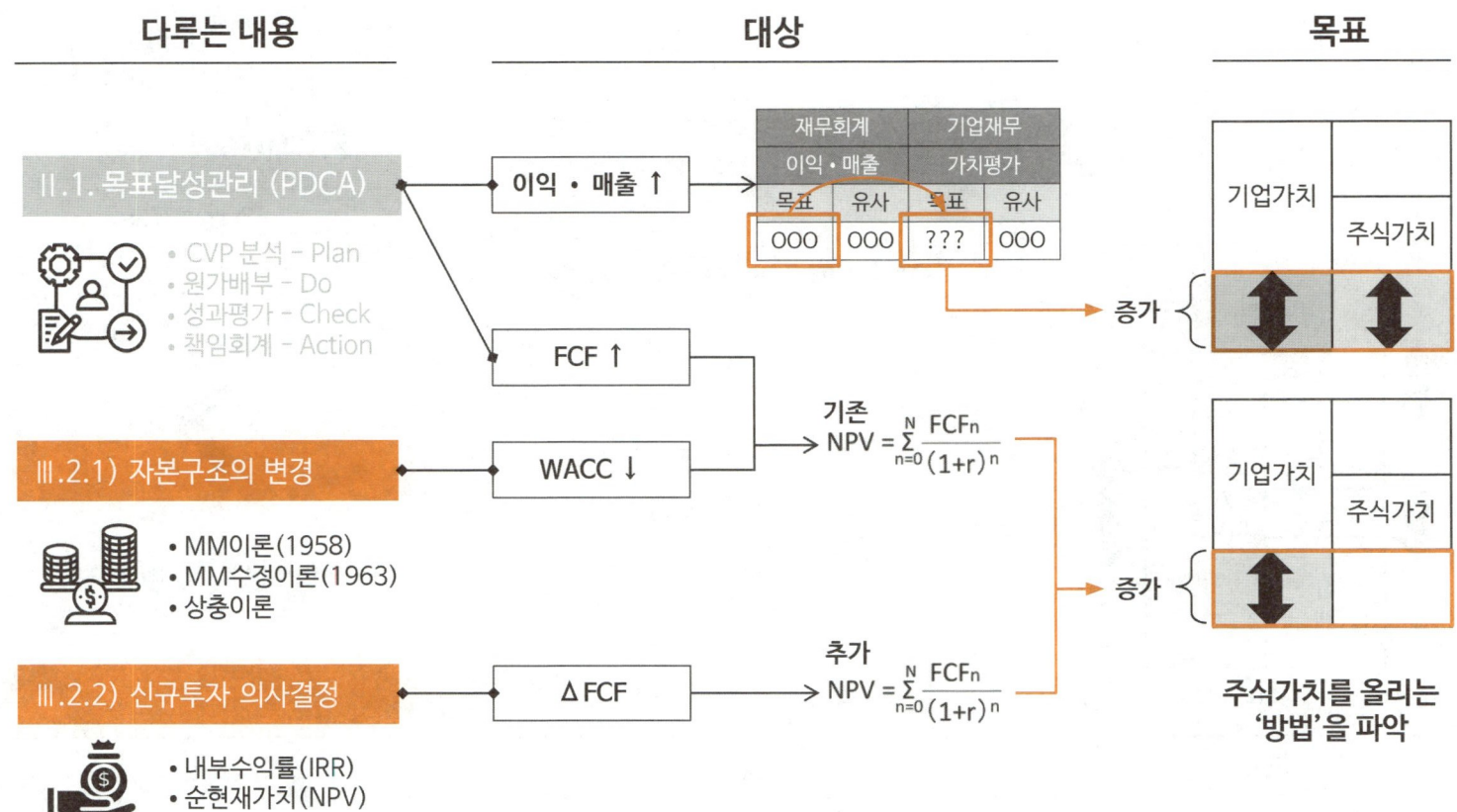

(1) 자본구조 변경의 영향

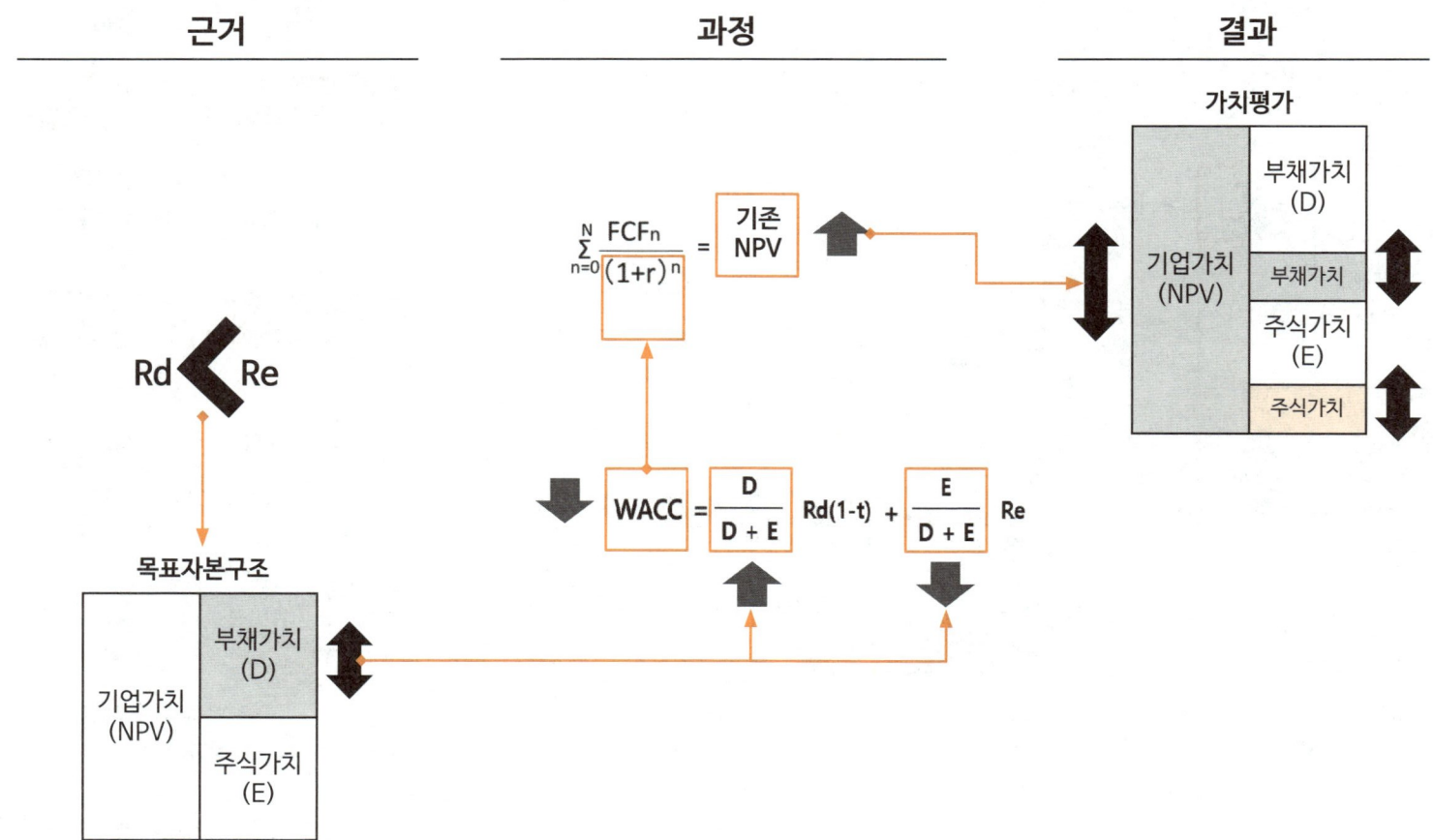

방법 현금흐름할인법(DCF Method)은 먼저 기업가치를 계산한 후에 부채가치를 차감하여 그 주식가치를 구하는 간접법이다. 따라서, 그 주식가치를 올리기 위해서는 기업가치를 증가시켜야 하는데, 그 기업가치인 순현재가치(NPV)는 다음과 같은 2가지 방법으로 증가시킬 수 있다.

- 잉여현금흐름(FCF)을 증가시키는 방법(기존 사업 또는 신규투자안)
- 가중평균자본비용(WACC)을 감소시키는 방법

잉여현금흐름(FCF)을 증가시키는 방법 중에서 기존 사업의 잉여현금흐름(FCF)을 증가시키는 방법은 EBIT를 증가시키는 수익성 극대화의 영역이므로 Ⅱ. 관리회계의 목표달성관리(PDCA)에서 다루었다. 따라서, 신규투자안으로부터 잉여현금흐름(FCF)을 증가시키는 방법과 가중평균자본비용(WACC)을 감소시키는 방법에 대해서만 여기에서 다룬다. 이 중에서 우선 가중평균자본비용(WACC)을 감소시키는 방법에 대해 살펴보자.

근거 일반적으로 기업이 부담하는 타인자본비용(Rd)은 자기자본비용(Re)보다 저렴한데, 그 이유는 다음과 같다.

- 타인자본의 채권자가 부담하는 위험이 자기자본의 주주가 부담하는 위험보다 적어서 채권자가 기업에 요구하는 수익률이 주주가 기업에 요구하는 수익률보다 낮기 때문이다.
- 타인자본의 경우에는 이자비용 절세효과(Tax Shield)가 발생하기 때문이다.

과정 따라서, 자본비용이 상대적으로 저렴한 타인자본의 비율을 늘리면, 가중평균자본비용(WACC)이 감소한다. 이렇게 감소한 가중평균자본비용(WACC)은 기존 사업의 순현재가치(NPV)를 증가시키고, 이로 인한 기업가치의 증가는 주식가치를 증가시켜 주주부에 귀속된다.

그러면 주주부(주식가치)를 극대화하는 최적자본구조는 무엇인가?

(2) 최적자본구조이론

	① MM이론 (1958)	② MM수정이론 (1963)	③ 상충이론 (Trade-off)
이론	자본구조와 무관하게 기업가치는 일정하다.	타인자본을 사용할수록 기업가치는 증가한다.	기업가치를 극대화하는 최적자본구조가 존재한다.
가중평균 자본비용 (WACC)	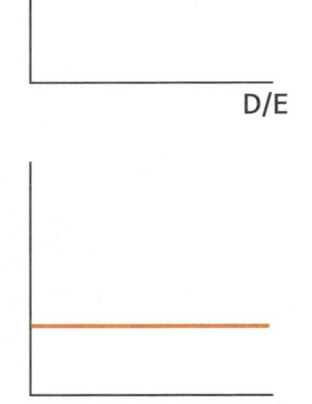	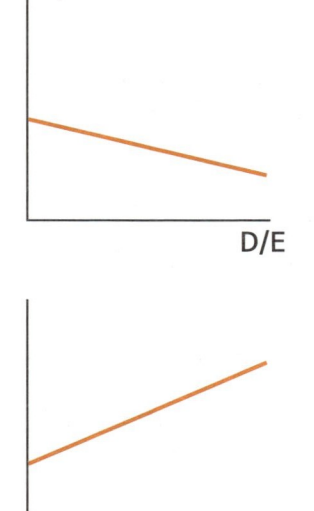	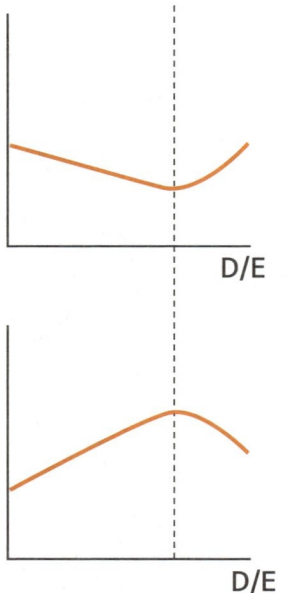
기업가치 (NPV)			

논리 경영자는 주주의 대리인으로서, 주주부(주식가치)를 극대화하는 방향으로 경영의사결정을 내린다. 논리적 흐름으로 보면, 주식가치를 극대화하기 위해서는 기업가치를 극대화해야 하고, 그 기업가치를 극대화하기 위해서는 가중평균자본비용(WACC)을 최소화해야 한다. 그리고, 그 가중평균자본비용(WACC)을 최소화하기 위해서는 최적자본구조를 고려하여 투자자로부터 자금을 조달해야 한다.

따라서, 경영자는 주주부(주식가치)를 극대화하기 위하여 가중평균자본비용(WACC)을 최소화하는 또는 기업가치를 극대화하는 최적자본구조를 찾아야 하는데, 이러한 '최적자본구조'와 관련하여 3가지 이론이 존재한다.

이론 **MM이론(1958)**
- 가중평균자본비용(WACC)은 자본구조와 무관하게 일정하다.
- 따라서, 자본구조와 무관하게 기업가치는 일정하다.

MM수정이론(1963)
- 가중평균자본비용(WACC)는 타인자본을 사용할수록 감소한다.
- 따라서, 타인자본을 사용할수록 기업가치는 증가한다.

상충이론(Trade-off)
- 가중평균자본비용(WACC)을 최소화하는 최적자본구조가 존재한다.
- 따라서, 기업가치를 극대화하는 최적자본구조가 존재한다.

그러면 우선, MM이론(1958)에 대해 살펴보자.

(2) 최적자본구조이론

① MM이론 (1958)

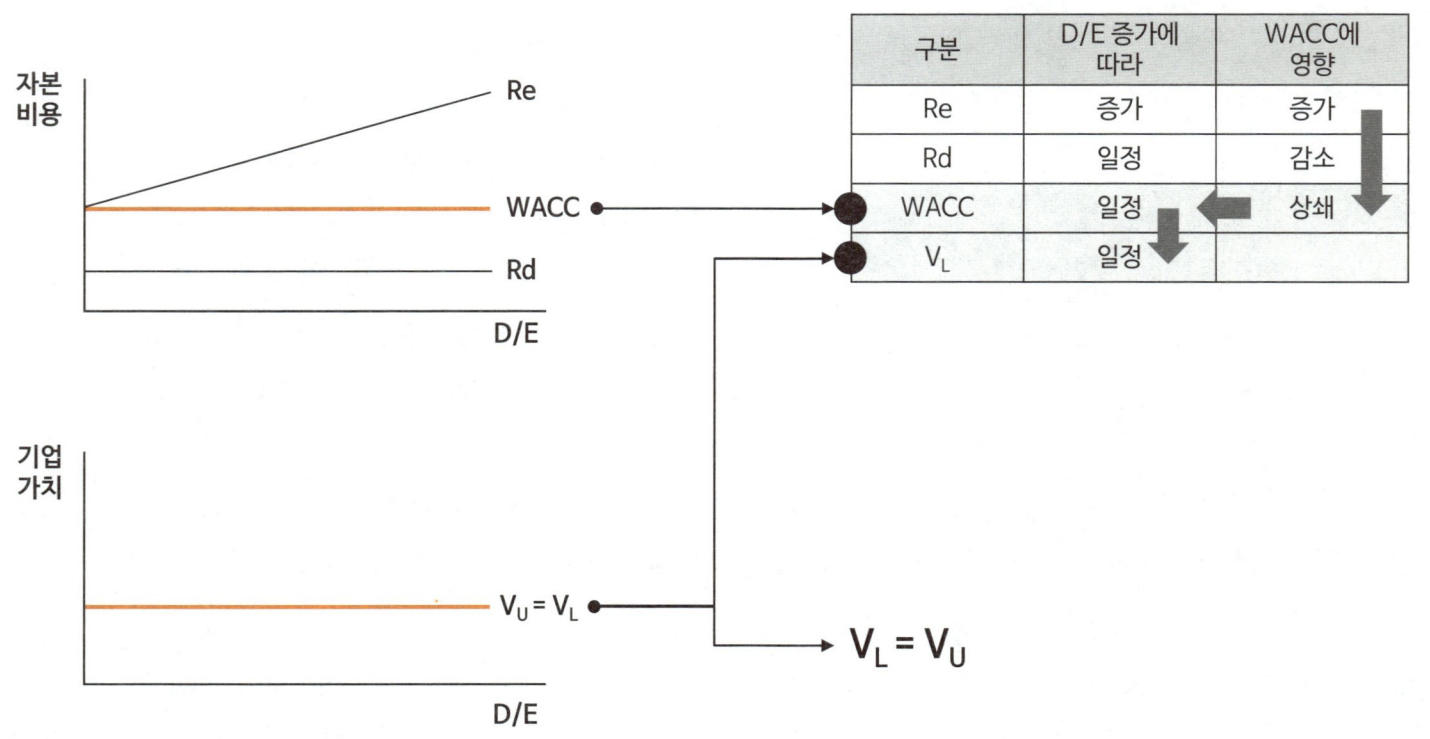

구분	D/E 증가에 따라	WACC에 영향
Re	증가	증가
Rd	일정	감소
WACC	일정	상쇄
V_L	일정	

$$V_L = V_U$$

Modigliani와 Miller에 의해 정립된 MM이론(1958)은 '자본구조와 무관하게 기업가치는 일정하다'는 이론이다. 즉, 자본구조에서 타인자본의 비율을 늘려도 가중평균자본비용(WACC)은 변하지 않으므로, 기업가치도 변하지 않는다는 것이다.

가정 MM이론(1958)은 법인세 등이 없는 완전자본시장을 전제로 하고 있으므로, 다소 비현실적이다.

Re와 Rd D/E(부채비율)이 증가함에 따라, 자기자본비용(Re)과 타인자본비용(Rd)에 미치는 영향을 보면,
- 주주의 입장에서는 높아진 재무위험에 대해 더 높은 수익률을 요구하게 되므로, 기업 입장에서의 자기자본비용(Re)은 증가한다.
- 한편, 채권자의 입장에서 요구하는 수익률은 일정하다고 봐서, 기업 입장에서의 타인자본비용(Rd)도 일정하다.

WACC D/E(부채비율)이 증가함에 따라, 가중평균자본비용(WACC)에 미치는 영향을 보면,
- 증가한 자기자본비용(Re)은 가중평균자본비용(WACC)을 증가시킨다.
- 한편, 자기자본비용(Re)보다 저렴한 타인자본비용(Rd)의 비중이 증가하므로 가중평균자본비용(WACC)을 감소시킨다.
- 따라서, 이렇게 증가한 자기자본비용(Re)의 + 영향과 비중이 증가한 저렴한 타인자본비용(Rd)의 - 영향이 완전히 상쇄되어 가중평균자본비용(WACC)은 일정하다.

V_U와 V_L D/E(부채비율)이 증가함에 따라, 기업가치에 미치는 영향을 보면,
- 가중평균자본비용(WACC)이 일정하므로, 기업가치도 일정하다.
- 따라서, 부채사용 기업가치(V_L)와 무부채 기업가치(V_U)의 관계는 '$V_L = V_U$'이 된다.

그러면 두 번째로 MM수정이론(1963)은 MM이론(1958)과 어떻게 다른가?

(2) 최적자본구조이론

② MM수정이론 (1963)

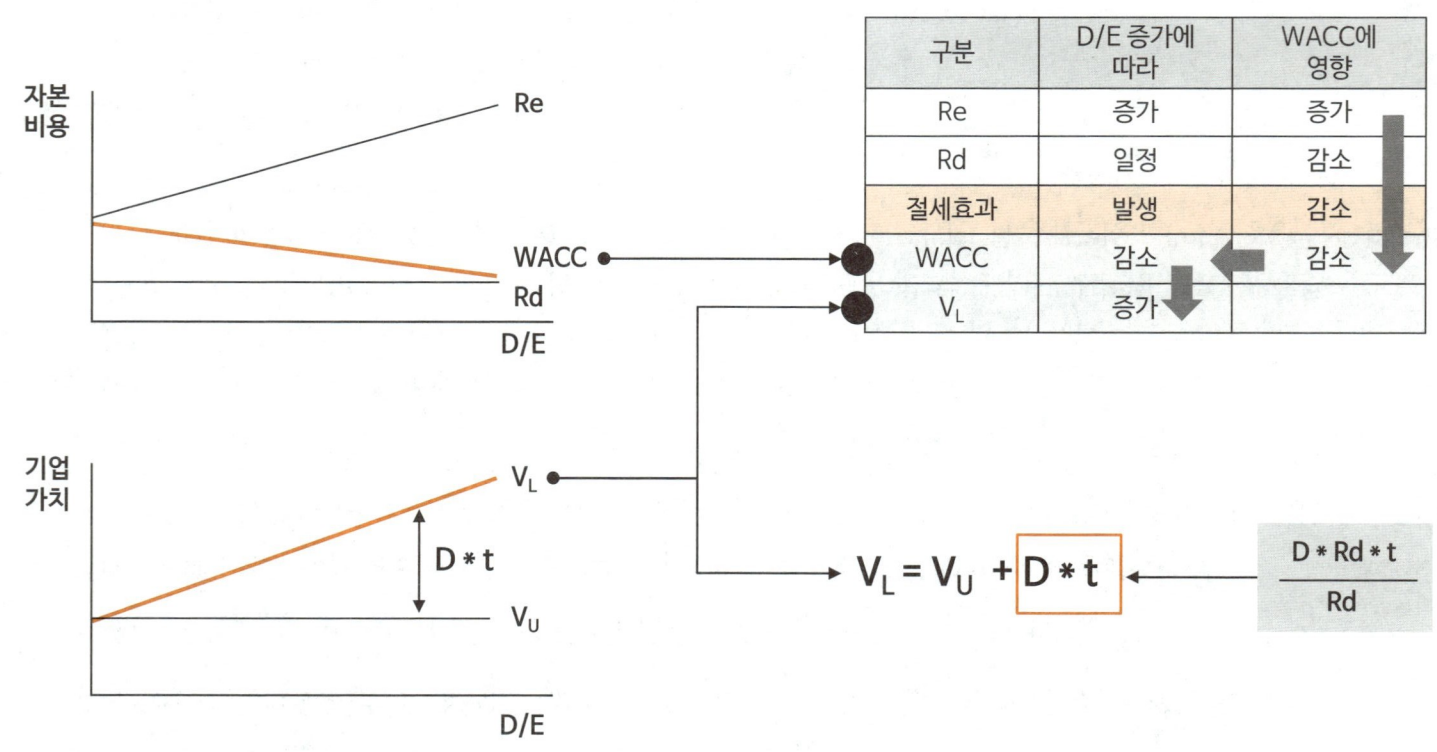

MM수정이론(1963)은 '타인자본을 사용할수록 기업가치는 증가한다'는 이론이다. 즉, 자본구조에서 타인자본의 비율을 늘리면 가중평균자본비용(WACC)이 감소하므로, 기업가치가 증가한다는 것이다.

가정 MM수정이론(1963)은 법인세가 있는 현실적인 시장을 전제로 하고 있다.

Re와 Rd D/E(부채비율)이 증가함에 따라, 자기자본비용(Re)과 타인자본비용(Rd)에 미치는 영향을 보면,
- 주주의 입장에서는 높아진 재무위험에 대해 더 높은 수익률을 요구하게 되므로, 기업 입장에서의 자기자본비용(Re)은 증가한다.
- 한편, 채권자의 입장에서 요구하는 수익률은 일정하다고 봐서, 기업 입장에서의 타인자본비용(Rd)은 일정하다.
- 하지만, 이자비용 절세효과(Tax Shield)가 발생하여, 기업이 실질적으로 부담하는 타인자본비용(Rd)이 -Rd * t만큼 감소한다.

WACC D/E(부채비율)이 증가함에 따라, 가중평균자본비용(WACC)에 미치는 영향을 보면,
- 증가한 자기자본비용(Re)은 가중평균자본비용(WACC)을 증가시킨다.
- 한편, 자기자본비용(Re)보다 저렴한 타인자본비용(Rd)의 비중이 증가하므로 가중평균자본비용(WACC)을 감소시킨다.
- 하지만, 이자비용 절세효과(Tax Shield)가 가중평균자본비용(WACC)을 감소시킨다.
- 따라서, 이렇게 증가한 자기자본비용(Re)의 + 영향과 비중이 증가한 저렴한 타인자본비용(Rd)의 - 영향은 완전히 상쇄되나, 추가적인 이자비용 절세효과(Tax Shield)로 인해 가중평균자본비용(WACC)은 감소한다.

V_U와 V_L D/E(부채비율)이 증가함에 따라, 기업가치에 미치는 영향을 보면,
- 가중평균자본비용(WACC)이 감소하므로, 기업가치는 증가한다.
- 이자비용 절세효과(Tax Shield)를 잉여현금흐름(FCF)의 증가 관점에서 보면, 부채사용 기업가치(V_L)와 무부채 기업가치(V_U)의 관계는 '$V_L = V_U + D * Rd * t \div Rd = V_U + D * t$'가 된다.

그러면 마지막으로, 상충이론(Trade-off)은 MM수정이론(1963)과 어떻게 다른가?

(2) 최적자본구조이론

③ 상충이론 (Trade-off)

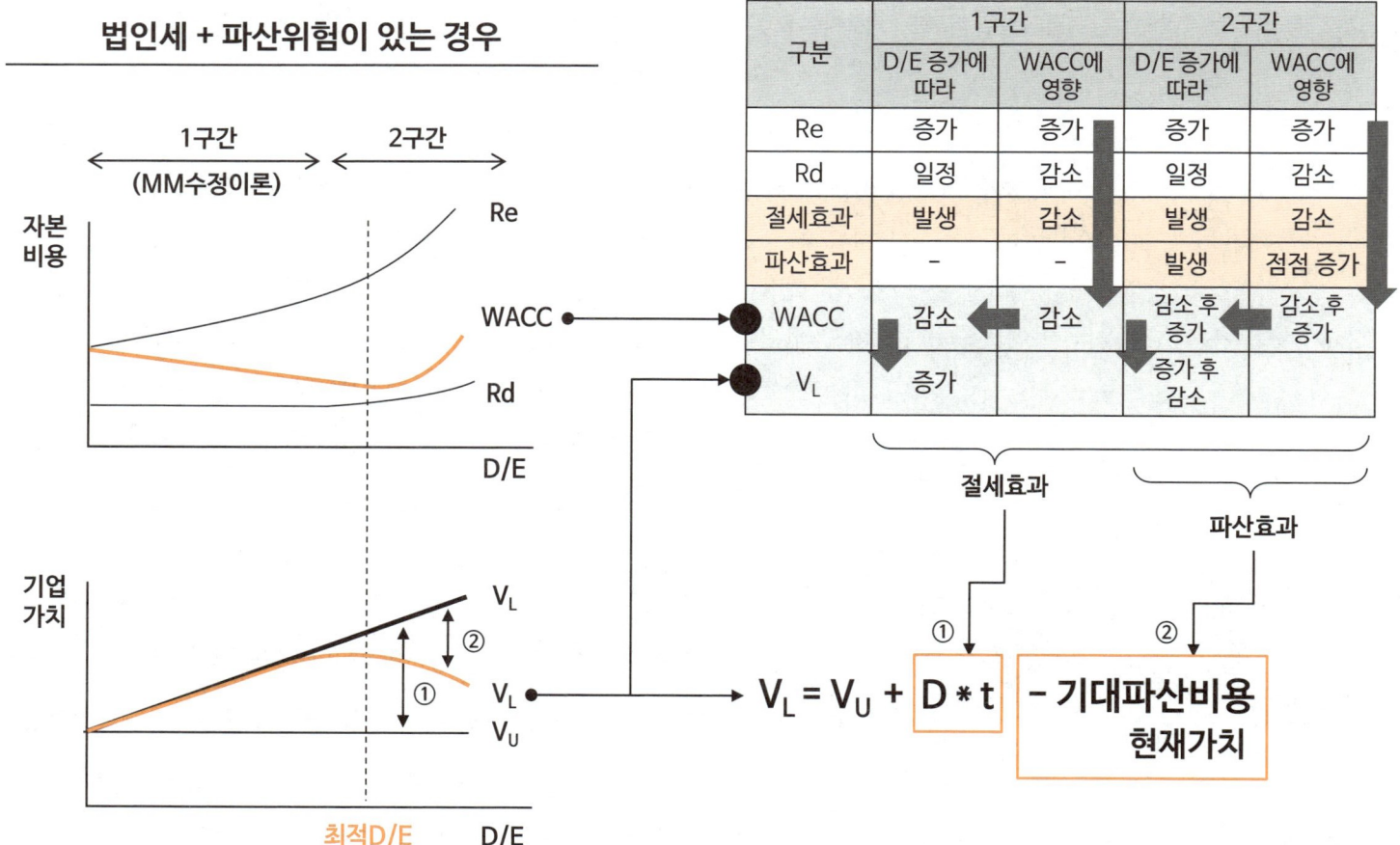

상충이론(Trade-off)은 '기업가치를 극대화하는 최적자본구조가 존재한다'는 이론이다. 즉, 자본구조에서 타인자본의 비율을 늘리면 가중평균자본비용(WACC)이 감소하여 기업가치가 증가하나, 그 타인자본의 비율을 과도하게 늘리면 오히려 가중평균자본비용(WACC)이 증가하여 기업가치가 감소하게 된다는 것이다.

가정 상충이론(Trade-off)은 MM수정이론(1963)의 가정에 추가적으로 채무불이행(Default)으로 기대되는 파산비용까지 고려한다. 기대파산비용의 현재가치란, 타인자본의 사용에 따라 증가하는 파산가능성을 고려하여, 그 파산절차에서 발생하는 직간접 비용을 현재가치로 환산한 금액을 말한다.

Re와 Rd D/E(부채비율)이 증가함에 따라, 자기자본비용(Re)과 타인자본비용(Rd)에 미치는 영향을 보면,
- 1구간까지는 MM수정이론(1963)과 동일하다.
- 2구간에서는 추가적으로 기대파산비용이 발생하여 주주와 채권자가 모두 더 높은 수익률을 요구하게 되므로, 기업 입장에서의 자기자본비용(Re)과 타인자본비용(Rd)이 모두 증가한다. (파산효과)

WACC D/E(부채비율)이 증가함에 따라, 가중평균자본비용(WACC)에 미치는 영향을 보면,
- 1구간까지는 MM수정이론(1963)과 동일하게, 가중평균자본비용(WACC)이 감소한다.
- 2구간에서는 추가적으로 발생한 기대파산비용이 점점 증가하여, 그 파산효과가 이자비용 절세효과(Tax Shield)를 상쇄하기 시작한다. 결과, 그 감소하던 가중평균자본비용(WACC)이 일정 시점 이후에는 오히려 증가한다.

V_U와 V_L D/E(부채비율)이 증가함에 따라, 기업가치에 미치는 영향을 보면,
- 1구간까지는 MM수정이론(1963)과 동일하게 '$V_L = V_U + D * t$'이 되며,
- 2구간에서는 '$V_L = V_U + D * t -$ 기대파산비용의 현재가치'로서, 서로 상충(Trade-off)되는 기대파산비용 현재가치의 증가분과 이자비용 절세효과($D * t$)의 증가분이 일치하게 되는 지점에서 기업가치가 극대화된다. 이 지점을 바로 최적자본구조라고 하며, 이러한 최적자본구조가 기업별로 상이한 이유는 기업별로 직면한 파산위험이 각각 상이하기 때문이다.

그러면 사례를 통해서 3가지 이론의 차이를 명확히 이해해 보자.

(3) 연습문제

변경 전

V_U	주식가치
3,000	3,000

[자본구조 변경계획]
- 부채 1,000을 늘려 자기주식을 매입
- 기대파산비용의 현재가치 = 100
- t = 40%

① 자기주식 매입 후

법인세 X (MM이론)

V_U 3,000	부채가치 1,000

법인세 O (MM수정이론)

V_U 3,000	부채가치 1,000

↕ 이자비용 절세효과

법인세 O + 파산위험 O (상충이론)

V_U 3,000	부채가치 1,000

↕ 기대파산비용 현재가치

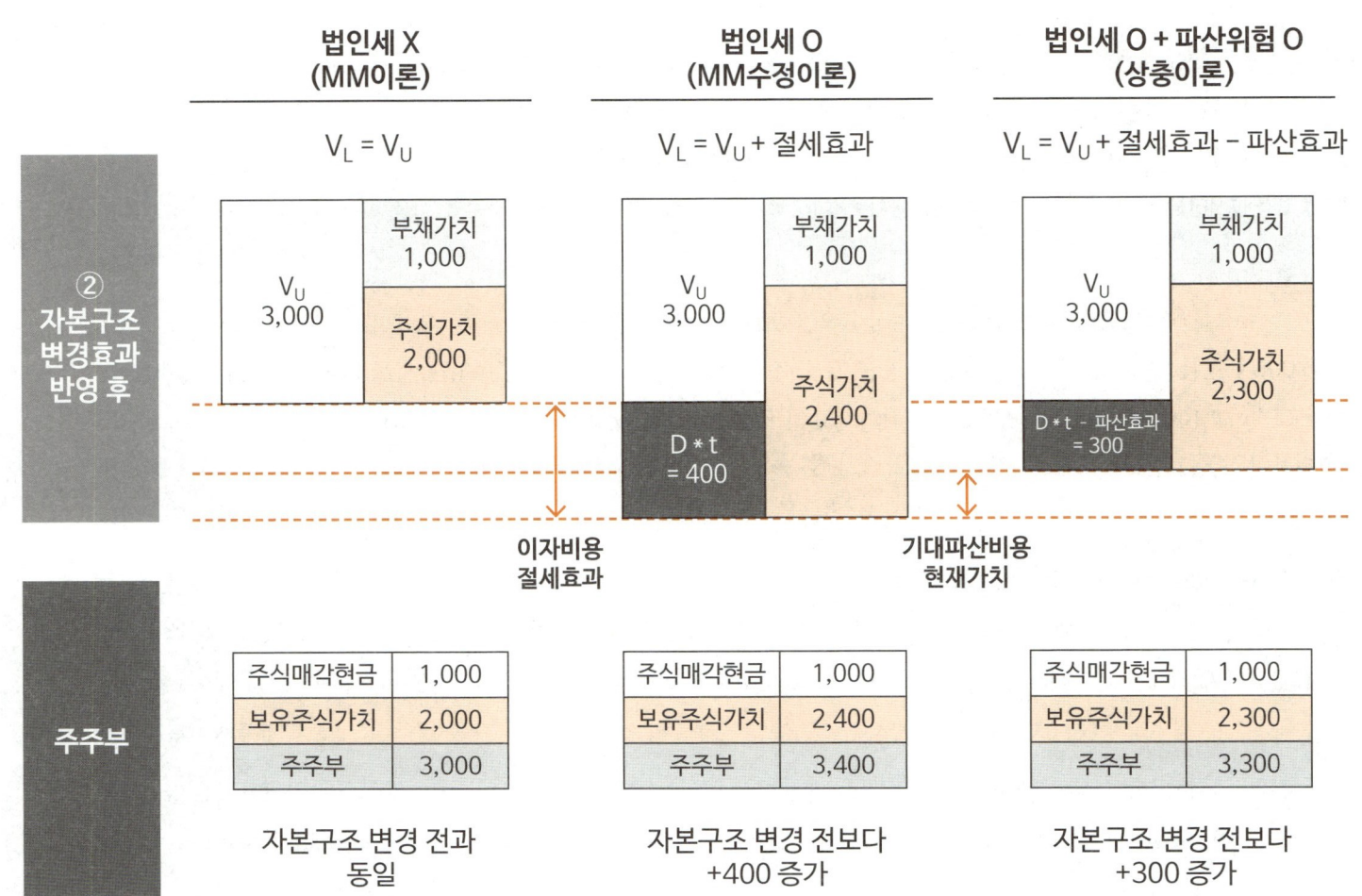

사례 어느 한 기업이 전액 자기자본으로 자금을 조달하고 있다. 그 기업가치와 주식가치는 모두 3,000이며, 3주를 발행하여 주당가치는 3,000 ÷ 3주 = 1,000이라고 가정하자. 이 기업은 은행으로부터 차입한 1,000으로 자기주식 1주를 매입하여 자본구조를 변경하고자 한다. 이러한 자본구조의 변경이 ①기업가치, ②주주부 및 ③주당가치에 어떠한 영향을 미치는지에 대해 3가지 이론별로 살펴보자.

계산

MM이론(1958)

법인세 등이 없는 완전자본시장에서는 자본구조와 무관하게 기업가치가 일정하므로, ①기업가치는 그대로 3,000이 된다. 따라서, 주식가치는 3,000(기업가치) - 1,000(부채가치) = 2,000이 된다. 그 결과, 자본구조 변경 후의 ②주주부는 주식매각현금 1,000과 주식가치 2,000의 합계인 3,000이 되고, ③주당가치도 2,000 ÷ 2주 = 1,000이 되어, 자본구조의 변경 전과 동일하다.

MM수정이론(1963)

법인세가 있는 현실적인 시장에서는 타인자본조달로 인한 이자비용 절세효과(Tax Shield)가 잉여현금흐름(FCF)을 증가시키고, 이는 기업가치를 1,000 * 40% = 400만큼 증가시킨다. 따라서, ①기업가치는 3,000 + 400 = 3,400이 되며, 그 주식가치는 3,400(기업가치) - 1,000(부채가치) = 2,400이 된다. 그 결과, 자본구조 변경 후의 ②주주부는 주식매각현금 1,000과 주식가치 2,400의 합계인 3,400으로 400만큼 증가하고, ③주당가치도 2,400 ÷ 2주 = 1,200이 되어 200만큼 증가한다.

상충이론(Trade-off)

법인세뿐만 아니라 파산위험까지 있는 시장에서는 타인자본조달로 인한 이자비용 절세효과(Tax Shield)와 파산효과가 동시에 발생하여, 기업가치를 1,000 * 40% - 100 = 300만큼 증가시킨다. 따라서, ①기업가치는 3,000 + 300 = 3,300이 되며, 그 주식가치는 3,300(기업가치) - 1,000(부채가치) = 2,300이 된다. 그 결과, 자본구조 변경 후의 ②주주부는 주식매각현금 1,000과 주식가치 2,300의 합계인 3,300으로 300만큼 증가하고, ③주당가치도 2,300 ÷ 2주 = 1,150이 되어 150만큼 증가한다.

III. 기업재무(Corporate Finance)

1 기업재무 – 주식가치의 평가(Valuation)

1) 현금흐름할인법(DCF Method)
2) 배수법(Multiple Method)

2 기업재무 – 주식가치의 극대화(Shareholder Wealth Maximization)

1) 자본구조의 변경
2) 신규투자 의사결정

(1) 신규투자 의사결정의 영향

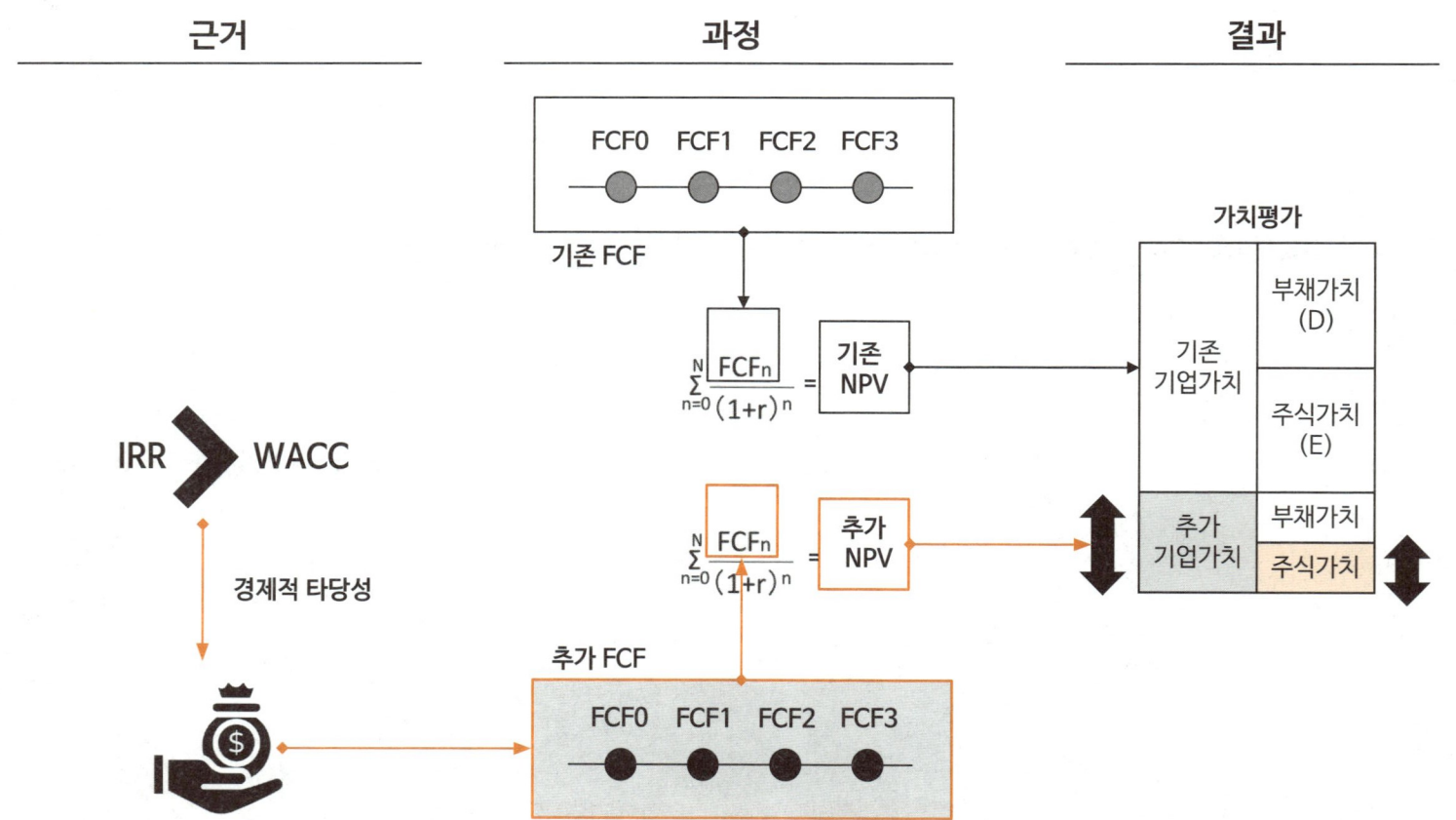

이번에는 주식가치를 올리기 위한 2가지 방법 중에서 신규투자안으로부터 잉여현금흐름(FCF)을 증가시키는 방법에 대해 살펴보자.

근거 단기적인 계획을 수립하는 Ⅱ. 관리회계에서의 CVP 분석과는 달리, 1년 이상 그 효과가 지속되는 투자안에 대해 그 경제적 타당성을 분석하는 것을 자본예산(Capital Budgeting)이라고 한다. 기업재무에서의 자본예산은,
- 1년 이상의 기간에 대해 분석하는 것이므로 '시간가치(Time Value)'를 고려해야 하고,
- 회계원칙에 의해 조정된 손익이 아니라 기업의 객관적 실체를 반영하는 '현금흐름'을 대상으로 해야 하며,
- 가치가 창출되어 주주부(주식가치)가 증가되는지 여부를 판단할 수 있어야 한다.

방법 이렇게 중장기적인 관점에서 신규투자안에 대한 경제적 타당성을 분석하는 여러 방법 중에서, 위의 3개 요건을 모두 만족하는 방법은 다음과 같이 2가지가 존재한다.
- 내부수익률법(IRR: Internal Rate of Return)
- 순현재가치법(NPV: Net Present Value)

단기적인 관점에서 사업에 대한 경제적 타당성을 평가하는 경우, 수익이 비용보다 크다면 이익이 발생하므로 경제적 타당성이 존재한다고 본다. 하지만, 기업재무에서는 중장기적인 관점에서 사업에 대한 경제적 타당성을 평가한다. 따라서, 현재와 미래의 현금흐름을 대상으로 시간가치(Time Value)를 고려한 그 투자수익률이 자본비용보다 크다면 가치가 창출되므로 경제적 타당성이 존재한다고 본다.

과정 따라서, 신규투자안의 내부수익률(IRR)이 가중평균자본비용(WACC)보다 크다면, 새로운 잉여현금흐름(FCF)으로부터 + 값의 순현재가치(NPV)가 창출된다. 이러한 + 값의 순현재가치(NPV)는 기업가치를 증가시키고, 이는 다시 주식가치를 증가시켜 주주부에 귀속된다.

그러면 가중평균자본비용(WACC)과 비교되는 내부수익률(IRR)이란 구체적으로 무엇인가?

(2) 내부수익률(IRR)의 정의

	1년 현금흐름의 사례	2년 현금흐름의 사례
미래가치 IRR 계산법	$1,000 * (1 + IRR) = 1,200$	$1,000 * (1 + IRR)^2 = 500 * (1 + IRR) + 840$

잉여현금흐름 (FCF)

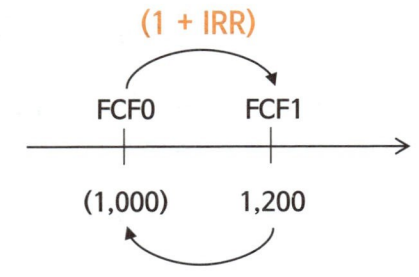
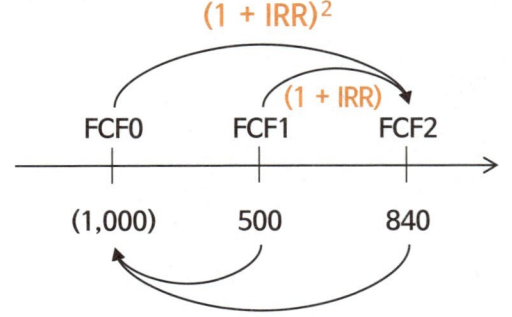

현재가치 IRR 계산법

1년 현금흐름의 사례:

$1,000 = 1,200 \div (1 + IRR)$

⬇

$0 = -1,000 + 1,200 \div (1 + IRR)$ — NPV

2년 현금흐름의 사례:

$1,000 = 500 \div (1 + IRR) + 840 \div (1 + IRR)^2$

⬇

$0 = -1,000 + 500 \div (1 + IRR) + 840 \div (1 + IRR)^2$ — NPV

투자안에 대한 경제적 타당성을 평가하는 데에 사용하는 내부수익률(IRR)은 다음과 같이 2가지로 정의할 수 있다.

미래가치 미래 시점의 가치로 내부수익률(IRR)을 정의하는 방법은 다음과 같다.

- 내부수익률(IRR)은 투자안 자체의 현금흐름에 대한 연평균 재투자수익률로 정의할 수 있다. 즉, 현재의 현금유출을 재투자했을 경우 미래의 현금유입과 일치하게 되는 투자수익률을 의미한다. 따라서, 재투자수익률이 그 자본비용보다 크다면 + 값의 순현재가치(NPV)가 창출된다.
- 1년 현금흐름의 경우에, Y0의 1,000을 재투자했을 때 Y1의 1,200과 일치하게 되는 투자수익률로서, 그 재투자수익률 20%[1,000 * (1 + IRR) = 1,200]가 내부수익률(IRR)이 된다.
- 2년 현금흐름의 경우에는, Y0의 1,000을 2년간 재투자한 금액이 Y1의 500을 1년간 재투자한 금액과 Y2의 840의 합계와 일치하게 되는 투자수익률로서, 그 재투자수익률 20%[1,000 * (1 + IRR)^2 = 500 * (1 + IRR) + 840]가 내부수익률(IRR)이 된다.

현재가치 한편, 현재 시점의 가치로 내부수익률(IRR)을 정의하는 방법도 있다.

- 내부수익률(IRR)은 투자안 자체의 순현재가치(NPV)를 0으로 만드는 할인율로 정의할 수 있다. 따라서, 순현재가치(NPV)를 0으로 만드는 할인율이 그 자본비용보다 크다면 + 값의 순현재가치(NPV)가 창출된다.
- 1년 현금흐름의 경우에, Y1의 1,200을 할인한 금액을 Y0의 1,000과 일치시켜서 순현재가치(NPV)를 0으로 만드는 할인율로서, 그 할인율 20%[1,000 = 1,200 ÷ (1 + IRR)]가 내부수익률(IRR)이 된다.
- 2년 현금흐름의 경우에는, Y1의 500을 1년간 할인한 금액과 Y2의 840을 2년간 할인한 금액의 합계를 Y0의 1,000과 일치시켜서 순현재가치(NPV)를 0으로 만드는 할인율로서, 그 할인율 20%[1,000 = 500 ÷ (1 + IRR) + 840 ÷ (1 + IRR)^2]가 내부수익률(IRR)이 된다.

그러면 이러한 내부수익률(IRR)은 순현재가치(NPV)와 어떠한 관계를 갖는가?

(3) IRR과 NPV의 관계

FCF0 = (1,000), FCF1 = 1,070

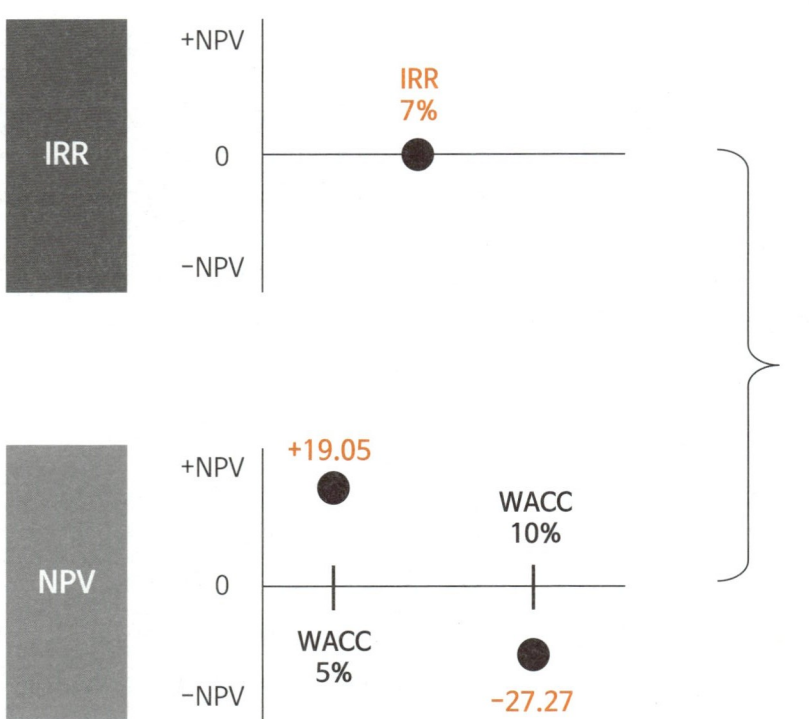

관계

- IRR 〉 WACC → NPV 〉 0
- IRR 〈 WACC → NPV 〈 0

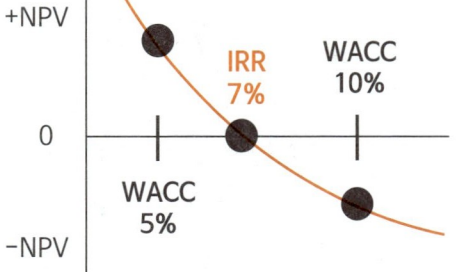

IRR 내부수익률(IRR)은 투자안 자체의 순현재가치(NPV)를 0으로 만드는 할인율이므로, 일련의 잉여현금흐름(FCF)은 유일하게 하나의 내부수익률(IRR)을 갖는다.

위의 사례에서, 1년간의 잉여현금흐름(FCF)에 대한 내부수익률(IRR)은 7%[1,000 = 1,070 ÷ (1 + IRR)]이다.

NPV 한편, 순현재가치(NPV)는 잉여현금흐름(FCF)을 가중평균자본비용(WACC)으로 할인하여 현재가치로 환산한 금액이므로, 가중평균자본비용(WACC)이 증가하면 순현재가치(NPV)가 감소하고, 가중평균자본비용(WACC)이 감소하면 순현재가치(NPV)는 증가한다. 즉, 일련의 잉여현금흐름(FCF)은 가중평균자본비용(WACC)에 따라 여러 개의 순현재가치(NPV)값을 갖는다.

위의 사례에서, 1년간의 잉여현금흐름(FCF)에 대해 가중평균자본비용(WACC)이 5%이면 순현재가치(NPV)가 + 19.05[= - 1,000 + 1,070 ÷ (1 + 5%)]가 되고, 가중평균자본비용(WACC)이 10%이면 순현재가치(NPV)가 - 27.27[= - 1,000 + 1,070 ÷ (1 + 10%)]이 된다.

관계 위의 사례를 통해 내부수익률(IRR)과 순현재가치(NPV)의 관계를 다음과 같이 도출할 수 있다.
- 내부수익률(IRR) 7% 〉 가중평균자본비용(WACC) 5%이면, 순현재가치(NPV)가 + 값이므로 투자한다.
- 내부수익률(IRR) 7% 〈 가중평균자본비용(WACC) 10%이면, 순현재가치(NPV)가 - 값이므로 투자하지 않는다.

일반적으로 위와 같은 일정한 관계가 성립하나, 현금의 유출과 유입이 중간에 섞여 있는 혼합형 현금흐름의 경우에는 재투자수익률 가정의 차이로 서로 상반된 결과가 나오는 경우도 존재한다. 이러한 경우에는 내부수익률(IRR)이 아닌 순현재가치(NPV)를 기반으로 투자의사결정을 내려야 한다. 또한 실무에서는 이러한 +값의 순현재가치(NPV)와 같은 정량적 요소뿐만 아니라 비계량적인 정성적 요소도 함께 고려된다.

그러면 사례를 통해서 신규투자안에 대한 경제적 타당성을 평가하는 2가지 방법을 비교해 보자.

(4) IRR과 NPV의 비교

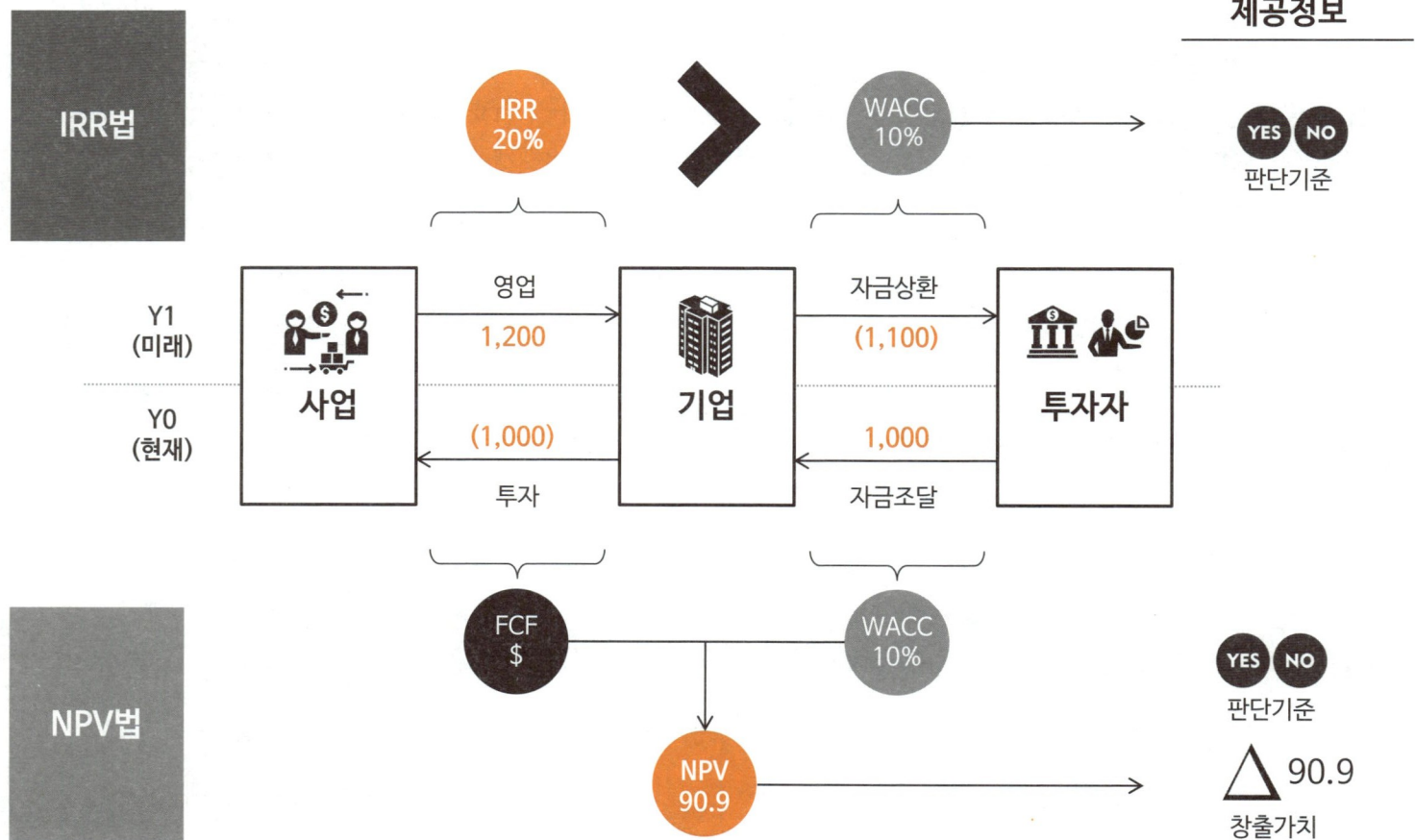

사례 어느 한 기업이 1년짜리 사업을 기획하고 있으며, 그 자금흐름은 다음과 같다고 가정하자.

Y0(현재)
- 기업은 사업에 필요한 자금을 조달하기 위하여 은행으로부터 10%의 이자율로 1,000을 차입한다.
- 기업은 이렇게 조달한 1,000을 모두 사업에 투자하여 기계 또는 설비 등을 취득한다.

Y1(미래)
- 기업은 1년간 사업을 하여, 각종 경비 및 세금을 차감한 후의 현금 1,200을 벌어들인다.
- 기업은 원금 1,000에 이자 100(= 1,000 * 10%)을 가산하여 1,100을 은행에 상환한다.

비교 신규투자안에 대한 경제적 타당성을 평가하는 방법은 다음과 같이 2가지가 있다.

자금흐름		내부수익률법(IRR)	순현재가치법(NPV)
Y0(현재) −1,000을 사업에 투자 Y1(미래) +1,200을 사업으로부터 회수		[IRR] 1,000 = 1,200 ÷ (1 + IRR) IRR = 20%	[잉여현금흐름(FCF)] Y0(현재) −1,000 Y1(미래) +1,200
Y0(현재) +1,000을 은행으로부터 조달 Y1(미래) −1,100을 은행에 상환		[가중평균자본비용(WACC)] (1,100 − 1,000) ÷ 1,000 = 10%(차입이자율)	
계산 결과		IRR(20%) 〉 WACC(10%)	−1,000 + 1,200 ÷ (1 + 10%) = 90.9 〉 0
제공정보	판단기준	신규투자 결정(IRR 〉 WACC)	신규투자 결정(NPV 〉 0)
	창출가치	없음	90.9

내부수익률법(IRR)은 신규투자안의 경제적 타당성에 대한 '판단기준 정보'는 제공하나, 순현재가치법(NPV)과는 달리 얼마의 가치를 창출하여 주식가치가 얼마나 증가하는지와 같은 '창출가치 정보'는 제공하지 못하는 한계가 존재한다.